アジアの投資環境・企業・産業
－現状と展望－

小林 守 編著

専修大学商学研究所叢書12　　　　　　　東京　白桃書房　神田

序　文

商学研究所叢書刊行にあたって

　専修大学商学研究所は，2001（平成13）年に創立35周年記念事業の一環として，研究所員及び学外の研究者，実務家などとの産学協同的な研究を志向するプロジェクト・チーム研究をスタートさせ，その研究成果を広く世に問うために「商学研究所叢書」の公刊を開始した。それ以降，すでに11巻が刊行されている。

　商学研究所叢書シリーズ第12巻にあたる本書は，『アジアの投資環境・企業・産業―現状と展望―』と題して，日本企業が大きな関心を寄せるアジア各国の経済・産業・政策など投資環境に係る様々テーマについて，産業分野や企業ごとに検討したものである。対象国は中国，韓国，ベトナム，フィリピン，タイ，インドネシアに加えて，近年日本企業が急速に関心を深めているインドに及んでいる。

　本プロジェクト・チームによる研究は，2009年度から2011年度にかけて実施された。プロジェクト・チームはそれぞれの分野の専門家から成っており，3年間かけて分析・討議を行うことによって，各国の投資環境の特徴を提示している。

　本書が学内外の多くの関係者に知的刺激を与えるとともに，本研究所に知的フィードバックをもたらす触媒となることを祈念している。本研究所の活動は，海外の研究機関との共同研究，民間企業との産学連携型共同研究など，多様な広がりをみせている。プロジェクト・チームによる研究も継続的に行われており，今後も商学研究所叢書シリーズとして刊行される予定である。こうした諸活動が，いっそう活発化することを願っている。末尾になるが，本プロジェクト・チーム所属のメンバー各位，及び同チームの活動にご協力いただいた学内外すべての方々に厚くお礼申し上げたい。

2013年1月

　　　　　　　　　　　　　　　専修大学商学研究所所長　　　渡辺達朗

まえがき

　グローバル化の時代にあって，「企業の海外進出」を一様に定義づけることがますます難しくなっている。かつてのように「輸出」と「直接投資」という形態だけでは説明しきれない。特にOEM（相手先ブランドによる生産）に象徴されるように自社の製品の生産を海外企業に委託することも，現在では海外進出といってよいし，ブランド，キャラクター，技術等の知的財産の使用許諾を海外企業に対して行うことも海外進出といってよい。
　このように海外進出の概念が拡大し，多様化することは進出する相手国（ホスト国）のビジネス環境を評価するために考慮するファクターもまた多様化・多元化することを意味する。この変化は「インフラストラクチャーへの考え方の変化」，「外資系企業向け優遇措置への関心の低下」，「自由貿易協定などの国際的経済連携ルールへの関心の高まり」の3点に集約できるのではないかと編著者は考える。
　従来，日本企業が直接投資を通じて海外現地法人を設立する場合，インフラストラクチャー（社会資本）への関心がこれまでは強かった。1990年代のアジアにおける日本企業の現地子会社の大半は生産子会社であり，機能は現地生産とそこからの輸出であった。進出国の現地市場への販売というよりは，日本，欧州，米国の市場への輸出拠点であったからである。生産した商品を港まで運び，そこから，日本及び第三国市場へ安いコストで生産した製品を効率的に輸送できれば，その目的は達成されたのである。進出したホスト国の国内市場の状況はあまり関係なかったのである。したがって，生産現場に係る社会資本，すなわち電気，用水，通信，港湾，道路などの整備状況が良好であることが最重要であったのである。インフラストラクチャーの状況は現地法人による日々の生産活動に影響を与える。例えば，いったん電力不足や輸出用港湾・空港等の稼動率低下が起こると，製品や部品の在庫が積みあがったり，納品期日に間に合わないなどの事態が生じる。いうまでもなくこうした事態は損失に直結する。現地国の物件費，人件費が安さを打ち消すということでもあり，当該国に進出した意味も薄れるということになる。

2000年代以降はこれまでより投資環境評価のファクターも多様化してきた。ホスト国である中国や東南アジアの経済成長が高水準で継続し，中間所得層が拡大して国内需要が高まったため，それまで第三国への生産機能のみを担ってきた現地法人は次第に進出国の市場向けの製品を生産する機能を担わされるようになる。しかも，この場合は現地法人は生産機能だけでなく，販売機能や生産開発機能を付帯せざるを得なくなる。こうして，現地法人の投資環境に対する関心はハードの社会資本という意味のインフラストラクチャー（インフラ）から国内販売における現地政府の規制，現地の消費者の固有のニーズ・嗜好，現地の物流環境などを含めたものに変化してきた。これが広い意味での「インフラストラクチャーへの考え方の変化」である。

　2つ目の変化はホスト国による外資系企業向けの優遇措置が進出決定のファクターとしての重要度を低下させたことである。かつて外国への子会社の立地決定において，インフラとともに重視されたのは「外資企業への税的優遇」であった。例えば，企業所得税率を進出国の規定税率，すなわち，現地企業への適用税率よりも低くしたり，免除することであった。有名な例は2000年代初頭まで存続した中国の「二免三減」といわれる税的優遇措置である。これは外国企業の子会社，すなわち外資系企業（外資合弁企業，外資合作企業，独資企業）に対し，進出年から2年は法定企業所得税をすべて免除し，その後3年は半分の税率を適用したものである。この他，中国では外資系企業の生産資機材（工場内の生産機械・設備）の国内への持ち込みに伴う輸入関税の免除や輸出用製品のための原材料の国外からの持ち込みに伴う輸入関税も免除された。しかし，こうした措置は中国のWTO加盟（2001年12月）以来，順次廃止された。また，中間層の拡大により進出した外資企業の目的ももはや輸出ではなく，中国国内への販売をターゲットとするものに変わっていったため，第三国向け輸出のインセンティブとして供与されていたそうした税的優遇が廃止されても，中国への進出のペースはさほど，鈍化しなかった。タイでは国内を3種類のゾーン（地域）に分類し，農村地帯にある地域に進出すれば依然として，税的優遇を受けられるという制度が残っているが，そうした地域は進出国国内の消費市場と連結する輸送網の問題もあって，結局，外資系企業の農村地帯への進出を動機づけるインセンティブとしての効果は薄いというのが現状である。

　3つ目の変化はホスト国と日本あるいは第三国との間に結ばれる経済協定へ

の関心の高まりである。特に関心が寄せられるようになったのは自由貿易協定（FTA: free trade agreement あるいは free trade area）や経済連携協定（EPA: economic partnership agreement）である。これらの協定は当事国間の貿易品目に係る関税の減免，非関税障壁の撤廃（農産物検疫，技術的障害，市場アクセス障害），サービス貿易のルール化等をはかるものである。もともとほとんどの国はWTO（世界貿易機関）の関税率を適用して貿易を行っているが，FTAやEPAはWTOの承認の下，さらに削減された関税率をほとんどの品目について適用しようとするものである。当事国間では通関手続きが簡素化され，査証などの簡素化により人的な移動も容易になるため，物流，人流にかかわる移動のコストが削減される。当事国間で生産工程を分業できれば投資コストの重複（同じ部品を製造する現地子会社を2つ以上の国に設立し，無駄な設備投資になってしまうこと）を避けることもできる。

アジアにおいては人件費や物件費が高い国であっても，FTAに積極的であれば関税コストや通関の際の時間コストが節約できるため，日本企業が進出に積極的な国もある。例えば，先進国グループであるOECD（経済協力開発機構）加盟国である韓国や効率的な生産技術に秀でている台湾である。また，人件費が上昇しているものの，タイはアセアン諸国のみならず，インドとも自由貿易協定を結び，日本企業の直接投資の焦点になっている。さらに，この他にも現地企業との連携や円高に伴う現地企業の買収やそれへの資本参加という方法で進出する場合にはもう1つの視点も重要である。現地企業との紐帯は現地政府からの産業政策的裨益の受けやすさ，政治的なリスク（外国企業への反感，外国ブランド製品への不買運動やクレーム運動）の回避においてメリットがあるかどうかという視点である。

本書はこうした日本企業の関心の範疇に収まる経済・産業・政策など投資環境に係る様々テーマをそれぞれの国の産業分野や企業に詳しい担当者が執筆したものである。対象国には中国，韓国，ベトナム，フィリピン，タイ，インドネシア等いわゆる東アジア，東南アジアの国に加えて，今や日本企業が急速に関心を深めているインドも含めている。それぞれの担当者の専門分野に応じて，それぞれの国の状況を分析しているため，議論を横並びに比較するということよりも，むしろ，違う視点でアジアの投資環境の状況の切り口を提示していることが本書の特徴である。

まえがき

　日本企業の地理的なオペレーション範囲は円高や国内市場の縮小という「挑戦」に応じるため急速に拡張し，様々な経営機能が海外に移転している。その境界は年を追うごとに延伸化の一途をたどっている。特にアジアにおいて，その活動は顕著である。日本企業は今や「アジアの各国毎の海外戦略」ではなく，「アジア経済圏全体としての海外戦略」というコンセプトで動いているのである。本書が東アジア，東南アジア，南アジアなどやや広い地域をカバーしつつ，論点を提供しようとしたのにはそうした背景がある。

　　　　　　　　　　　　　　　　　　　　　　　　　編著者　小林　守

目次

　　　序文……i
　　　まえがき……ii

第一部　中国・韓国の投資環境と産業

第1章　中国の経済政策の変化と投資環境

　1　経済政策の「重心」と投資環境……2
　2　地域格差是正と投資環境……5
　3　中国国内政治の不安定化と投資環境リスク……7
　4　日系企業にとっての留意点……10

第2章　韓国情報産業の展開と課題

　1　はじめに……13
　2　急速な経済発展を支えた諸要因……14
　3　アジア通貨危機の勃発……18
　4　2008年以降の韓国経済……27
　5　むすび……36

第二部　東南アジアの産業と企業

第3章　グローバル化におけるフィリピン企業の変化と展望

1　はじめに……………………………………………42
2　国際市場を念頭に経営する地場中小企業…44
3　財閥企業の沿革と事業構造の変化…………47
4　政府事業の変化……………………………………51
5　結語に代えて………………………………………55

第4章　タイの投資環境の特徴と企業行動

1　はじめに─問題の関心と焦点─………………59
2　投資環境としての政策実務運営………………61
3　タイの投資環境と日系自動車企業……………64
4　現地企業の変容……………………………………67
5　結語に代えて………………………………………71

第5章 インドネシア・ユドヨノ政権における産業政策と企業の動向

1 はじめに……………………………………………75
2 政治と産業政策……………………………………76
3 日系企業の進出動向………………………………78
4 現地企業の経営動向………………………………80
5 結語に代えて………………………………………86

第6章 21世紀のベトナム産業の現況と課題

1 はじめに……………………………………………89
2 ベトナムの産業発展………………………………91
3 農業改革,企業改革………………………………103
4 新しい動向と諸課題………………………………114
5 むすび………………………………………………120

第7章　ベトナムの投資環境と日系企業

1. はじめに―問題の枠組みと分析視角………………122
2. ベトナム投資環境の現状………………………………124
3. ベトナム進出日系企業の動向…………………………127
4. ベトナムにおける日系企業のオペレーション………130
5. まとめ……………………………………………………134

第三部　南アジアの経済と産業

第8章　地理的集中モデルと経済格差
―インド・州間経済格差の事例―

1. はじめに…………………………………………………140
2. インドにおける地域間経済格差………………………140
3. 地理的集中モデル………………………………………147
4. 物流インフラ整備における課題と政策提言…………150
5. おわりに…………………………………………………153

第9章　インドの産業動向

1　インドの概要……………………………………………156
2　事業対象国としてのインドを見る視点…………160
3　インドの産業動向……………………………………168
4　インドで成功するための事業戦略………………181
5　インド人との付き合い方……………………………185

第四部　アジア企業の経営戦略

第10章　中国企業の経営戦略
―中国国有企業アンドレジュースの競争力分析―

1　はじめに………………………………………………188
2　アンドレジュースの戦略分析………………………188
3　競争戦略分析…………………………………………198
4　まとめ…………………………………………………205

第一部

中国・韓国の投資環境と産業

第1章 中国の経済政策の変化と投資環境

1 経済政策の「重心」と投資環境

　中国経済は高度成長下で成功のうちにおえた上海万博の好景気という「宴のあと」の軟着陸の模索を迫られている。2012年から始まった習近平氏率いる新体制のもとで今後10年間は都市と地方の経済格差が深刻化するとみられている。またそれに伴って，政情の不安定化がいっそう顕在化するであろう。また，今後数年間は過去10年間続いた胡錦濤体制からの「政権移行期」であるがゆえに大きな政策上の目玉政策を打ち出すに十分な安定度はない。テクニカルな対応にとどまるであろう。5年ごとに策定される5か年計画も次は第13次5か年計画であるが，直近の過去の第12次5か年計画とそうかけ離れたものにはならないであろう。

　例えば土地バブルとインフレ抑制のために適宜，金利水準の引き上げは行われることになる。これに加えて，先進国から強く要望されている人民元高の容認，そして中国製品の付加価値化を目指した研究開発投資への財政・税制優遇の推進などである。また，リーマンショック時に経済刺激のカンフル剤として打った財政出動による景気刺激を引き続き何らかの形で生活水準の低い中西部，東北などへ行っていかなければならない状態が続くであろう[2]。

　中国が2001年12月に世界貿易機関（WTO）に加盟した際，途上国向けの猶予期間として小売や金融サービス業においては外資企業に対する地域制限があったが，5年の猶予期間は2006年までに経過し，外国企業の中国消費市場に対する参入ぶりは著しいものがある。その有様は北京オリンピックと上海万博後の中国国民，特に沿海地方主要都市住民の消費行動が雄弁に物語っている。

図表1－1　中国第12次5か年規畫（計画）のコンセプト

- ●産業構造
  産業構造高度化、産業競争力の強化、サービス業の発展、特色ある農業の発展、食料安全保障、エネルギー開発の推進、交通運輸網の発展
- ●都市農村開発
  地域間の協調的発展、中国的特色を持つ都市化の推進、都市と農村の統一的発展、生産力分布の合理化
- ●科学教育文化
  イノベーション能力の涵養、人的資源の開発、ソフト面での開発戦略の策定
- ●改革開放
  経済体制改革の深化、国有企業改革、市場体系、行政管理体制改革、社会管理体制改革、資源要素価格改革、財税制体制改革、金融体系・金融リスク、対外開放枠組みの改革
- ●国民生活
  生活水準の向上、所得分配制度の改革、社会保障体系、住宅保障、就業拡大戦略

原出所：『瞭望』2010年6月5日号。
出所：日本語訳は『中国情報ハンドブック2010年版』p. 43より作成。

このように海外市場では世界中を席捲している中国が国内市場では外資企業の猛烈な攻勢にさらされている。政府は対策として，工場進出の多い広東省などは技術移転と高品質をもたらさない外国からの労働集約的な直接投資を敬遠する政策を打ち出している。例えば，広東省の製造業を支えてきた「加工貿易」[3]による輸出用製品の生産を制限するために，輸入関税と付加価値税（いずれもこれまでは全部あるいは一部が免除あるいは戻し税の形で還付されていた）の一部あるいは全部を企業に前払いで銀行口座に積み立てさせる政策をリーマンショックよりも1年も早い2007年夏からすでに実施し始めている。

　これは広東省に多く進出していた加工型製品のメーカーに大きなコスト的打

図表1－2　2010年に起こった主な外資企業工場における労働争議

企業名（親会社の国籍）	地域	原因	推移
兄弟ミシン（ブラザー・日本）	西安	手当増額要求	解決，まもなく操業正常化
星宇車科技（現代自動車・韓国）	北京	賃金15％加増	同上
天津三美（ミツミ電機・日本）	天津	待遇改善要求	同上
書元機械（KOK・台湾）	昆山	待遇改善要求	ストライキ中50名以上負傷
電装広州南沙（デンソー・日本）	広州	賃金・待遇改善	部品生産ストップがやや長期化
本田汽車零部件（ホンダ・日本）	仏山	賃金加増要求	賃上げ交渉妥結，操業再開

出所：『中国情報ハンドブック2010年版』p. 37より作成。

撃を与えた。筆者がリーマンショック直前の2008年，広東省で現地企業等にインタビューした際にもこの施策によって加工貿易企業の間でよりコストが安いベトナムやその他東南アジア諸国に移転する動きが顕在化していた。これに加えて，2012年夏の大規模な官民挙げての「反日運動・暴動」により，唯一，サービス業を中心に対中直接投資を伸ばしていた日系企業もこうした動きをみせはじめている。

外国からの直接投資がサービス業などを中心に依然として堅調であるものの，中国の成長を支えていた外国製造業の進出とその輸出の減速を埋め合わせる景気対策が必要である。その中国の景気対策は中央政府による内陸部等のインフラ開発と地方政府による地元の公共投資であり続けるほかないだろう。ただし，2007年に導入された新労働契約法が非正規労働者の正規化に道筋をつけたが，それが軌道に乗る前のリーマンショックにより，大量の解雇が行われ，出稼ぎ者は内陸部等に帰郷している。雇用問題が深刻である内陸部の雇用を政府の公共投資だけで解決できるとは考えにくい。

今後の経済政策は国内の経済格差による「生活」条件の悪化を食い止めることが眼目となるあわただしいものになろう。中国のモノづくりを担っていた農民工（農村からの出稼ぎ労働者）に対する各地域での賃金が急ピッチで増加し

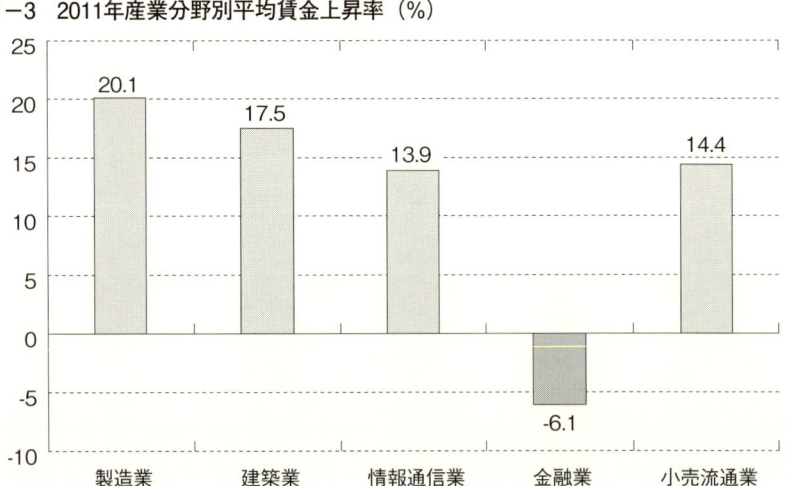

図表1-3　2011年産業分野別平均賃金上昇率（％）

出所：中華人民共和国国家統計局。

ている。全国の労働現場では賃上げ争議が頻発し，それに対応するための最低賃金の上方修正が相次いでいる。インフレ退治や黒字批判回避のための金利高（＝資金調達コストの高騰），人民元高（＝米ドルベースの製品価格高騰）とも考え併せると，もはや中国は「コストメリット」のある「世界の工場」ではなく，国内市場のみならず，輸出先の国際市場においても他国製品に価格競争力で優位であり続けることができるかどうかは難しい。これは広東省に多く進出している加工型製品のメーカーに大きなコスト的打撃を与えることを意味する。

2 地域格差是正と投資環境

　中国は90年代～2010年代の現在に至るまで平均経済成長率10％前後の驚異的な経済成長をとげ，現在では世界第2位の経済大国になった。しかし，外資企業の直接投資とそれによる輸出に依存してきたため，一部の企業を除けば，技術開発力や本業の収益力において地場企業の実力はそれほど伸びていない。結果として外資企業が集中する地域（沿海地域＝東部）と進出しない地域（内陸地域＝中部，西部）とでは経済発展水準に大変な差がつき，それは拡大の一途をたどっている。

　格差は年々広がっており，1人当たりGDPが最高の上海市と最低の貴州省を比べると，約8倍もの格差がある。これは都市部と農村部の所得格差とも密接に関連しており，中国社会の大きな問題となっている。通常の西側先進国であれば，豊かな地方への人口移動が起こるが，中国では農村部の住民や内陸部の住民に自由な移住権はなく，出稼ぎのための一定期間の「暫住権」しかない。すなわち，都市では地元民と暫住している出稼ぎ住民が峻別されており，就職条件，医療・教育等において大変な差別が存在し，固定化している。[5] すでに改革開放政策の発動から30年以上が経過しており，こうした出稼ぎ住民の第2世代が工場の生産現場を支えているが，待遇改善のスピードが中国の経済発展による消費水準に追い付かず，不満は蓄積している。これに内陸地方の若者のいっそう厳しい就職難の問題を加えると，内陸住民（内陸からの出稼ぎ都市住民含む）の生活条件は厳しいといえる。この経済格差などの矛盾を解消するの

図表1-4 上海市（沿海地方）と重慶市（内陸西部地方）の1人当たりGDPの推移（米ドル）

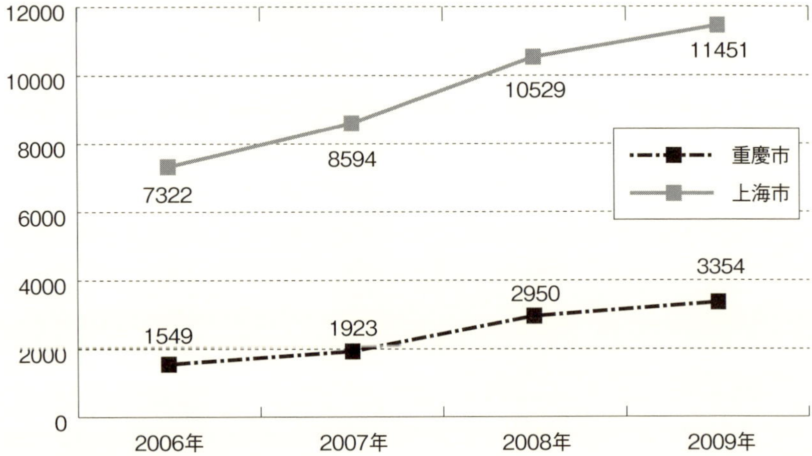

	2006年	2007年	2008年	2009年
上海市	7322	8594	10529	11451
重慶市	1549	1923	2950	3354

出所：『中国統計摘要2010年版』より作成。

はますます難しくなるであろう。このため，地方政府の事務所や政府関係の仕事を取り仕切る事務所，警察署などに住民がデモをかけるなど，政府への潜在的不満が暴発する事象が頻発している。また，反日デモの名を借りた政府への批判行為は常態化している。

しかし，政府への反対運動は鎮圧されるため，その不満の行先は日本ブランドの不買運動に変換されている。日系企業の直接投資が最近伸びていたのは消費財の販路拡大のための小売やサービス業であったため，この運動の直接の矢面に立つことになっている。このように中国市場への投資環境は決して，楽観を許さないものになっている。この傾向は簡単に消えないと考えられる。

なお，外資系企業に対する賃金加増要求のストライキは90年代からしばしば起こってきたが，国有企業に比べて賃金が見劣りする状況は沿海地域でも共通してみられるため，発展している沿海地域でも欧米系企業，韓国系企業，台湾系企業，日系企業などいずれの外資企業においてもストライキが起こるようになっている。欧米のような大企業とは違い，中小企業の中国進出が多い日本企業や台湾企業にとって，こうした労働争議等のリスクはより大きいともいえ，今後はますます政治社会状況に留意した投資環境の分析が求められる。

3 中国国内政治の不安定化と投資環境リスク

　「日本」由来のものとして独特なリスクは前述の「反日運動」とも関連する国内政治の変動である。日系企業の中国投資はこの政治の変動を大きなファクターとして勘案せざるを得ない。

　「中国の特色ある社会主義」（＝社会主義市場経済）の下，中国は今から約10年前にWTOに加盟し（2001年12月），その結果，外資企業への優遇策が削減され，地方政府は独自の誘致策で投資を誘引し，地元発展を推進してきた。中央政府もそうした地方政府の「自主的な創意工夫」を黙認してきた。地方の市場経済の発展度合いに沿って，地方政府の権力を「適切に」活用しながら経済発展を実現し，雇用を拡大し，体制の安定に貢献するならば，それでよし，としてきたのである。こうした地方を担当する共産党幹部にとって，そうした「自主的な創意工夫」[6]により経済発展の数字を追求し，実現することがそのまま業績評価の材料となり，昇進が決まった[7]。熾烈な高度成長下での競争である。地方自治体のトップは共産党の官僚（書記）であり，彼らの党内での昇進は「経済発展」の達成度で決まることが多い。中国のGDPそのものが年率9％～10％である中にあって，担当地域において数％程度の経済成長では相手にされず，二桁成長率を達成してこそ評価される。この結果，各地方政府は，結果的に意思決定と資源配分を最も迅速に行うことができる体制，すなわち開発独裁的な統治体制を構築し，地域を預かる共産党書記は政治だけでなく，事実上経済面においても圧倒的な権力を保持することになった。経済発展を追求するうえで最も効率的な「開発独裁体制」ができていったのである。それぞれの省，市，県（鎮），村（郷）といった行政単位は「ミニ開発独裁国家」のような様相を呈したのである[8]。このような体制は人権に対する感覚の麻痺の温床となっているともいわれる。

　また，それぞれの地方ではトップの個性によって多種多様な権力の「運用」スタイルがまかり通る。顕著な例が，2012年春に失脚した重慶市の薄熙来・元重慶市書記である。失脚後，その極めて特異な統治スタイルが明らかにされてきている。それは前任の汪洋・元重慶市書記（現・広東省書記）とは大きく異なり，貧困住民への配慮と並行して薄熙来氏と親密な企業に事業機会を優先的

に与えるというものであったと報道された。クローニーキャピタリズム（「縁故資本主義」）である。

　このような地方政治の多様な「人治」スタイルは，経済成長を地方政治家・官僚に至上課題として迫る現在の傾向に起因するが，これに加え，中国共産党の政治思想，「3つの代表」（共産党は『生産力』，『文化』，『人民』の代表となるべきである，とするもの）[9]によっても強化されたともいえよう。これは「生産力」の代表である企業経営者の共産党への入党を推進するものであり，政治権力と企業の経済的な力を結合することにつながった。これが地方において政治と経済の権力が少数の実力者に集中する背景である。こうした体制は権力を持ったグループから疎外された人々の不満を増幅させた。しかし，中国政府は1997年の香港返還，1999年のマカオ返還，2001年のWTO加盟，2008年の北京オリンピック，2010年の上海万博等は国民のナショナリズム（「愛国主義」）を高揚させ，日常の不満を一定程度，抑えることに成功していた。

　今後は，もはやナショナリズムを高揚させるビッグイベントは少ない。習近平体制のもとで，共産党中央は，地方の極端な人治による統治スタイルを戒め，不満を持つ階層，集団とも利益を「分かち合う」方向で政治運営を進めようとするだろう。また，ナショナリズムをあおる手法としては，外国に対する敵対的なナショナリズムの発揚を依然として有効なカードとして用いるであろう。しかし，この手法には大きなリスクがある。反日の直接の対象である日本及び日系企業のみならず，その状況を目の当たりにするその他の国々の企業の懸念，ひいては諸外国との外交関係の悪化，国際社会における孤立というマイナスを招来する。グローバル市場ではデメリットは少なくない。また，国内的にも，日系企業との合弁事業などを通じて利益を得ている階層，集団からの反発が伴う。過度なナショナリズム高揚という手法を多用すれば国内においても，ますます権威的な体制が強化されることにつながり，国民の価値観多様化の潮流とは明らかに逆行する。しかし，大きなリスクのある手法であるにもかかわらず，当初，比較的に親日的とみられた胡錦濤政権（2002年〜2012年）で，しばしばこの「反日による国内不満のガス抜き」という手法がとられたのは，そうしたデメリットを甘受しても，なお，体制維持のために必要であったという，国内政治上の極めて緊迫した状況があったことを示している。

　日系企業のみならず，中国への直接投資を検討するにあたって，この政治環

境の不安定さは今後ますます，検討上の比重を増すことになろう。そもそも，「改革開放の総設計師」とされ，「建国の父」,毛沢東と並んで現代中国の最大の権威者,鄧小平氏の権威のもとで正当化された江沢民氏と胡錦濤氏の政権と比べて，国内政治力学上の「妥協の産物」といわれる習近平氏の新体制はこれまでで，最もカリスマ性の薄い政権である。その体制は「法治主義」を前面に出しつつ,様々な勢力に配慮・妥協した調和的な政治手法で体制の維持に全力を挙げるものになる可能性が極めて高い。まず，国民の不満に対して，暴動が頻発している地方行政レベルの意思決定の透明化から始めるであろう。具体的には地方の行政単位の隅々まで浸透したこれまでの「ミニ開発独裁体制」を緩和し，意思決定プロセスの透明度を高め，住民の直接的な不満のガス抜きを行うことである。

　すっかり有名になった2012年の広東省汕尾市烏坎（ウカン）村の村幹部（党書記，村民委員会）公選制の実現はまさしく，この意思決定プロセスの透明化であり，それを許可した汪洋広東省書記の手法はそうした今後の政治スタイルを予感させる。しかし，その後，烏坎村の村幹部は結局，住民の要求を共産党幹部に認めさせることができず，辞任している。かなりの紆余曲折はあると思われるがこうした地方レベルでの混乱は各地で今後も起きるであろう。もともと，村レベルでのこうした試みは前政権の発足当初から実現に向けて議論されてきたものであり，それがようやく，実現を見たのは権力側でもこれまでいかに反対が大きかったかを示す。背景にはコントロールを間違えると体制を動揺させるレベルにまで進展しかねない，という強烈な危機感は今も消えておらず,今後の状況はまったく，予断を許さない。

　企業においては「国進民退」といわれるように国有企業が党や政府の支援を受けて，ビジネスチャンスを得て発展している反面，純粋な民間企業はそうしたチャンスを与えられず発展に遅れが生じているという状況が顕在化している。企業経営の分野まで共産党及び政府の影響力が及んでいるというこうした状況は投資環境の検討においても看過できないものである。ただし，こうした中にあっても変化が表れ始めていることにも注目すべきであろう。

　中国最大の地方政府系国有企業のエアコン製造企業，珠海格力電器は一営業員として入社した「たたき上げ」の女性経営者・董明珠氏を，2012年5月社長兼務のまま会長に昇格させた。地元市政府出身者の天下り人事を覆したものと報道されている稀有な事例だが，このように透明度の高い人事や運営が中国の

産業界にも広がっていくのかどうかが注目される。

4 日系企業にとっての留意点

　国内的には賃金の上昇，固定資産投資の減速，対外的には欧米市場での競争力の低下，発展途上国市場からの反発，人民元交換レートの上昇により中国経済はその成長のピークを過ぎた。今後は政治の安定化が維持できても経済成長率の減速は避けられない。日系企業にとって中国ビジネスは「果実の収穫」の時期に入るであろう。

　前の胡錦濤体制がスタートした2002年は江沢民政権末期に起こったアジア通貨危機からの回復のために財政出動と金融緩和によって経済を刺激し，デフレ傾向を食い止めた時期であった。江沢民政権後期の首相を務めた朱鎔基氏は任期中に密輸を取り締まり，国有企業の民営化と倒産整理を進め，特権を用いた不透明な取り引きを禁止して，中国経済の効率化をはかった。この大胆な構造改革の結果，中国企業はスリム化と効率化がはかられ，中国経済が成長軌道に復帰する基礎的条件を整えた。[11]

　新たに習近平体制に移行した現在，欧州危機により同じような課題に直面している。しかし，すでに2008年のリーマンショックのダメージを食い止めるために中国政府は巨額の財政出動によって景気を刺激しており，その反動で現在固定資産投資は縮小期に入っている（図表1－5）。

　新政権誕生後も欧州危機に対応して，同じ手法の再発動が行われるであろう。既得権益層間での「利益の分かち合い」のためには構造改革よりも財政出動が容易であるが，その効果を十分発現させるには構造改革が必要である。だが，その実行は大きな変動を伴うことになる。したがって，習近平氏の新体制が構造改革に踏み込めるかどうかは極めて難しいと考えられる。

　成熟経済下でよく唱導されるのが国内需要の喚起による高度経済成長の維持である。しかし，これまでの例をみると，財政出動型の景気維持策が結局，有力な国有企業，地方政府系企業を利し，民間企業を相対的に劣位に陥れ，不満を増幅させてしまいかねない。今後，国内需要拡大で成長を期待できる小売業

図表1-5 民間固定資産増加率（実線）および固定資産増加率の下落幅（点線）（％ポイント）（2012年各月の前年同期比）

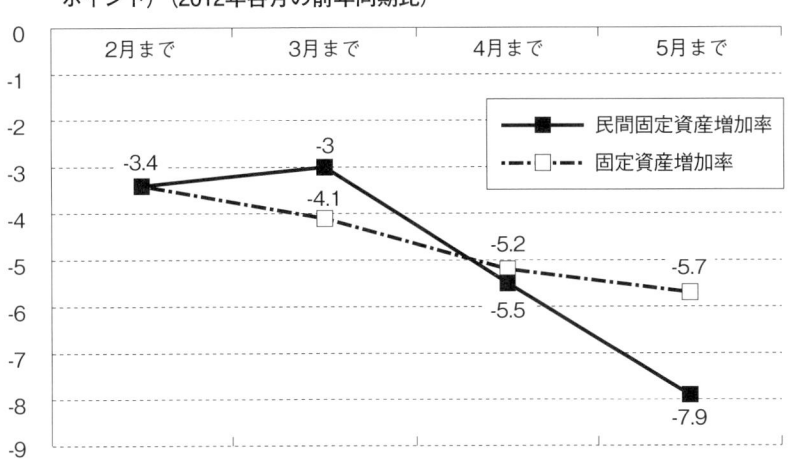

注：農家の設備投資は含まず。
出所：中華人民共和国国家統計局「2012年1-5月分民間固定資産投資主要状況」から筆者作成。

などサービス業も，一部の例外を除いて，資本力にまさる国有企業集団，地方政府系企業集団の強力な支配力がすでに確立されており，外資・内資を含め，これから市場に参入する企業がこれまでのように急ピッチで売り上げを伸ばしてゆける可能性は高くない。国内事業の投資収益率が逓減し，溜め込まれた富はより高い収益機会を求めて，国内ではなく海外資産の獲得をめざして，「逃避」するかもしれない。中国国内の政治的な危機が顕在化すれば，こうした傾向に拍車がかかることはいうまでもない。

　このような状況下の中国にある日系企業として，留意すべきは過度の設備投資を慎みつつ，価格競争に巻き込まれないことである。あらゆる製品が慢性的過剰生産状態にある中国市場では，いかなる製品もいつの間にか価格競争に巻き込まれ，「利益なき繁忙」で苦しむ。中国では価格の安いメーカーはいくらでも存在する。例えば，日米でユニクロやH&Mをしのぐ勢いで人気が高まりつつある米国系アパレル製造小売企業（SPA），フォーエバー21は流行に敏感に反応するデザイン性，ブランド力とともに低価格を強みとするが，低価格メーカーが多数存在する中国市場では苦戦しているといわれる。高度成長がピークアウトし，中国経済が「収穫」の時期に入った今こそ「高価格なりの価値を持つ製品・サービスの提供」こそが重要であろう。

[参考文献]

小林守（2009）「中国新指導部の経済政策の注目点」『三菱総研倶楽部』Vol. 5 No. 6，三菱総合研究所。

小林守（2011）「国内優先強まる習近平新体制―上海万博後の中国の政治と経済の行方―」『投資経済』2011年1月号，投資経済社。

小林守（2012）「不安定化が進む中国―過度な投資拡大を避けたい日系企業―」『投資経済』2012年8月号，投資経済社。

中華人民共和国国家統計局『2012年1―5月分民間固定資産投資主要状況』。

中国国家統計局（2010）『中国統計摘要2010年版』。

21世紀中国総研編（2010）『中国情報ハンドブック2010年版』蒼蒼社。

[注記]

1）広東省では中小企業の研究開発や新製品投入に対し，政府から支援融資7億8000万元が行われた。

2）中央政府がリーマンショック後に行った4兆元（約60兆円）の景気刺激策がその一例である。

3）原材料部品を中国の工場に持ち込み（輸入し），そこで加工作業だけを行って労働賃金を支払い，完成品を輸出する国際貿易と組み合わせた生産方式。

4）筆者は2008年3月に広東省，同9月に隣接する香港で現地企業及び日系企業団体にインタビューしたが，加工貿易企業の間でよりコストが安いベトナムに移転する動きが顕在化するのではないかとの声が確認された。

5）最近，ようやくこの戸籍による差別問題には改善の動きがあるが始まったばかりである。

6）しばしば，この「創意工夫」は利害関係者，特に住民や農民などの弱い立場の利害関係者のコンセンサスや法的な裏づけを得ずに実行に移され，トラブルを生んできた。このため，「人治」と揶揄されることもある。

7）最近では「人民」の生活をいかに向上させたか，という視点も盛り込まれるようになった。

8）「開発独裁」とは経済成長を至上の目標として政治経済上の権力を集中する権威的な政治体制をいう。

9）「3つの代表」は2000年2月に江沢民元・国家主席により提唱されたもので中国共産党の重要思想として党綱領に記載されるようになった。

10）2011年～2012年春にかけて広東省汕尾市烏坎（ウカン）村で行政側が住民の農地を収容し，土地開発を行おうとしたことに反対して起きた住民の運動。住民は自らの選挙で村の指導者を選ぼうとした。当初，体制側からの取り締まりや逮捕が相次いだが，国際的なメディアの注目を浴び，国内の他の地域にも同様な動きがみられたため，広東省の共産党組織のトップ，汪洋書記の決断で，住民による公選制を認めたもの。

11）この構造改革を実施した朱鎔基氏の「私は自分の棺桶を用意して，国有企業改革を行っている」との当時の言葉は有名である。

第2章 韓国情報産業の展開と課題

1 はじめに

　アジア諸国は，特に，1990年代以降，ダイナミックな経済成長と資本蓄積の水準の高さから，世界的に大きな関心を喚起してきた。ただ，アジア諸国は，多様性に満ちており，各国の産業発展のプロセスは，強い特殊性を有しつつ展開してきている。例えば，韓国は，第二次世界大戦，朝鮮戦争をへて，漢江の奇跡とされるような経済発展をとげてきた。すなわち，韓国は，後発資本主義的な特質を保持しつつも，それゆえに高経済成長を達成し，東アジアにおける重要な政治的，経済的な地位を占めるに至っている。1970年代，80年代においては，台湾，香港，シンガポールとともに，アジアNIEsとされ，急速な経済発展をとげ，日本経済と密接な関係を構築してきている。韓国の経済発展は，東西対立の接点に位置しての政府の強力な指導力とそのことに連動した財閥の台頭と輸出の拡大に支えられたものと考えられる。もちろん，一途に躍進を続けてきたわけではなく，特に，1997年には，アジア通貨危機の直接的な当事国となり，大きな挫折を経験している。21世紀に突入しても，2008年のリーマンショックには，深刻なダメージを受け，その後遺症を引きずっている。また，後発資本主義的な側面を有しつつも，一部の産業や企業は，世界のフロントランナーとして躍進している。そこで本章では，国際的に注目されるまでになった韓国情報産業の変遷や躍進に視点を据えて，1997年のアジア通貨危機，2008年のリーマンショック等を画期にした考察を試みている。日本と深い関連を有する新興工業国，韓国についての考察は，日本産業にとって重要な理論的な意義がある。日本と韓国の産業は，競争，対立しつつも，分かちがたく連携して

おり，連携の方途の明示化は現代の理論的な課題である。もちろん，韓国の産業発展のパターンの確認には，韓国財閥の戦略の内実等多様な分析が必要である。もちろん，韓国の工業化の特質，21世紀において韓国産業が，どのような体制の下で躍進をとげてきたのか，その工業化促進の実相や注目されている情報産業の発展プロセスの解明のためには，生産動向，輸出動向等多面的で詳細な検討が不可欠である。

　本章は，日韓情報産業の21世紀における提携の方途を探るという意図を持って，韓国の工業化の特質の確認を目指している。そのため，まず，第1に漢江の奇跡，アジア通貨危機に至るまで，高成長を続けてきた情報産業を軸に韓国産業を分析し，韓国の急速な産業発展に影響を与えた輸出依存等諸動向を明確にしている。第2に，アジア通貨危機を経験した後リーマンショックに至るまでの韓国産業の推移を考察している。そして，第3に，その後，21世紀における韓国産業，特に，韓国情報産業の現状と課題を再検討している。

2　急速な経済発展を支えた諸要因

(1) 産業政策の展開

　第二次世界大戦後の韓国経済の展開は，強力な政府のリーダシップと関係して財閥が基軸となってきたこと，国外市場に大きく依存していることが特徴であるとされている。このことは，政府の積極的援助を受け，先端技術を原材料とともに導入して急速に成長する輸出産業ないし財閥と，資金と技術を有せず，国内市場に依存する中小零細企業とが構成する二重経済構造の形成に連動している。それゆえ，韓国の主要産業の発展を，日本に依存した輸出指向輸入誘発型工業化として把握することが妥当なものとされている。そこで，まず，政府の産業政策，財閥の躍進，そして，輸出依存の推移の検討を試みていきたい。[1]

　1961年，朴政権誕生後，政府主導により工業化推進と一体化した財閥育成策が本格化している。まず，1962年には，財閥の育成を念頭にした「第1次5か年計画」が策定されている。これ以来，韓国は，「5か年計画」を策定し，生産財，中間部品の輸入を増加し，輸出と輸入の両面で，対外依存傾向を強めて

いる。当初は，輸入代替的工業化が指向されていたが，段々と，輸出指向的工業化が課題となり，種々な輸出奨励策が発動されている。1965年には日韓国交正常化協定が締結されており，新しい環境の下で日本の金融機関も韓国への貸し付けを開始している。経済開発計画が軌道に乗る1966年頃から，韓国では，輸出指向的工業化が課題とされ，当然のことであるが，生産財，中間部品の輸入が増加し，対外依存傾向を強めている。1967年には「第2次5か年計画」が策定され，なおも，機械工業，繊維工業，造船業，電子工業，鉄鋼業等7産業育成法が制定されている。これら主要産業分野に，財政資金が重点的に投入されている。韓国産業は，資本面で対外，特に，日本等に依存しつつ，厳しい国際環境の下で，持続的な経済成長を維持し，多様な構造変化をとげ，先進資本主義国をキャッチアップし，新興国による逆転現象を具現してきた。

とりわけ，財政資金の投入や韓国の民間銀行のみで対応しきれない旺盛な資金需要に対しては外国資本に依存せざるを得ないのであるが，韓国政府や国内の銀行は，財閥を中心とした外国からの長期資金の借入に対し，債務保証をしている。さらに，1969年には安全保障は自助努力でとするニクソン・ドクトリンが発表され，関連して韓国では，軍事にとどまらず，新しい環境の下で，経済的な自立を意図した重化学工業政策が推進されることになる。

加えて，1970年代には，いっそうの外資導入策が推進されている。1970年には，「韓国輸出自由地域設置法」により，馬山輸出自由地域の設置が始動している。1973年頃には，馬山輸出自由地域への進出が本格化している。73年までに進出した企業106社中，直接投資，合作投資等を含め日本企業が91社（86％），在日韓国人企業が10社（9％）と，日本関連企業が，馬山の進出企業の大部分を占めていた。外資による直接投資を奨励し，合弁化等により，技術能力向上が目的とされ，外資の受け入れが推進されている。他方，外資，特に，日本企業は，低賃金労働力の確保や過去の日韓関係の清算を意図した進出を実行することになる。[2] 当然，統計上，韓国経済は発展したことになっているが，低賃金を求めて進出する日系企業の代替的生産基地にすぎないといった主張もあった。そして，外資に依存する輸出部門と国内市場を基盤とする部門との間には産業連関が希薄で，輸出指向的産業の国内での産業連関効果は小さかった。それでも，政府の施策やベトナム特需を基盤とした経済発展をとげている。そして，1972年には，重機械工業，造船業，石油化工業等重化学工業のいっそうの

発展と輸出拡大を課題とした「第3次5か年計画」(1972～1976)が策定されている。そして，1973年，朴大統領は，金融，税制面での支援体制を整え，重点的な重化学工業化の推進を政策課題としている。[3]

また，70年代中葉には，昌原機械工業団地の建設が開始され，重化学工業化とその基盤形成が進展している。次の「第4次5か年計画」(77～81)においては，鉄鋼，機械，半導体，石油化学等重化学工業化の拡充が追求されている。なおも，重化学工業における売上高と輸出実績の増大が，低金利融資の保証に連動していた。政府の産業政策は，重化学工業化促進に適合するものであった。

1983年以降，経済の自立化促進，生産財の国産化を目指し，自動車，半導体，コンピュータ等「10大戦略産業」の育成が政策課題とされ，より重点的な戦略産業強化策が展開されることになる。国際的な連携を強めながら生産財の国産化や経済の自立化促進が課題とされている。さらに，1985年には，「工業発展法」が策定され，産業政策が目指すべき新しい方向性が確認されている。すなわち，産業政策が，特定産業部門の育成政策から合理化プログラムのための優遇措置を優先するものに転換している。

(2) 財閥主導の工業化

先に，1961年，朴政権誕生後の政府主導による財閥育成策の本格化を指摘したが，韓国の工業化は，政府主導で財閥を基軸に展開されることになる。重化学工業化や工業製品の輸出拡大政策は，財閥支援を内容としていた。政府主導での銀行の総動員は，主要産業を基盤とする寡頭的な財閥の支配的な地位を強化している。政府主導の工業化，とりわけ，情報産業，自動車工業，造船業等の顕著な躍進は，財閥の育成を意味するものであった。もちろん，財閥が担う上位輸出品目の全輸出額に占めるウエイトが過度に高いものとなっている。先の「第2次5か年計画」の策定，機械工業，繊維工業，造船業，電子工業，鉄鋼業等7産業育成法の制定は，財閥の躍進をもたらしており，現代等財閥が，政府支援の下で台頭してくることになる。また，財政資金の投入や韓国の民間銀行のみで対応しきれない旺盛な資金需要に対しては外国資本に依存することになるが，韓国政府や国内の銀行は，財閥を中心に，外国からの長期資金の借入に対し，債務保証をするなどして，急成長を支えてきた。[4]

韓国は，漢江の奇跡とされる急速な経済成長，工業化をとげることになるが，東西対立の接点という過度な緊張環境の下で，政府主導，財閥基軸，及びそのことに規定された輸出依存によって，急速な工業化が推進されてきた。一部の韓国産業の国際競争力は，先進国産業より優位となり，半導体産業等は，その後，世界最強と位置づけられるまでになっている。こうした産業展開は，強力な政府のリーダシップと関係して財閥が基軸となって進められ，そして，国際市場に大きく依存したものであった。政府による財閥育成を意図した各「5か年計画」と連動して重化学工業化が進み，それを担う財閥が急台頭することになる。

(3) 国内市場の狭隘化と輸出依存

　借款，過度な借入金依存体制や低賃金を基盤とした韓国産業は，輸出指向的工業化政策を軸に，急速な重化学工業化を達成してきた。韓国産業は，輸出指向的であり，他方で，生産財，部品とも輸入に依存するという輸入誘発的輸出を展開している。すなわち，輸出の拡大とともに輸入が増加する生産構造を形成してきた。技術関連貿易において，日本からの部品供給や技術供与に大きく依存している。すなわち，輸出産業の成長は，輸出の拡大とともに輸入を増大する生産構造を形成している。輸出の増加は，国内向け産業への波及効果をもたらさず，外資依存，対外依存を深刻化させている。

　また，1970年代末の第2次オイル・ショックは，中近東に多く進出していた韓国系の建設会社に深刻な影響を与え，それに連動して韓国経済は，1980年にマイナス成長に陥っている。ただ，このダメージは，先に指摘したように輸出拡大により克服されることになる。韓国経済は，国内市場が日本ほど大きくなく，外需依存が不可欠であり，国外の市場に活路を求めている。輸出先として，アメリカと日本のウエイトが大きく，1983年の輸出品目では，重化学製品の輸出総額に占めるウエイトが5割を超えるまでになっている。さらには，産業活動の活発化とともに，輸出指向的企業と国内需要対応型企業との二重構造，組立型産業と部品産業との関連性の希薄さ等を是正していく注目すべき変化が起きている。韓国産業は，以上のような政府主導，財閥基軸，輸出依存といった大きな枠組みの中で，戦略産業の強化，経済の自立化を指向した工業化を推進することになる。

3 アジア通貨危機の勃発

(1) 工業化の進展

図表2-1に，1990年代，アジア通貨危機に至るまでの韓国の経済成長率と1人当たりGDPの推移を示している。

図表2-1　経済成長率の推移及び1人当たりGDPの推移

(単位：％，ドル)

年	1990	1991	1992	1993	1994	1995	1996	1997
経済成長率	9.5	9.1	5.1	5.4	7.9	9.9	7.1	5.5
1人当たりGDP	5,917	6,799	7,053	7,484	8,467	10,037	10,548	9,511

出所：韓国統計庁『韓国統計年鑑』各年版より。

1990年代，日本の製造業は不振であったが，アジア通貨危機に見舞われるまでの韓国産業の躍進は顕著であった。90年代前半，韓国は，平均7％を上回る高経済成長を持続し，90年代中葉には，1人当たりGDPが1万ドルを超えるような水準に到達しており，主要財閥，重化学工業は世界に注目されるほど，国際競争力を強化してきた。また，1997年段階の韓国経済の輸出依存度は28.3％であり，3割近くを国外市場に依存していた。

特に，韓国情報産業等は，90年代以降，世界的に注目されるような躍進をとげている。1990年代前半には，半導体生産に関し，次世代開発の先行,市場規模,世界的なシェアでトップの地位にあった日本の情報産業の生産額を抜き去っている。例えば，サムスン電子は，1992年に64MDRAM開発で日本企業をキャッチアップしている。日本の半導体製造装置のパッケージ化と半導体製造装置の過剰生産は，日本の半導体製造装置メーカーに海外市場開拓を指向させている。韓国企業は，マニュアル化された日本の半導体製造装置の過剰生産と輸出拡大を背景に，技術者を確保し，巨額な投資に基づく量産化により急速に日本企業をキャッチアップしてきた。当初は，チップ設計や材料及びノウハウを日米企業から導入し，1MDRAM,4MDRAMの開発と量産を通して関連技術を蓄積してきた。キャッチアップ段階を経て，16M世代のDRAMの独自開発にこぎつけ，トップの座に君臨することになる。この時点で新技術を自ら開発する能力を確立し，工作機械の開発や金型開発にも着手している。日米企業より遅

れての開発や量産は，先行企業で開発された完成度の高いマニュアル化された当該製造装置の入手が可能であったし，先行企業より開発から量産までの期間の短縮を容易にしている。後発者の立場を活用し，巨額な研究開発投資により，国際的な開発体制を高度化し，多様なＭ＆Ａと国際的戦略提携を実行している。日米のデバイス，製造装置生産企業との共同開発も実施している。そして，韓国においても，独創的な開発を進める積極的な組織的努力が試みられており，注目さるべき成果が達成されている。ただ，この時点では，サムスン電子の存在は，突出した事例であり，特異であった。また，韓国の組立工業の高度化，生産性向上は認められるが，全産業が，卓越したレベルに到達しているような状態にはなかった。

韓国企業は，労働集約的な組立産業から工業化を本格化するのであるが，設備，機械，部品に関しては，主に日本から輸入し，それを組み立てて，欧米に輸出するという形をとっている。それゆえ，韓国情報産業の動向は，生産性の向上という点で課題を残していた。韓国企業は，組立型工業化を指向し，まず，高度な技術と熟練を不可欠としないような事業領域で活路を見出してきたのである。急速な生産拡大と輸出の増加は，他方で，設備機械や部品の輸入依存をきたすことになり，結果として，韓国の対日貿易赤字を拡大している。その後も韓国産業は，一部の例外的事例を除いて，組立型工業を主軸として，設備機械や能動部品を輸入している。それゆえ，当初，素材や機械の自給率，国産化はそれほど高くはなかった。

問題を抱えながらも，驚異的に拡大してきた重化学工業製品の生産と貿易であるが，まず，1990年に23,125千トンであった粗鋼生産量は，90年代に２倍近く生産を拡大している。1990年1,322千台であった自動車生産も同様な傾向にある。自動車輸出は，90年347千台，97年1,317千台と驚異的な拡大を示している。1997年には，50％以上を輸出に依存している。また，1996年の乗用車の国際的なシェアは5.9％，1998年の造船業のシェアは，28.9％に達している。1990年代前半に韓国の情報産業は急拡大しており，テレビ，冷蔵庫，洗濯機等主要家電製品の生産動向は，日本を脅かすまでになっている。それでも，1990年代中葉の工作機械工業の動向は，日本と比較して大きな格差がみられた。基幹部品や重要機械の輸入を伴う輸入誘発的輸出は，創造性，自主開発という点で問題を内在していた。

しかし，1990年から98年にかけての生産指数は，バブル経済崩壊後の日本の場合は93.9とマイナス成長であり，アメリカも137.2で先進国は低迷していたのに対し，韓国は，159.0と躍進している。また，1997年の産業構成比は，第1次産業11.0％，第2次産業30.9％，第3次産業58.1％という構成であった。なおも，国際競争力強化のための助成を実施し，グローバル化，自由化に対応しうる体制の整備が課題とされている。そのため，自由化，規制緩和措置を進め，旧来の体制の転換がはかられている。具体的には，外国為替の自由化等各種の自由化措置が導入され，対応した海外投資の急増があり，1996年には，OECDへの加盟が実現している。

　躍進を続けてきた韓国産業が，1997年にはアジア通貨危機に直面し，大打撃を受けている。借入金依存が強く，借款経済であるとされてきた韓国経済が，アジア通貨危機の当事国となり，厳しい事態に陥ることになる。早熟してきた韓国財閥が受けたダメージは深刻であった。当時，製品安といった国際市場の下で韓国産業は，輸出の低迷，業績悪化に陥り，過度な借入金に依存した過剰投資の存在を露呈し，主要財閥さえ解体に至るという深刻な事態を招いている。1997年11月，韓国政府は，外国為替取引停止という異常事態を回避するため，IMFに支援を要請している。韓国は，IMFから195億ドルの緊急融資を受け入れている。1997年アジア通貨危機以降，韓国の躍進は大きな転機を迎え，軌道修正を迫られている。

　1998年には，IMFからの融資が実施されることになるが，経常収支赤字の抑制，資本市場の自由化促進，財閥の借入金依存体質の是正，企業の合理化促進といった融資条件が付されていた。韓国産業は，IMFから財政，貿易の均衡化等抜本的なリストラクチャリングを迫られ，産業再編成を余儀なくされている。IMFからの要請を受け，財閥相互で7主要業種の交換を進めるという内容の産業再編成，ビッグ・ディールが実行されることになる。韓国の財閥は，造船，石油化学，半導体，自動車といった多くの事業分野で過剰投資を累積していたが，多角化は，過剰投資分野の赤字を他事業の蓄積で埋め合わせることを可能としていた。政府も，国内の市場規模を上回るような国際的な対応を内容とする投資を支援してきた。財閥は，政府の金融支援策を基盤に借入金による放漫な過剰投資を実行し，事業を拡張してきた。1997年以降，こうしたメカニズムが機能不全となり，韓宝財閥の中核企業，韓宝鉄鋼が過剰投資を露呈して

いる。韓宝鉄鋼の倒産は，韓国金融機関を混乱させ，金融流動性の維持を困難にし，連鎖倒産を引き起こし，韓国の国際的な信用度を低下せしめている。資金繰り悪化のため三美財閥の三美総合特殊鋼や酒類製造を手掛けていた流通財閥の真露，自動車の起亜グループが倒産している。

通貨危機に対する応急措置を試みたものの，結局，韓国産業は，ビッグ・ディールとされる財閥の抜本的な再編成を伴う新局面を迎えることになる。IMFから融資条件として要請された財閥間の産業調整を果たすべく，財閥同士の事業交換を行うという大規模な事業集約を実施し，重複している事業分野の整理，過当競争の排除を内容とする抜本的な産業再編成を推し進めている。1998年来，課題とされてきた強制的な業種交換は，大宇グループの崩壊，現代グループの改編，その他，過剰投資で赤字になった企業の淘汰を伴う複雑な経緯をたどっている。ハイニックス半導体は，社債償還を凍結し，破綻処理を避けられなくなり，債権金融機関の管理下に置かれ，外資に売却されている。他方，LG，三星は，リストラクチャリングを通して復活軌道を確実なものにしている。また，公企業5社の民営化が進行している。グローバリゼーションがいっそう進展する中で，多くの企業や財閥が破綻し，抜本的なストラクチャリングを迫られ，公企業の構造改革，財閥の支配体制が変革されていくのである。韓国産業は，成長率の鈍化やグローバル化に動揺しながら，政府主導，財閥基軸，輸出依存といった大きな枠組みの中で新たな発展を模索することになる。

半導体分野では，現代電子がLG半導体を吸収合併し，現代半導体が発足している。航空機では，現代，三星，大宇の3社が合併して韓国航空宇宙産業という新会社を設立することになる。鉄道車両では，現代精工，大宇重工業，韓進重工業が合併し，韓国鉄道車両を設立している。石油精製事業では，現代がハンファを吸収し，現代，SK，LG，双龍の4社体制が形成されている。そして，1997年から2000年までに347社の不良金融機関が整理されている。さらに，起亜の倒産の他，現代自動車は，ダイムラー・クライスラー（その後，分離）と提携している。また，三星自動車は，1999年に，大宇との業種交換を拒否，不渡りを出して倒産し，ルノー社に売却されている。自動車関連企業6社を残しての大宇グループの倒産があり，大宇グループ・大宇電子等の事業交換は撤回されている。後に大宇電子は，アメリカ・ワリードエロマ社へ売却されることになる。三星，現代，SK，LG，双龍といった5財閥が再編成され，韓国経済

の中核を担うことになる。これらグループ企業が韓国経済全体の3割を占めるほどになっている。ただ，こうした変遷過程において，自動車，石油化学，発電設備といった事業分野の業種交換政策，ビッグ・ディールは当初の計画通りに進展することにならなかった。

(3) V字型回復と国際競争力の強化

　韓国経済は，奇跡的に1999年には二桁の経済成長を実現することになり，IMF依存体制からの脱却を宣言している。1997年のアジア通貨危機以降，21世紀に突入して一時，成長鈍化がみられたが，2002年には，GDP成長率はV字型回復をしている。そして，韓国産業は，より高次な段階に突入したと理解されている。ビック・ディールは，計画通りには推移しなかったが，主要産業と財閥の再編成を促し，韓国企業に，国際化と国際競争力の強化をもたらすことになっている。韓国主要企業は，活動領域を絞り込み，優位な事業分野で巨額な投資を実行して量産化を試み，国際競争力を強化し，国内市場の狭隘化を背景に，あえて大きなリスクを取って果敢に国際化を推進している。日本企業以上にリスクの大きなエマージング・マーケットへの進出を積極的に展開してきた。

　そして，アジア通貨危機後，韓国の製造業の企業数，従業者数，出荷額は，図表2－2に示したような推移をたどっている。つまり，アジア通貨危機後，韓国製造業の企業数は，著しくはないが増加することになる。1998年と2005年との比較では1.5倍になり，2001年から2005年にかけて1割ほど増加している。これに対し，従業者数の方は，同期間に1.23倍にとどまり，2001年には減少し，2001年から2005年にかけての伸び率は，8％であった。1社当たりの平均的な従業者数は，2001年25人，03年24.3人，05年24.4であり，減少気味である。従業員企業規模は数字の上では現状維持的であるが，二極化の進展もありうる。他方，出荷額は，同期間に2倍に増加し，2001年から05年にかけて，約5割増大している。出荷額の伸びは大きく，1社当たり平均出荷額は，2001年5,514億ウオン，2003年6,012億ウオン，2005年7,267億ウオンと着実に上昇している。韓国企業の生産性の上昇や競争力強化がうかがえる。

第一部／第2章　韓国情報産業の展開と課題

図表2－2　製造業の企業数，従業者数，出荷額の推移

(単位：社，人，百万ウオン)

年	企業数	従業者数	出荷額
1998	79,545	2,323,902	425,008,343
1999	91,156	2,507,726	479,732,889
2000	98,110	2,652,590	564,834,119
2001	105,873	2,647,995	583,792,893
2002	110,356	2,695,911	634,199,359
2003	112,662	2,735,493	677,371,324
2004	113,310	2,798,192	794,853,174
2005	117,205	2,865,549	851,788,994

出所：韓国統計庁『韓国統計年鑑』各年版より。

　2001年には，製造業において従業者の減少がみられるが，アメリカのITバブル崩壊の影響を受け，輸出が減退している。そして，米国，日本，EU，中国への輸出が，前年比，マイナスになっている。他方，資本財輸入も前年比マイナスとなり，輸入が減少し，結果的に貿易収支は黒字になっている。

　ただ，半導体，家電製品，通信機器，自動車等の輸出が好調で，拡大している。輸出のみでなく，2002年のGDP成長率は，好調な民間消費にも支えられ，6.3％増となり，IMFからの借款195億ドルを3年前倒しで返済している。また，1人当たりGDPは，1万1,300ドルとなり，中間層の形成が指摘されている。2001年には，外貨準備高は，1,000億ドルを突破し，金利は低下し，対外純資産が黒字に転換している。

　21世紀に入ってから競争力を強化してきた一部の企業は，資金調達面の整備をし，先進国の機械設備生産企業が機械設備の輸出に乗り出さざるをえないといった状況の変化を契機に生産体制を高度化している。新鋭のNC工作機械や自動化された機器の普及，デジタル化の浸透は，1997年のアジア通貨危機後，旧式の国産機械設備の代替を推し進めることになる。自動化，デジタル化された機械設備の急速な発展と普及と政府の支援や国際的な金融条件の緩和による投資資金の獲得の容易さといった環境の下で，より高次な大量生産とコスト削減と輸出拡大を実現してきている。そして，組立型技術から加工型技術へのシフト，加工型の部品産業の育成や技能蓄積分野の開拓，さらに，新技術の創出を課題とした対処をしてきている。ME化された機械設備を輸入し，比較的単純な作業に依存して生産拡大やコスト削減を追求することには国際競争上，限界がある。高度な技術と熟練に支えられた加工型技術を基盤とした機械設備の

開発は，ハードルが高く，困難ではあるが，容易に崩されることのない競争優位の構築を意味する。21世紀，韓国の一部の電子メーカーは，組立型から加工型へのシフトを実現し，強力な競争優位を構築しつつある。韓国の電子メーカーは，生産財を自らつくる内製化を進めている。韓国政府も国産化に力を入れている。韓国の電子機器貿易において，日本に対する赤字体質は持続しているが，構造的変化が認められる。韓国メーカーの技術水準が，急速に高度化しているのである。

　21世紀に突入し，なおも韓国は，多様な方策を駆使して，経済構造の転換をはかっている。輸出のみでなく，内需拡大策が発動され，企業ないし企業を取り巻く環境の変革の推進，民営化に向けての公企業の構造改革，中小企業育成，直接金融を重視した金融構造改革，労働市場の構造改革等が追求されている。金融部門でも，政府の公的資金投入と金融機関の整理再編に至る制度改革が進行している。特に，2002年には，財閥のみが，政府の支援を受け，間接金融市場から資金を調達し，過剰な大規模投資をし，輸出拡大を進めて成長していく体制が，変容している。韓国経済において，一時外需主導から内需主導への構造転換が試みられている。金大中政権の下で，輸出市場のみでなく，内需を拡大し，供給より需要を重視した政策が指向されている。韓国産業は，輸出依存から内需依存への転換を実現しそうな経験を有している。そして，直接金融が見直され，直接金融を重視し，大企業のみでなく，中小企業も容易に資金調達可能な体制の確立が試行されている。関連して，インターネット取引の増加も加わり，個人投資家の株式市場への投資の増大と株価の上昇が生起している。さらには，クレジット・カードを通しての消費の増加が，消費拡大を支えるといった事態が生じている。その他，金融持株会社を認め，総合金融会社を投資銀行に転換し，また，企業の社債償還支援を行っている。9)

　なおも，市場経済の発展を目指し，失業率を低下しようともしている。しかし，提案された一時解雇後の派遣という不安定な形態の雇用増等は，労働者に所得格差の拡大をもたらし，雇用問題を深刻なものにしている。2003年以降，韓国経済は，低成長に陥ることになる。特に，2003年には，増加した個人負債が返済不能となり，カード危機が表面化している。1998年来，金大中政権の下での，消費の活性化，自営業者の所得捕捉を兼ねた一定額以上のクレジット・カード利用に対する所得控除を実施し，消費拡大をはかってきたが，個人負債額の増

大を招き，延滞率が高まり，カード会社の経営悪化が起きている。LGカードが経営危機に陥り，キャッシング・サービスを停止している。利用限度額の引き下げ策に民間消費の縮小が連動している。同年のGDP成長率は，2.9％となり，失業者が増加し，現代自動車等で深刻な労働争議が起きている。労働争議の激化は，韓国への直接投資を減少させている。ただ，半導体，携帯電話等を中心に輸出は堅調であった。

盧政権下で，2004年のGDP成長率は4.6％，2005年は4.2％と少し持ち直している。2005年の1人当たりGDPは，1万6,000ドルに達している。他方，企業の合理化，コスト削減努力は，調達先を中国企業に変更するとか，雇用削減，非正規化，労務費カットを伴うものであった。結果として，失業率は3％台となり，やはり，失業問題を深刻化させている。若年層の就職難が構造化しており，労働条件の悪化，非正規労働者の増加，雇用の非正規化が進行しており，こうした動向に抗するストライキ，労使紛争が多発している。

2004年以降，また，海外市場に支えられる構造に回帰している。内需が不振となり，外需，輸出が重要な役割を果たすことになる。このような一般的な傾向は，情報産業においても確認できる。まず，韓国の貿易収支は，対米，対中，対東南アジア貿易が黒字で，対日，対中東が赤字である。2001年は不況の年であったが，2000年から2003年にかけて，米国，EUの他，東南アジア，開発途上国に対しての輸出が好調であった。関連して，輸入も増大している。原油価格の上昇もあり，中東や日本からの輸入額が増加している。

2004年，2005年には，国内需要の低迷を輸出が補完するといった状態であったが，対中及び米，EU，東南アジアに対しては黒字，対日本，中東は赤字といった傾向が顕著に出ている。2004年には，原油，素材価格の上昇に直面し，交易条件が悪化しており，対外直接投資の増加を招くことになる。内需の低迷の克服策が国外市場の拡大に求められている。自動車，携帯電話等韓国の主力商品の輸出拡大を通して大幅な貿易黒字を達成することになる。2005年には，電子部品の国際取引が黒字に転化しているが，黒字額は少額であった。また，2005年の情報産業全体の出荷額は2001年の1.47倍であるが，輸出は1.93倍，輸入は1.59倍となっている。情報産業全体では，輸入額の増加割合が，出荷額の増大割合を上回っており，自給率という点では課題を抱えている。ただ，電子部品に関しては，同期間，出荷額の1.89倍に対し，輸入は1.73倍となってお

り，自給率が上昇している。すなわち，一部，国際競争力強化を確認しうるが，国際市場への依存には限界がありそうである。また，オフィス機器の輸出は減少しており，音響機器の輸出は微増であった。そして，自動車，船舶，半導体，無線通信機器，コンピュータ，船等上位10品目の輸出総額に占める割合が，約60％となり，特定品目への輸出の集中化傾向が強まっている。財閥が国際競争力を強化し，当該品目の輸出拡大が生じていると理解できる。中国，EU向け輸出は好調であり，他方，中東，中国，オーストラリアからの輸入が増大している。そして，米国，東南アジアとの黒字幅は縮小しているが，中国，EUに対し，黒字を維持している。日本からの機械類の輸入は，円安とも関連し，低調であった。中南米等ニッチ市場への輸出は増えている。2005年も，原油価格は上昇している。また，石炭，鉱物，鉄鋼材，エネルギー，素材等の輸入が増加している。他方，輸出に関しては，半導体，自動車，船舶といった主力商品以上に，韓国が苦手としてきた機械，精密機械類の輸出が大幅な伸びを示し，金額も320億ドルに達している。韓国の情報産業の貿易収支に関して重要な新しい動向が確認できる。

　2006年のGDP成長率は5.1％になったが，成長率の鈍化，ウオン高は，貿易黒字が景気を支えた従来の構図に変化をもたらしている。同年も，資源，原燃料の値上がり，ウオンの為替相場の上昇，通貨高が，輸出や投資にネガティブな影響を与えている。頼みの輸出は，原油等国際商品の高騰を受け，物価が上昇し，国内生産業者にとっての生産条件，輸出業者の交易条件が悪化している。ウオン高で輸出が不振となり，輸出物価にウオン高を転嫁できず，他方で，資源価格急騰，輸入物価の上昇があり，これに，民間消費の減速化傾向が加わっているのである。また，機械，精密機械，電気，電子等主力輸出商品の価格下落を余儀なくされている。ウオン安，規制緩和，自由貿易協定網整備，財閥中心の輸出主導の成長を推進しているのであるが，国内経済は積極的な展開を示していない。特に，中小輸出企業は深刻なダメージを受けている。商品の交易条件の悪化を薄利多売でしのぎ，かろうじて貿易黒字を維持している。中小輸出企業数は，2006年には前年上半期に比して1,537社も減少している。ウオン高は自動車業界をも直撃しており，米国の小型車市場は日本車に席捲されることになる。現代，起亜は労使紛争に直面し，起亜は赤字，現代の生産台数，営業利益は減少している。ただ，対中東，対日貿易は赤字であるが，韓国のキャ

ッチアップ努力が成果を達成し，対日技術劣位による赤字が減少している。日韓の貿易において機械類の占める割合は高く，50％を超えるまでになっているが，これまでも韓国は日本に対し，自動機械や一部の部品に関して強い競争力を有しており，日本はベアリングや基幹部品で韓国より優位であった。そして，韓国の機械類の輸出拡大は，韓国の技術基盤の脆弱性から日本からの生産財の輸入を増やし，対日貿易が赤字になるという連鎖が存在した[11]。韓国の機械産業の競争力の強化により，対日貿易において，部品輸出の増大があり，この連鎖の切断が課題とされ，韓国の産業が日本に対し，競争力を強化してきている。韓国の産業は，20世紀末から急速に先進国をキャッチアップしてきた。新興国が先進国を逆転した典型的なモデルとさえされてきた。ただ，例えばサムスン電子のような例外的なケースはともかく，政府主導と財閥基軸と輸出依存というパターンによるキャッチアップが完成をみる前に，大きな障害に遭遇し，次の段階へのシフトに困惑しているというのが，21世紀初頭の韓国産業の内実である。そして，生産の増加率以上に輸入の増加率が上昇し，是正の兆しはあったが，結果的に，自給率の低下を招いている。

4 2008年以降の韓国経済

(1) 寡占化と水平分業への移行

図表2-3に2000年代後半の韓国のGDPの推移を示したが，2008年のリーマンショック後，韓国のGDPは，落ち込みをみせている。その後，2009年の実質GDPの成長率は，前年比6.1％増を達成している。韓国は，1990年OECD（経済協力開発機構）の加盟国となり，拡張を続け，韓国の1人当たりGDPは

図表2-3 21世紀の韓国のGDP（国内総生産）の推移

(単位：100万ドル，％，ドル)

年	2007	2008	2009	2010
GDP（名目）	1,049,300	930,900	834,400	1,014,300
GDP（実質）成長率	2.3	0.2	6.1	3.6
1人当たりGDP	21,655	19,152	17,086	20,753

出所：韓国統計庁『韓国統計年鑑』各年版より。

図表2-4　製造業，農林漁業の生産額・対実質GDP構成比

(単位：10億ウオン，%)

年		2007	2008	2009	2010	2011
製造業	生産額	247,408	254,467	250,568	287,600	307,890
	対GDP	25.9	26.0	25.5	27.6	28.5
農林漁業	生産額	27,294	28,827	29,759	28,475	28,195
	対GDP	2.9	2.9	3.0	2.7	2.6

出所：アジア経済研究所『アジア動向年報』各年版より。

　2006年に2万ドルを超えている。そして，世界同時不況で深刻な影響を受け，経済成長率が鈍化傾向を示し，大きな転換点に直面している。こうした中で，製造業の対実質GDP構成比は，図表2-4に示したように増加傾向にあり，代わって農林漁業のウエイトが下落している。

　製造業のGDPも，リーマンショックの影響を受け，2009年に生産額を下落した後，GDPに占めるウエイトを2011年の28.5％にまで増加している。農林漁業のGDPは，2010年に低下しており，GDPに占めるウエイトは，2011年の2.6％へと下落している。

　このような傾向とともに，21世紀の韓国産業は，果敢な国際化を展開し，経済的地位の向上を達成してきてはいるが，政治的にも経済的にも不安定な状態にある。地域における産業集積や主要産業，企業動向，従業員の位相等が，いっそう深刻さを増している。国外市場への依存を強めてきたが，現行の世界経済は，EUも米国も中東も多様な問題を抱えている。そして，韓国は，日本と中国に挟まれた鋏状の厳しい位置に置かれているともされている。生産性の向上を推進し，高業績を達成しても，人員削減，コスト削減を優先しており，雇用増に直結することになっていない。

　情報産業でも，再編成が進行しており，一部の事業分野から撤退し，一部では，国際取引を好転させ，自給率を上昇させている。だが，グローバル化が進展する中で，長期的な見通しを持ち，外国や外国企業と補完しあいつつ，適切な選択をし，存続可能な状態を構築することは，それほど簡単なことではない。韓国を代表する情報産業は，20世紀末から21世紀にかけて，興味深い動向を示している。21世紀に突入して，20世紀に構築された構造が大きく再編成されつつあるのである。ただ，再編成の進展は，各産業において多様であり，財閥主導の現実的な推移は，事業分野により大きく異なる。情報産業は，特殊な経

緯をたどりつつ国際競争力を強化し，韓国を代表する産業として台頭している。韓国の工業化は，財閥が基軸になって担ってきたとされているが，規模別動向からしても，コンピュータ事業分野では，抜本的な産業再編成が進行している。そして，2001年に企業数で46％を占めていた300人以上の大規模事業所のウエイトが，2005年には13％に急落している。2001年の大規模事業所の出荷額ウエイト，付加価値額ウエイトはともに80％を超えていた。だが，2005年の大規模事業所の出荷額ウエイトは38％にまで落ち込んでおり，代わって，中小規模企業の比重増が認められる。コンピュータ事業分野では，リストラクチャリング等により事業と企業の淘汰が進行し，大企業体制が大きく改変されている。数の上で1割程度の企業が，約8割の出荷額，約5割の付加価値額を担うという状態になっており，こうした動向は，製造業全体の趨勢に類似している。他方，小規模企業の出荷額，付加価値額の増大は，関連事業分野でかろうじて生産を維持していることを意味している。すなわち，韓国が急速に競争力を強化してきたコンピュータ事業等が，国際的なパソコンのコモディティ化等により衰退化をきたしているのである。[12]

　90年代には日本が圧倒的に優位であった電気機械分野で，2008年になると韓国メーカーが，日本と肩を並べるまでに競争力を高めることになる。韓国メーカーは，半導体，液晶関連部材等で日本を急速に追い上げ，一部では，日本製より韓国製部品が優位となっている。例えば，液晶パネルの中核となる偏光板では，LG化学のシェアが，日東電工や三井化学等世界の大手と並んだと指摘されている。グループ会社のLG電子が内製化にシフトしており，中間財の供給力で日本と中韓の差は，急速に縮まっている。韓国の電子メーカーは，キャッチアップのために米国での経験を有する韓国人エンジニアや日本人エンジニアのスカウト等を試み，人材の確保や能力の向上を試みている。こうした対応を通して，薄型テレビやフラッシュ・メモリーに関してもサムスンを軸に日韓の企業間では，激しい開発，生産規模，市場シェア競争が，一部で提携を進めながら，展開されることになる。

　衝撃的であるのは，やはり，韓国の急速な先進国に対するキャッチアップである。新興国は様々な方途を駆使して先進国をキャッチアップすることが可能であるが，韓国の対処は，1つのモデルケースを示唆している。M＆A，アウトソーシング，戦略的提携，ICT関連技術の模倣，技能のデジタル化，技術者

の採用,機械・装置メーカー側のマニュアル化した技術開発,さらに,量産化による市場拡大と生産過剰,ネットワークの活用による比較優位のチャンスの確保等競争力強化とキャッチアップの可能性は,多様に存在する。もちろん,フロントランナーの側でも,優位性の維持,拡大のために知的財産権を強固にする等多様な戦略を追求することになる。厳しい環境下で,深刻な問題を内包しながら韓国は,可能な限りの方策の追求を通して工業化を進めてきた。21世紀において,変革をとげ自主技術開発を推進しつつある財閥や自由貿易圏構築を進める韓国政府の役割や意義が注目される。韓国財閥が,強力な競争力を構築し,高いシェアを獲得してきたことは評価されてよい。[13]

(2) 貿易構造と対外直接投資の変化

21世紀,韓国企業の一部は,国内市場の狭隘性ゆえに積極的に国際化を展開している。韓国の貿易総額は,2011年に1兆ドルを超え,イタリアを抜いて世界第8位となっている。貿易総額の対GDP比は,97％に達している。輸出総額の対GDP比は,50％になっている。外需部門が韓国経済を支えているのである。ただ,韓国情報産業の輸出依存状態の推移は,輸出が大きなウエイトを占めているにしても,事業分野により大きな差異が認められる。21世紀に入って,オフィス機器は,出荷額,輸出額とも,急速に低下している。テレコム機器は,同時期,増大はしているが,大きく伸びてはいない。出荷額対輸出の割合は,アジア通貨危機直後の1998年には,いずれも40％台で,主要三事業分野の状態は大きく乖離してはいなかった。ところが,2001年には,オフィス機器が56.2％,テレコム機器が70.6％,電子部品が29.3％となり,電子部品と他の事業分野とは,対照的な傾向を示している。2005年のオフィス機器の輸出依存度223％,テレコム機器が125％,これに対し,電子部品は30.7％となっている。電子部品における輸出割合の停滞と,他の2者の過度な輸出割合が生起している。もちろん,輸出入動向に関しては,部品そのもとして輸出されるというより,製品化され輸出されていくことの他,国際分業の進展や生産性,競争力といった視点等から多様な検討が必要である。韓国の産業は,国外市場に支えられる構造になっているが,情報産業にみられるように多様である。そして,韓国の貿易収支の一般的な傾向は,対米,対中,対東南アジア貿易が黒字で,

図表2−5　2000年代の韓国の貿易収支の推移

(単位：100万ドル)

年	2007	2008	2009	2010	2011
輸出	371,489	422,007	363,534	466,384	556,514
輸入	356,846	435,275	323,085	425,212	524,375
貿易収支	14,643	−13,267	40,449	41,172	32,139

出所：アジア経済研究所『アジア動向年報』各年版より。

対日，対中東が赤字である。2001年は不況の年であったが，2000年から2003年にかけて，米国，EUの他，東南アジア，開発途上国に対しての輸出が好調であった。関連して，輸入も増大している。原油価格の上昇もあり，中東や日本からの輸入が増大している。

図表2−5に2007年から2011年にかけての韓国の貿易収支の推移を示したが，2008年には，貿易赤字に陥っている。また，2009年には，輸出入とも前年を大きく下回り，それ以降は回復している。

図表2−6　韓国の対中国，対日本貿易の推移

(単位：100万ドル)

年	対中国			対日本		
	輸出	輸入	貿易収支	輸出	輸入	貿易収支
2000	18,455	12,799	5,656	20,466	31,828	−11,362
2001	18,190	13,303	4,887	16,506	26,633	−10,127
2002	23,754	17,400	6,354	15,143	29,856	−14,713
2003	35,110	21,909	13,201	17,276	36,313	−19,037
2004	49,763	29,585	20,178	21,701	46,144	−24,434
2005	61,915	38,648	23,267	24,027	48,403	−24,376
2006	69,459	48,557	20,903	26,534	51,926	−25,392
2007	81,985	63,028	18,957	26,370	56,250	−29,880
2008	91,389	76,930	14,459	28,252	60,956	−32,704
2009	86,703	54,246	32,457	21,771	49,428	−27,567
2010	116,838	71,574	45,264	28,176	64,296	−36,120

出所：アジア経済研究所『アジア動向年報』各年版より。

図表2−6には，韓国の対中国，対日本貿易の推移を示した。2001年より，韓国から中国への輸出額が，対日輸出を上回るようになっている。そして，21世紀に入り，対日輸出はそれほど増加していないのに，対中国輸出が急増している。その結果，2010年の韓国の輸出相手国は，中国が全体の29.8％，米国10.1％，そして，日本は7.2％にとどまっている。輸入額でも，2007年から，中国から

の輸入額が，日本からの輸入額を上回っている。中国のウエイトが拡大し，日本のウエイトは低下している。今や，韓国にとり，対中貿易は，GDPの約29％を占め，決定的な経済的重要性を有する。ただ，2005年以降，2009年には，輸出入とも減少する中で，貿易収支は増加しているのであるが，傾向的に対中黒字幅が縮小している。とりわけ，対中貿易では韓国が技術的優位性を有していた品目に起因する貿易黒字が縮小している。中国企業の台頭等があり，中国市場での競争が厳しくなり，これまで良好に推移してきた対中貿易黒字が減少している。中国と韓国との関連が密接になる中で，中国企業の台頭があり，そのことが韓国の脅威となりつつある。韓中でも熾烈な国際競争の激化があり，輸出に活路を見出してきた韓国産業が，21世紀に突入して大きな岐路に直面しているようである。

　日本との間では，基本的に，貿易赤字が増大し，貿易赤字が構造化している。日韓関係では，日本への半導体，自動車の輸出は増大しているが，日本の景気悪化と韓国経済の成長に伴い機械類，精密機械，電子機器設備（無線通信機器），部品，素材等設備投資ないし生産に必要な資材の輸入が増大している。結果として，対日貿易は，赤字となっている。輸出品目では，自動車，半導体，通信機器，家電製品，コンピュータ，産業機械等の占める割合が大きく，また，こうした分野の増大が顕著である。ただ，1970年代，40％近くに達していた韓国の貿易全体に占める日本のシェアは，今では，10％を下回るほどに低下している。かつて，日本に中間財の多くを依存していた韓国企業は，独り立ちし，日韓の経済関係は垂直的なものから水平的なものに移行している。日本にとっても，80年代以降，貿易に占める韓国のシェアは6％前後で推移している。日韓交流の量的な増加が，それを上回る速度で進展している他国との交流拡大の結果，完全に相対化されている。グローバル化が進み，他の国々との活発な交流の結果，日本の重要性が低下している。日韓関係は，多様な選択肢の1つとなっているのである。[14)]

　さらに，韓国産業は，アジア通貨危機後，外資ないし対内直接投資に依存して，復興を進めてきている。すなわち，輸出のみでなく，電子メーカーは，巨大市場，中国への液晶パネル等の工場進出を加速化している。財閥ゆえに迅速で果敢な意思決定や投資が可能とされている。21世紀に入り，2003年の対内直接投資は落ち込み，2005年にも2000年水準を回復していない。ただ，2004年には急

増し，かつ，対内直接投資が大型化してきている。他方，2003年の対外直接投資は，中国，ベトナム，アジア地域への集中化が認められる。市場確保とコスト削減を意図した製造業を中心とした対アジア投資が増加している。同年には，中小企業の対外投資も増加しており，一部，国内の空洞化傾向を随伴している。2005年には，内需の低迷があり，企業の海外進出が活発化している。東南アジア，インド，東欧，中南米等への投資が増加しているし，中国，米国等主要な進出先への対外直接投資は高水準を維持している。

同年には，サムスン電子のスロバキア，ハンガリー，ポーランド工場，LG電子のポーランド工場，LG電子とサムスン電子のブラジル工場等の建設が進行している。国際市場への韓国企業の進出が顕著である。そして，サムスン電子，LG電子，LGフィリップス，ハイニックス半導体，KT（旧韓国通信）等は，国際的に無視されえない存在となっている。また，特に，2010年頃から，韓国は，輸出金融体制を整備し，原子力発電所等国外での大型インフラストラクチャーの受注拡大を促進しようとしている。新興国の原子力発電所等大型インフラストラクチャーの受注獲得には発注者への資金調達支援が不可欠と考え，金融機能の強化に乗り出している。日本企業は，こうした韓国財閥に追随し，日本の素材，部品，装置を活用した中国製の韓国ブランドで稼ぐ戦略等を選択していると指摘されている。2000年代の対外及び対内直接投資は，図表2－7に示したような推移をたどっている。韓国企業は北米，EUのみでなく，中南米，中東，東欧にも進出しているが，図表2－7に示しているように，対外直接投資は，アジア通貨危機後，2009年，2011年に低落している。

図表2－7　対内・対外直接投資の動向

年	2007	2008	2009	2010	2011
対外直接投資	19,720	20,251	17,197	23,278	20,355
対内直接投資	1,784	3,311	2,249	1,094	4,661

出所：アジア経済研究所『アジア動向年報』各年版より。

他方，対内直接投資は，2009年，2010年と落ち込みをみせているが，特に，中国からの投資が活発化してきている。さらに，韓国市場への進出を意図する製造業の大型M&Aが展開されつつある。ソニー，旭硝子，HOYA，住友化学等日本企業によるディスプレー装置関連の大型投資が具体化している。ライバルとの協調路線の採択を試み，小型液晶パネルの相互供給やパネル製造装置の

共同開発を進めている。サムスン電子、LGフィリップス等韓国企業の実力を日本企業が認め、企業間の国際的戦略提携が増加している。日韓企業間で新しいステージが開拓されつつある。液晶テレビ向けフィルム（偏光板）や液晶画面に使うカラーフィルターを生産している住友化学は、韓国子会社に生産を担わせ、サムスン電子やLG電子に納入している。そして、この韓国子会社の売上高が、住友化学の情報電子化学部門全体の売上高の半分以上を占めている。

他方で、日本と韓国の間でIT紛争が頻発している。国際的戦略提携を指向しつつも、ソニーとLG電子との間では特許紛争が多発しており、2011年にも米国の国際貿易委員会（ITC）に特許侵害を提訴し合っている。すなわち、東芝によるハイニックスの提訴、サムスンSDIによるパナソニックの提訴等が相次いでいる。それにしても、韓国情報産業は、従来の輸出依存の変革の必要性を察知し、輸出品目の再検討を含む国際戦略の再編成に乗り出しているようである。1997年段階とは、レベルの異なる国際化を推進しようとしている。つまり、国際展開は、韓国情報産業にとって依然として不可欠な方途なのである。

(3) FTA（自由貿易協定）等の拡大

WTOへの加盟以降、政府の政策の重点は、かつてのような直接的な重化学工業化政策ではなく、FTAとかEPAの締結や加盟といったグローバリゼーションへの対応に重点を置くものに移行している。関連して、韓国は、自由貿易圏の形成に挑み、世界各国とFTA（自由貿易協定）を締結し、FTA網を意欲的に拡大してきている。21世紀に突入してからの韓国の産業政策は、自由貿易圏の構築という新しい国際的な枠組みの構築を重視している。国内市場の狭隘性を克服するため、市場拡大を求め、自由貿易圏の拡大に積極的に取り組み、世界各国や地域と自由貿易協定の締結を急拡大してきている。韓国は、世界同時不況から輸出主導により、いち早く抜け出し、生産財の国産化、内製化を進め、日本を上回る経済成長を達成すべく、新しい枠組み構築に乗り出している。アジア共同体形成にも強い関心を示し、現実的な対応をしている。アジア諸国はもちろん、米国ともEUとも世界の新興諸国とも連携を強め、自由貿易圏の形成を推進している。韓国政府の役割は、国際的なビジネス環境整備に重点が置かれている。アジア諸国とのFTAやEPAの締結に乗り出し、アジア共同体構

築に積極的である。具体的には，まず，2004年にチリとのFTAを批准しており，続いて，シンガポールとのFTAを締結している。2005年頃から活発化しているが，EFTA（欧州自由貿易連合）やASEANとのFTAにも署名している。メキシコとの戦略的経済補完協定を推進することにも合意がされている。チリとの協定に続き，ペルー，インド，ベトナム，ブルネイ，マレーシア，シンガポール等と次々にFTAを発効させており，米国やEUとも最終合意等にこぎつけている。2010年に，韓国は，EU，欧州議会とのFTAを承認し，2011年7月に発効している。韓国とEUは，FTA発効から5年以内に工業製品や農産物の98％の関税を撤廃することになっている。同時に，欧州議会は，セーフガード（緊急輸入制限）条項をも承認している。これにより，深刻な被害が出た場合，関税の追加引き下げを延期したり，再び，関税を課す可能性を保持してはいる。また，韓国は，EUの安全基準をほぼ100％受け入れることにしている。EUと韓国は，FTAの発効後，段階的に関税を無税とし，相互の交易を活発にしようとしている。韓国製品の段階的なゼロ関税に対し，現状のままだと，日本製自動車は10％，液晶テレビは14％の関税を負担せねばならず，価格競争の面で不利になり，欧州における日韓の地位の逆転が生起することになる。同2010年には，米国とのFTA締結に到るが，米国とのFTA締結に関しては，韓国国内で大きな反論が生起している。それでも，米国とのFTA締結に象徴されるように農業問題等矛盾を抱えながらもグローバル化を指向している。ブラジル，オーストラリア，ニュージーランドとも交渉を進めつつあり，FTAを世界に拡張している。

　ただ，日韓中FTAについては提案されてきたが，交渉中断状態にあった。日中韓で連携して市場を開放し，自国製品の市場拡大をはかることの重要性を相互に是認し合ってはいる。米国，欧州等の経済の不振が続き，これら諸国や地域が保護主義的な政策を展開したり，中国が米欧との結びつきを強化する可能性は少なくない。こうした行動を牽制するため，日本にとっては，中韓との結束強化が重要となる。韓国も，アジア共同体の形成こそが，残された活路と認識して意欲的な取り組みをしているのである。いまだ，日韓貿易は日本の黒字であるが，検討してきたように，韓国のキャッチアップは相当な位置に到達しており，水平的なあり方を相互に模索せねばならない状態にある。そして，韓国政府は，21世紀におけるグローバルな枠組み作りを課題とし，成果を達成

しつつあり，国際市場依存は，新たな次元へと推移している。そのためにも，ICTと製造業とのいっそうの融合の促進，韓国が優位な製造業と日本の先端技術企業の誘致等を通しての連携強化により高付加価値市場に参入していくといった協力を進め，新しい可能性を開拓する余地は残されている。韓国は，貿易動向とも関連して，日本と中国に挟まれた鋏状の厳しい位置に置かれ，不安定な政治的，経済的状態に瀕している。そして，各地域の産業集積や各産業，企業の動向，従業員の位相等は，複雑な様相をみせている。それでも，韓国企業の一部は，積極的に国際化を展開しており，米国とのFTA締結に象徴されるように矛盾を抱えながらもグローバル化を指向している。21世紀に突入してからの韓国の産業政策は，自由貿易圏の構築という新しい国際的な枠組み構築に重点を置き，自由貿易圏の拡大に積極的に取り組んでいる。韓国の貿易額全体に占めるFTA（自由貿易協定）締結国との貿易額の割合，FTA比率は，交渉中の国や地域も含めると60％を上回るとされている。さらに，2012年には，中国と，2013年には日韓中のFTA交渉を開始しており，韓国は新しい体制形成を開始している。

5 むすび

1997年と2008年のリーマンショックを画期とし，韓国の，特に情報産業の動向に視点を据えた考察を試みてきた。韓国の産業は，基本的に政府の政策と財閥が基軸となり，組立型工業化を進め，欧米日企業をキャッチアップし，海外市場を拡大してきた。こうした展開が，21世紀に入り，変容を余儀なくされている。政府の役割や財閥の存在形態が大きく変質しているし，対外関係も変化している。韓国の産業展開を支えてきた，財閥基軸，対外依存，政府主導という枠組みそのものが変容しており，財閥の再編成，輸出指向的工業化の再検討，産業政策の変革等が進展している。

アジア通貨危機以降も韓国経済の回復は，年平均経済成長率4％を維持し，驚異的であった。輸出をいかに増やすかに重点が置かれ，2010年の輸出総額は，危機直前の4倍となり，サムスン電子はじめ韓国企業の世界シェアは拡大して

いる。李明博前政権の下で，ウォン安，大企業規制緩和，FTA（自由貿易協定）網の整備が進められ，雇用増や豊かな国民生活が追求されてきた。李前大統領は，国を挙げて輸出主導経済化を指向し，世界的な大企業を育成しようと試み，価格競争力向上のため，ウォン安を維持する為替政策を展開してきた。さらに，産業構造の高度化やサービス化を課題としている。もちろん，中核部品，素材，装置等中間財は，特に，日本に依存し，対日貿易赤字が，1960年代から持続している。素材産業や中小企業の育成の遅れ，中核部品，素材，設備等中間財，資本財の高い対日依存という構造的問題を抱えている。半導体等韓国を代表する輸出産業においても，設備，中核部品，素材の対日依存が高く，貿易赤字の原因となっている。韓国の情報産業でも，トップ企業はともかく，中小の関連企業は，生産性の向上に苦慮している。財閥基軸の韓国の展開は，強固な基盤に支えられてはおらず，体系的な成長の連鎖という点で脆弱である。一部の突出した先鋭的企業がきりもみ的に先導する不安定な展開というのが実像であろう。そこで，部品，素材産業の育成，中小企業の育成を目指す「大・中小企業相生協力に関する法律」（2000年）等の改正が試みられている。韓国では，組立大企業と部品中小企業との関係は，長期継続取引ではなく，組立大企業が部品中小企業の低賃金労働力を活用することを目的とした単純な生産委託を内容としていた。大企業と中小企業との従属的な下請け関係や技術開発力の不足が問題視されていた。それゆえ，大企業と中小企業との不公正取引の是正，監視体制の強化，中小企業への技術移転の促進，グローバルな競争力を有する中堅企業育成が目指されてきた。

　なおも，比較優位にあった鉄鋼，造船，機械，組み立て装置産業が，特に，中国企業等の台頭により，2000年代初頭より停滞し，プレゼンス，シェアを低下している。韓国産業は，さらなる高付加価値化，サービス化，産業構造の高度化を迫られている。産業発展，変革を支える体系的な強固な基盤の構築が課題とされてきた。こうした課題の克服が試みられ，徐々にではあるが，変革が認められる。情報産業においては，最終組立型生産から生産を本格化し，量産効果を追求し，輸出を拡大するという高度な技術を必要としない後方産業分野から輸入代替化が実現してきたとされている。一部の巨大企業は，技術革新を推し進め，国際標準を確立し，世界的シェアを高度化している。自主技術開発能力体制のいっそうの強化が，突出した一部の多国籍企業だけでなく，広範な

中小企業においても求められている。韓国産業は，21世紀的な国際的な視野の下で，自主技術開発能力を高度化し，一部先端領域においても，キャッチアップを実現し，フロントランナーとして牽引力さえ発揮している。

また，1次ベンダーないし，2次ベンダーとして部品を提供する地位に甘んじてきた企業が，単なるベンダーではなく，巨額な研究開発費を支出し，優れた技術や製品の自主開発を指向している。ベンダーの域を脱していない多くの中小企業が，自社ブランド製品の開発を今後の課題としている。新事業分野開拓に強い意欲を持ち，競争相手に負けない技術やノウハウを拡充している。韓国産業は，21世紀的な国際的な動向の下で，自主技術開発能力の高度化とそれを支える強固な企業システムの構築を指向している。韓国企業は，部品，素材，装置の開発を進め，組立から加工へ，垂直から水平化と国際分業の形態を変革しつつある。つまり，韓国産業は，組立型から加工型への転成の道をたどり，これまでとは異なる枠組みを形成しつつあるとされている[15]。そして，中堅企業の育成や生産性の低いサービス分野の改革を目指している。

こうした変化を伴いながら，韓国の輸出は，GDPの約半分を維持している。特に，韓国と中国との交易関係が緊密化しており，日本との交易関係はウエイトを低下させている。韓国は，加工型産業へシフトし，一部対立しつつも，中国依存の度合いを強くしているのである。ただ，経済政策の力点を，輸出をいかに増やすかに置き，国を挙げての追いつけ，追い越せ型の成長発展モデルは限界に達している。輸出への過度の依存が，国内の雇用を悪化し，賃金抑制により内需が縮小している。ウォン安，物価高は，市民に痛手となっている。歪みを抱えた発展，政策の歪みに起因する深刻な諸問題が露呈している。輸出に過度に依存するいびつな経済構造を改め，国内の経済活動を拡充していく方途が追求されることになる。

例えば，サムスン電子等は，国外の売上高が総売上高の過半を占めているにもかかわらず，純利益の過半は国内で獲得しており，国内の消費者は，独占体制の下で割高な商品の消費を迫られているとされている。すなわち，シェアの拡大は，必ずしも，国内の利益の拡大に直結しておらず，脆弱な体制と連係している。そして，厳しいリストラクチャリングの展開や組織活性化は，世界的な新しいモデルの創出というより，従業員や国内消費を抑圧している。

財閥の行動も批判を呼んでいる。創業家，オーナー一族が，少ない持ち株，

資本で，グループを支配する循環出資構造は禁止さるべきとされている。財閥の企業統治も不明確であり，財閥は，三権分立を無視しているともされている。後継者の無能とか創業家の犯罪もあり，創業者支配の弊害が指摘されている。

また，財閥，輸出企業は，コスト圧縮のため，賃金を厳しく抑制し，分配の歪みを生み出している。生産性，効率を重視し，多くの企業で，55歳の正規定年ではなく，40歳代後半でリストラクチャリグを断行している。関連して，非正規雇用の若者の大幅増を招いている。かつては，労働者を多く雇う工場が，韓国には多かった。2008年頃まで，輸出利益は，国内の大勢の市民に還流していた。今や，工場が国外に建設され，財閥企業での雇用は10％足らずになっている。輸出で得た利益は，財閥の金庫に封印されていると指摘されている。中小企業は不公正な競争にさらされ，非正規雇用を増大している。韓国上場企業の多くが大規模な人員削減を行っている。大卒も厳しい就職難で，社会保障は脆弱化し，市民の格差拡大が深刻になっている。大企業と一握りのエリート社員だけが成長の恩恵を受ける構図が形成されている。もちろん，正規社員と非正規社員との差別を解消するような企業も出現している。現代自動車は，6,800人の非正規社員の内，3,000人を正規社員に転換する提案をしている。

一部の財閥系グループは雇用を増やしているが，一方で，200社以上の企業が人員を削減しているため，全体の雇用数は横ばいになっている。財閥系企業，大企業の雇用の増加により，上場企業の社員数は2010年6月末から2011年6月末に9.0％増加したことになっている。それにしても，韓国上場企業の35.4％（219社）が社員数を1年前より削減し，削減された社員数は計1万346人に達するとされている。

また，韓国の30大財閥グループの負債規模総額がここ数年間で急増しており，2011年末には1,000兆ウォンに達し，危険視されている。負債総額が急増した主な理由は，大型買収・合併（M&A）などの事業拡大と景気不振に伴う流動性の確保のために大きく伸ばした借入額によるものだと分析されている。30大財閥グループの中で，負債総額の増加率が最も高かったのは熊津（ウンジン）である。熊津グループは，2009年から2011年までのわずか2年間に負債が3兆9,000億ウォンから7兆2,000億ウォンへと急増している。負債比率は2009年の130.0％から2011年末には217.6％に上昇している。無理な事業拡張により負債を急増させた熊津グループは，ついに企業再生手続きに入っている。

熊津に次いでCJグループの借入金が急増している。その他，LG，現代自動車，暁星，未来アセット，ロッテの負債も，同期間に50％以上増加している。財閥の量的成長から質的発展への転換が目指され，推進されていることになるが，債務超過という新たな難問が立ちはだかり，こうした難問の克服に苛まれている。

[注記]
1) 韓国の産業動向に関しては，特に，アジア経済研究所『アジア動向年報』各年版を参考とした。本稿での韓国の産業動向に関する論述は，本年報に依存するものである。
　また，統計に関しては，韓国統計庁『韓国統計年鑑』各年版，及びビスタ ピー・エス『韓国の産業と市場・2007』(2008)，『韓国の産業と市場・2009/2010』(2010)，『韓国の産業と市場・2012』(2012) に依拠している。
2) 小玉敏彦（1995）『韓国の工業化と企業集団』学文社，pp. 49-54。韓国財閥の生成を明確にしている。
3) 同上，(1995) p. 50。
4) 同上，(1995) p. 54。
5) 大西勝明（2011）『日本情報産業分析―日・韓・中の新しい可能性の追究―』唯学書房，p. 181。
6) 吉岡英美（2006）「韓国半導体産業の技術発展」（『アジア経済』XLVII-3），アジア経済研究所，p. 9。
7) 矢野恒太記念会（2002）『世界国勢図会』pp. 310-315。
8) アジア経済研究所（1999）『アジア動向年報』p. 52。
9) アジア経済研究所（2002）『アジア動向年報』p. 62。
10) 大西勝明（2008）「韓国電子工業の発展と現局面」『専修商学論集』第86号，pp. 113-116。事業分野別，企業規模別動向等に関して具体的な検討を試みている。
11) 服部民夫（2007）「貿易関係より見る韓国機械産業の国際競争力」，奥田聡編『韓国主要産業の競争力』アジア経済研究所（調査報告書），p. 51。
12) 大西勝明（2008）p. 115。
13) 大西勝明（2009）"The Development of Industries and Remarkable Progress of the Electronic Machinery Industry in Korea"（『The Selected Articles（English Version）』），専修大学社会知性開発研究センター，p. 48。
14) 木村幹（2012）「国益見据え共同目標示せ」日本経済新聞2012年12月26日。
15) 服部民夫（2007）p. 52。

第二部

東南アジアの産業と企業

第3章 グローバル化における フィリピン企業の変化と展望[1]

1 はじめに

　政府が強力に製造業を支援して産業育成と輸出振興を行うタイ，マレーシアに比べれば，同じASEAN（東南アジア諸国連合）といってもフィリピンでは産業育成に対する政府の影響力は大きいほうであるとはいえない。政府に依存した国内企業の競争力向上をはかりにくい国と考えられてきた。もちろん，1990年代のラモス政権時代にはルソン島南部のラグナ，バタンガス，そして駐比米軍が去った後のスービックなどの地域に大規模な工業団地を開発し，外資誘致優遇政策を進め，電機・電子及び自動車等の外国企業の生産拠点をフィリピン国内に誘致することに注力し，多くの外国企業の直接投資が行われた。[2]

　しかし，1997年，1998年のアジア通貨危機を経て，21世紀に入っても，海外からの直接投資はフィリピンよりは中国，インドネシア，そして同じASEANの中でも後発のベトナム，ミャンマーに向かっており，フィリピンの地場製造企業が外資導入を追い風に，大きく成長するという展望は開けていない。

　ラモス政権の後に成立した俳優出身のエストラーダ政権は途中で崩壊し，アロヨ政権では製造業よりもIT産業等に可能性を見出し，それを支援する傾向にあったといわれている。それは英語に堪能で大卒者が多いフィリピンの人的資源それ自体の競争力に勝機を見出そうとした政策であった。すなわち，理工系が多い大学卒業者，勤勉に働く意欲の高さ，そして英語のコミュニケーション能力の高さである。もちろん，国内におけるこうした人材の受け皿となる企業は少なく，多くはこれらの能力を十分活かす機会を見出せないまま，国外へ

の「出稼ぎ」によって成果を得ている。こうした国外労働者がフィリピン国内に送金してくる「仕送り」は国内の消費を下支えしているものの，その消費の対象となる工業製品の多くは海外からの輸入品もしくは海外ブランドであり，フィリピンの産業力の向上にはつながっていない。

　但し，フィリピンへの外資系企業の進出でも人的資源の能力水準の高さが着目されて，グローバリズムによって国境を越えた作業が拡大しているソフトウェアやコールセンターの分野で外国企業の拠点設立が相次いでいる。例えば，日欧米の外資企業は2000年頃から，フィリピンの人的資源に注目し，コールセンターやITシステム・ソフトのオフショア開発拠点，設計拠点，さらには企業の管理部門機能のうち，事務処理を行うためのバックオフィス拠点を設立している。[3]

　PEZA（フィリピン経済区庁）に登録され優遇税制の対象になるソフトウェアパークは2011年現在，17か所にも達している。米国流の考え方をし，英語を流暢に話すフィリピン人は知的所有権に対する理解も進んでいて，不正なコピーをほとんど行わないとの評価が定着しており，IT関係などを含めて知的作業をする人員を雇用するのに適している。非製造業の外資企業にとっては魅力的な投資環境になってゆくだろう。

　グローバリズムが世界中の産業構造を変えつつある中にあって，フィリピンには地場企業も世界市場の中で産業構造の変化の潮流に乗って発展していく傾向があるが，製造業においては地場企業の海外市場におけるプレゼンスはあまり大きくない。機械，電機等の工業製品の多くは輸入や外資系企業の国内生産に依存している。これは政府の産業育成政策の不徹底の結果といえる。特に，企業の99％以上を占める中小・零細企業が従事している家具，手工業品や一部の機械部品は地場企業の国内生産に依存している。但し，その中で一部はグローバリズムの恩恵を受け，外国バイヤーやフィリピンに進出している外資系メーカーへの供給を通じて，海外市場への販売が拡大しつつある。

　フィリピンでは，地場の中小企業振興が通商産業局（DTI: Department of Trade and Industry）や国家経済発展委員会（NEDA：National Economic and Development Authority）の指導のもと，国内の支援策が先進国の援助機関の支援メニューとともに金融，市場開発，人材訓練，製品開発の各側面において統合され，実施されている。

フィリピンの経営者は知識欲も旺盛である。中小企業主が自ら資格をとって，従業員に教育・訓練をしたり，技術者出身ではなくとも，製品開発，設計（3次元CAD等）を学んで従業員に教え，国際見本市などにも出かけ，国際市場の要求水準や海外の同業者の製品や技術レベルを把握し，製品開発や製造の効率化に役立てている例もある。日本や欧州の経済援助機関もこうした人的資源の潜在性の高さに着目をして中小企業育成などを行っている。

　国内で大きな力を持っているのは多数の企業を傘下に持つ大グループ企業，いわゆる「財閥」や政府系（政府が大きな株式持分を保有する）企業である。ただ，こうした企業も伝統的な得意分野の事業からの脱却を徐々にはかる傾向をみせている他，政府系企業も民間資本の導入や業務の民間企業への委託などを行い効率化と国際競争力の強化をはかっている。本稿では地場中小企業，財閥企業，政府系企業がグローバル化の影響の中，どのような対応を行っているのかについて，製造業を中心として行ったインタビュー調査に基づき，地場中小企業については「海外市場への対応の変化」の視点から，財閥企業については「事業構造の改革」の視点から，社会資本整備（インフラストラクチャー，インフラ事業）を担う政府系企業については「事業遂行の改革」の視点から，それらの近年の動向を分析し，グローバル化におけるフィリピン企業の変化と展望を抽出することを試みるものである。

2 国際市場を念頭に経営する地場中小企業

　フィリピンの地場企業の99％以上は中小・零細企業である。もっといえば，そのほとんどが，従業員10人未満の零細企業である。製造業に限ってみると中小企業・零細企業合わせて，事業所数の99.6％，従業員数の70％を占めている。こうした企業は「比較的小さな資本で始められ，雇用を生み出し，地域の経済を支えている」（佐竹眞明，2011）。

　例えば，手工業品メーカーのA社（マニラ首都圏）[4]は1996年設立の100％地場資本の会社である。製品素材はwood, bamboo, rattan, indigenous material等である。輸出先はフランスのバイヤー等を介した欧州市場である。イタリア，

フランス，ギリシャが主要輸出先であり，この他にポーランド，チェコといった東欧諸国やトルコ，UAEへの輸出も行っている。従業員の多くは工芸品を作るワーカーである。同社では読み書きの能力が必要なので初中等教育終了以上の従業員を主に雇用している。近年の離職率は低く，定着率は高い。エージェントが輸出先市場のニーズとして要求する製品を開発・製造し，輸出している。これまで社内の自助努力で競争力，従業員のレベル，技術・ノウハウを，過去5年間で改善し，海外市場のニーズに対応ができている，という。

　また，B社（マニラ首都圏）[5]は1981年，創業の金属，プラスチック製品の製造，輸出企業の中小企業である。1999年当時は輸出加工区の外国企業への供給が多かったが，近年は直接輸出も増え，過去5年で輸出規模も拡大しているという。フィリピンに進出している外資企業の取引先のうち，日本企業などが品質の高さを取引条件とするため，ISO9001を取得したという。そうした外資企業は一定の仕様を提示し，まとまった数量を発注してくれるものの，年々製品の納入価格を切り下げられるために，利幅が減少し，利益確保が厳しい。金型技術を活かして，独自にプラスチック製品を開発し，自社ルートで輸出して利益水準を何とか維持するようになった。海外市場や外資企業の年々高度化する要求に対応するに際して，社内の自助努力の他にフィリピンに対する外国の援助機関の支援によるところが大きい。例えば，日本のAOTS，オランダCBI，ドイツGTZ，カナダCIDA等の技術援助機関による技術援助プログラムや外国での見本市への参加などの支援を活用しているという。ドイツではGTZの支援でハノーヴァーの見本市に過去3回ほど参加し，製品開発やマーケティングを進める上で参考とした。見本市で国際市場の要求水準や海外の同業者の製品や技術レベルにふれて，自ら勉強し，製品開発や製造の効率化に役立てている。同社の社長は技術者出身ではないが，製品開発，設計（3次元CAD等）を従業員に伝授しているのである。

　なおLeano（2006）も中小企業の経営者がフィリピン政府の中小企業支援機関であるDTI，ドイツのGTZ，豪州政府の支援プログラム（PACAP：Philippine Australian Community Assistance Program）の支援(融資，人材研修，技術支援，海外フェアへの招聘等）を活用しながら，それによって国際市場への販路を開拓した事例を紹介している。

　地場の零細企業は国外バイヤーの介在や国内に進出している外資企業からの

発注を通じて，国際市場からの要求やニーズに対応せざるを得なくなっているのであるが，これを弱小な発展途上国の零細企業がグローバル化によって搾取されていく過程と見ることはあまりに表面的な理解である。なぜなら，以上の事例から示唆されるのは経営者にはそれぞれの努力と工夫（政府機関や海外援助機関の支援プログラムの需要も含めた工夫）によって，そのグローバリズムが突きつける厳しい要求を乗り切ろうとの意欲にあふれているからである。A社の社長は「前任の経営者が経営難を理由に失踪したので，従業員を路頭に迷わせるわけにはいかず，自分が引き受けた」といっていた。彼女はもともとフランスのバイヤーとフィリピンの手工業者との仲介者だったがゆえに，こうした紐帯を活かす形で欧州市場のニーズに対応しやすく，工場の存続という難事を成しとげたのではないかと思われる。また，後者の金属部品工場B社の経営者は価格切り下げを際限なく求めてくる外資系の取引先との関係に危機感を持ち，援助機関などの支援メニューを十分に活用し，独自の製品と独自の海外販売ルートを開拓し，工場の生き残りをはかった。非技術者の社長は，自ら技術や情報技術を学び，それを従業員に訓練していたが，訓練した従業員が引き抜かれても，落胆することなく続けてゆく，という姿にはグローバル化の試練に鍛え上げられたたくましさが感じられた。

　広島大学・三菱総合研究所（2006）によれば，フィリピンやインドネシアにおける中小企業の能力に関する経営者の自己評価について，加工度の高い製品を製造している中小企業の経営者ほど自社の能力への評価が高い，という結果が報告されている[6]。加工度の低い製品では市場の需給関係や為替要因で経営パフォーマンスが大きく振動するのに対して，加工度の高い製品ではその製品の「差別化」の水準が高ければ高いほど市場の需給関係や為替要因に起因する取引量の変動を抑制しやすい。外国の取引先の要求を受けて品質や生産技術を向上させた発展途上国の地場企業の例は多く報告されているが，そうした外国取引先による呪縛を脱して，さらなる独自の需要先を開拓してゆこうとすることを加工度高度化によって実現しようとしている地場中小・零細企業が現れているのである。このことをフィリピンの事例は示している。

3 財閥企業の沿革と事業構造の変化

　東南アジアは多種多様な民族と文化が交錯する場所であり，こうした背景のもとで企業統治の形態やビジネスの展開の仕方も欧米や日本とは様相を異にしている。フィリピンにおいても地場のフィリピン人系の企業の他にスペイン人系企業や華人系企業があり，それぞれ，存在感を示している。

　フィリピンは1529年から1898年まで三百数十年の間，スペインの統治下におかれた。そのため，現在でもフィリピンにはスペイン人の末裔が住んでおり，その一部はフィリピン有数の企業グループとして多くの主要な分野で極めて大きなプレゼンスを誇っている。

　この，いわゆる「スペイン系財閥」といわれる企業グループの特徴は農園や主要な住宅地などの広大な不動産を所有・開発し，それによって得られる莫大な収益によって事業を多角化してきた点にある。金融市場が未成熟な時代にあってはグループ内に銀行，保険，ノンバンクを設立し，グループ内企業を金融的にも支配し，その結束力を維持してきた。主なスペイン人系財閥にはアヤラ，ソリアノ，アラネタ，オルティガス，ツアソン，ロパ等がある。特に，アヤラ財閥やオルティガス財閥は設立当初から土地開発を基幹的な事業分野として発展してきた。近年ではマニラ首都圏等の再開発に加えて観光地の開発や外資系企業向けの工業団地開発という形でその不動産事業を高度化させている。

　フィリピンは直接民主制のもとで，大統領を選出するため，大統領には強大な権限が与えられる。スペインによる統治の終了以降も，政治権力との関係を密接にして生き延びてきたスペイン人系企業がある。例えば，ソリアノ財閥は戦後復興期にフィリピン政府とそれに大きな影響力を持っていた米国政府から様々な恩恵を受け，ビジネスを獲得していったといわれる。グループ内子会社として銅鉱山・製紙・肥料・銅線等を扱う20以上の企業がある。ソリアノ財閥はグループ内企業相互の株持合や非上場の持ち株会社を活用して，グループ内企業を結束させるための強力なコントロールを維持してきた。さらに新規株式によって資金調達をすることによってグループ外の株主の持ち株比率が上昇してコントロール力が低下するといった事態に備えて，グループ内企業と「司令塔」である持ち株会社との間で長期の経営代理契約を結び，手数料を徴収し

つつ,強いコントロールを確保してきた。すなわち,株式の分散化が進んでも経営権を手放さずに済むという手法でグループ企業を運営してきたのである。アラネタ,ツアソンの両財閥は1965年から1986年まで20年以上にわたって,「開発独裁」[7]体制を敷いてきたマルコス政権下で農産物のプランテーション事業などで事業を拡大させた。しかし,そうしたいわゆる「政商的」なビジネスによってのみ発展してきたわけでなく,先進国の多国籍企業のフィリピン事業におけるパートナーとなることによっても事業を拡大させてきた。例えば,日本企業との関連では,アヤラ財閥と三菱商事(工業団地など不動産開発),アラネタ財閥と武田薬品(薬品),ツアソン財閥と花王(化学品,化粧品)等が成功している。

スペイン人系財閥は基本的に同族経営であり,それぞれの親戚間の婚姻関係で,独自のビジネスコミュニティーを形成・維持し,ビジネスの強化をはかってきた。すなわち,グループ企業のトップ経営者たちはスペイン系の純血を守りながらビジネスを行ってきた。信用と,情報のリスクを圧制するために,少数経営者の間で迅速な意思決定が可能な仲間内(クローニー)ビジネスを主体に行ってきた。しかし,こうしたビジネスの仕方はグローバル化が進む近年のビジネス社会においては必ずしも最適ではなく,創業者から世代が下ってくるにしたがって,創業一族の伝統的な基幹ビジネスから撤退して,企業の買収を通じて新分野に展開をしたり,外資系企業との提携を積極的に進めることが多くなっている。これは必然的にコミュニティーの外の人脈との接触・折衝を不可避とするものであり,伝統的な狭いビジネス・コミュニティ内での信用を元にビジネスを展開してきたスペイン人系財閥にも,国際化,グローバル化の潮流に直通して,ビジネスの変容を迫られているということである。

もう一方の華人系企業の源流はさらに歴史をさかのぼる。古くは宋朝時代ごろから貧困と戦乱から逃れるために,そして近世においては西欧列強がアジアを植民地化する過程で生じた多くの労働力需要に応じた出稼ぎのために,南部沿海地方(福建,潮州,広東,海南,客家=南部山岳地帯)を中心に多くの中国人が東南アジアにわたってきた。彼らの労働環境はその雇用形態が合法・非合法であれ,おおむね苛酷であることが多く,やがて,その苛酷さから逃れるように流通・運輸業に進出していった。出身地別相互扶助組織の人脈と情報ネットワークを元に,行商から小売・卸の事業を起こし,商取引に介在し,富を

図表3-1　主なフィリピン・スペイン系財閥のビジネスの概要

財閥名	事 業 分 野
アヤラ	●最初の商社「アヤラ・コーポレーション」を設立（1834年）。51年には東南アジア最古の銀行を設立。戦後，マニラ市マカティ地区の開発に大成功，近代的商業・住宅地域へ展開。
	●80年代にはセブ島における大型都市開発に進出。
	●銀行・保険・建設・通信などのサービス部門の他，製造業で半導体製造・食肉加工・缶詰・エビの養殖など20社以上の企業を保有。
	●90年代には三菱商事と組んで工業団地（ラグナ市）の建設と運営を行い，多くの日本メーカーの工場をフィリピンに誘致。
ソリアノ	●戦後復興期にアメリカ・フィリピン両政府からさまざまな恩恵を受けた。
	●60年代にサンミゲル社を食品複合企業へと育て上げ，ビール市場で90%以上のシェアを実現したが，その後，華人財閥のコファンコに売却。
	●子会社として銅鉱山・製紙・肥料・銅線等を扱う20以上の企業を所有。
	●設立した企業との間で長期の経営代理契約を結び，手数料を徴収。株式分散化が進んでも経営権を手放さずに済むという手法でグループを運営。しかし，近年このような手法は一般株主の権利を阻害しているとして，法廷闘争に持ち込まれる可能性がでている。
アラネタ	●ネグロス島で広大な砂糖のプランテーション事業を開発したが，砂糖不況の80年代に縮小し，現在は不動産事業が主体となる。
	●医薬品の分野で日本の武田薬品と提携し，フィリピンでの生産・販売を実施。
オルティガス	●土地開発と分譲によって得た巨額の資金で株式投資や企業買収。事業主体は不動産開発事業。
ツアソン	●ミンダナオ島に広大なプランテーション事業を所有。対日バナナ輸出で有名。
	●ミンダナオ島で海運業から貿易・不動産・銀行などの分野に展開。
	●80年より日本企業の花王と合弁でココナッツ油誘導品と化粧品の生産。
ロパ	●自動車を中心に建設・運輸・不動産に展開。

出所：新聞・雑誌報道から筆者作成。

蓄積していったものや西欧列強の東南アジアへの資本進出の代理人となって栄達していったものがある。こうした成功者は定住し，「華僑」（初代）から華人（2代目，3代目以降）へとビジネスと富は受け継がれ，中国語の世界から英語・現地語でビジネスをする世界へと入っていった。同じ華人企業でも出身地別にコミュニティーを作り，情報，資金協力，人材紹介などで協力し合っているため，国内でも他の出身地コミュニティーに属する華人企業とはライバル関係にある。むしろ，国外の同郷人との協力関係を重んじ，これが国境を越えたビジ

ネス展開において有利に働くことも多い。

　フィリピンのスペイン人系財閥は時々の政権と結びついてビジネスを発展させていたが，華人財閥も同様である。例えば，華人系財閥の代表格であるコフ

図表3-2　主なフィリピン・華人系財閥のビジネスの概要

財閥名	事 業 分 野
コファンコ	▷ホセ・コファンコ・アンド・サンズ社（JCSI）の下に砂糖農園・砂糖精製・不動産開発など。
	▷スペイン系のソリアノ財閥からサンミゲールビールを買収。しかし，近年，保有株式のかなりの部分を日本のキリンビールに売却し，電力事業などインフラ運営ビジネスに重点をシフト。
ユーチェンコ	▷保険会社の設立がその起源。保険業界で不動の地位を築き，銀行業・投資・貿易・建設・通信・製造業へ多角化経営。リサール商業銀行（RCBC）等の金融機関を保有。
ゴコンウェイ	▷織物や日用品の行商からスタート。小麦粉と織物の輸入で得た資金を基に澱粉製造会社を設立。
	▷コーヒー会社CFCを通じ，インスタントコーヒーで国内市場最大のシェアを獲得。
	▷ホテル建設，綿織物会社買収（ジーンズ製造），大商業センター「ロビンソンズ・ガレリア」を所有。
SM	▷持ち株会社のシューマートの下に金融・不動産・水産・映画等の他，大商業コンプレックス等の事業を所有。
	▷チャイナ・バンキングなど華人系銀行の大株主。トヨタ自動車の現地パートナーであるメトロバンクとも近い関係にある。
マリアノ・ケ	▷ドラッグストアチェーンである「Mercury Drug Store」はフィリピン全土にネットワークを張り巡らしており，多品種・薄利多売を戦略としたフランチャイズ方式で成功。その他ファストフードチェーンでも成功。
	▷不動産開発にも展開。農産物加工・パン製造等の系列企業も保有。
コンセプシオン	▷製粉のリパブリック・フラワー・ミルズと家電のコンセプション・インダストリーズが基幹ビジネス分野。
アルフレッド・ラモス	▷80年代後半から株式投機で名を上げ，フィリピン最大の書店チェーン「ナショナル・ブックストア」を所有。
	▷石油掘削会社の「フィロドリル社」等，鉱物資源開発・不動産・持株会社を兼ねたような企業を多く所有。
ホセ・ヤオ・カンポス	▷フィリピン最大の製薬会社「United Laboratories Inc.」（通称ユニラボ）が基幹企業であり，政府機関や公立病院への医薬品の供給においては市場をほぼ手中に収めている。

出所：新聞・雑誌報道から筆者作成。

ァンコはマルコス政権下で成長した企業グループである。フィリピンにおいては華人系の人口比率はわずか数％といわれており、政治的な発言権が小さいが、むしろ、それがゆえに華人財閥は、時代が下るとともに、スペイン人系財閥よりも政治に接近していく傾向にある。また、アキノ家等、華僑を先祖に持つ有力政治家が現れてきたこととも関係があろう。

　このことは華人財閥の事業構造の変化にもつながっていると筆者は考える。華人企業は、もともとの得意とするビジネスである小規模製造業、運輸業、建築業、小売業、不動産開発で富を蓄積してきたが、近年では欧米・日本の巨大多国籍企業等とのビジネス提携を進めている。例えば、コファンコ財閥はキリンホールディングスに2009年２月フィリピン最大手の飲料メーカー、サンミゲルビールの株式49％を売却した。資金を捻出し、他のビジネスへの投資を行っている。その投資は政界・官界への強い政治力が不可欠となるインフラ（社会資本整備・運営）ビジネスの事業活動に向かっている。例えば、コファンコは2008年フィリピンの大手電力会社であるマニラ・エレクトリックの株式27％を取得する一方、石油元売り会社であるペトロンの株式50.1％を取得した。また、マニラ市水道局と提携して水利ダムの開発を計画した。但し、この計画は着手する寸前まで行ったものの、2009年９月、水道料金の高騰を懸念する世論が沸騰し、中断に追い込まれた。こうした社会資本整備の民営化に伴い、政治力、資本力を背景に企業買収等の手法で機敏に参入する財閥系企業は年々増加している。

4　政府事業の変化

　多くの発展途上国と同様にフィリピンでもインフラは政府部門が担うことが基本政策であった。しかし、政府財政負担の軽減化と運営の効率化をねらって1990年代初頭より、通信セクターや電力セクターでは民営企業への株式売却などが進んできた。ただ、電力セクターに比べて運輸セクターは依然として政府部門が資産の保有とともに運営も行っている場合が多い。しかし、そうした運輸セクターにおいても世界の潮流の影響を受けて、運営の民間事業者への委託

などが進展している。本節ではその例として港湾を取り上げる。

　インフラ開発の中でも港湾インフラは政府機関が建設・保有することになっている。政府機関であるフィリピン港湾庁（PPA），フィビディック工業庁（PIA），セブ州地方政府などが保有している。これらの機関はこれまで原則的に直営で運営していたが，行政改革の一環として民営化が推進され，近年では外部の民間運営業者へ委託して運営するようになったものである。

　港湾の運営を民営化しようとする動きは1990年代以降に急速に拡大し，1997年のアジア通貨危機で下火になったものの，その後，復活している[9]。これは世界的な傾向だが，フィリピンはアジアにおいてそうした世界的な潮流に最も乗っている国の1つになりつつある。港湾の民営化には港湾自体の所有を含めて運営する形態[10]，港湾施設をリースで借り受けて運営する形態[11]，港湾の施設の運営業務を受託する形態[12]など様々な方式がある。それぞれの国の規制や港湾施設の成り立ちに合わせてこれらの方式を柔軟に選択して世界最大級の港湾オペレーター（運営業者）となったのが，香港をベースとするハチソン・ワンポアであるが，フィリピンにも同様の港湾オペレーターが成長しているのである。

　フィリピンの大手港湾インフラオペレーター，ICTSI（International Container Terminal Services, Inc.）も世界的な港湾インフラの拡大をビジネスチャンスとして，海外への展開を急ピッチで進めている。2010年8月，同社は以後2年間に6億ドルを資金調達し，アルゼンチン，メキシコ，コロンビアの港湾の保有・運営事業に投資すると発表した[13]。先ごろ，ICTSIはすでに1億2,300万ドルを投資し，同社の保有・運営するアフリカのマダガスカル，中米エクアドル，南米ブラジル，地元フィリピン・マニラの港湾の能力拡張を行っており，同社の世界戦略がいよいよ加速度を増して，進められていることがわかる。

　ICTSIのビジネスは港湾の保有・運営により投資回収を行うか，港湾を所有するオーナーに代わって運営業務を受託・代行し，港湾オーナーからその対価としての運営代行費を得るというものである。そのため，同社は様々な港湾業務のニーズに対応できるように港湾管理，コンテナ及びバルク貨物の船舶への積み込み，荷降ろし，倉庫にかかわる業務を行う関連子会社を数多く保有している。同社はフィリピン国内では主な港湾ほとんどの運営にかかわっている。例えば，フィリピンの主要港湾であるマニラ・国際コンテナターミナル（マニ

ラ市：ルソン島中部），ミサミス・オリエンタルコンテナターミナル（カガヤンデオ市：ミンダナオ島北部），ジェネラルサントス・マカール・ワーフコンテナターミナル（ジェネラルサントス市：ミンダナオ島南西部），キュービ・ポイントコンテナターミナル（スービック湾自由貿易区：ミンダナオ島北中部），ササ国際港湾（ダバオ市：ミンダナオ島南部）などで運営にかかわり，フィリピン最大の港湾オペレーターとなっている。

同社はこれまでに遠隔・近隣にかかわらず，海外でも様々な地域での国際展開で実績を積み重ねている。例えば，同社がこれまで運営にかかわったパラウ・マウラコンテナターミナル（ブルネイ）は近隣の東南アジアであるが，遠隔地ではラプラタコンテナターミナル（アルゼンチン），バツミ港（グルジア），ブエナベンチュラ（コロンビア），グアヤキリ港（エクアドル），煙台港（中国），タルトスコンテナターミナル（シリア），マッカサルコンテナターミナル（インドネシア）など遠隔地域の港湾の運営の実績も数多くある。また，最近，北米でも米国ポートランド港当局から，ターミナル1箇所（Terminal 6）について25年間のリース契約のもとで運営権を獲得した。

ICTSIの着実な国際展開のはその資金調達力にある。すでに，具体的な資金供給元も決まっており，2億5,000万ドルをHSBC（英国）とJ.P.モルガン（米国）が主幹事となる10年社債で，1億ドルを地元フィリピンのBanco de Oro 銀行から融資されることになっている。こうした同社の金融面での信用力の背景には同社のビジネスの金城湯池であるフィリピン国内の港湾を通じた国際貿易取引が堅調であることがある。例えば，同社が全島の3大港湾都市（カガヤンデオロ市，ダバオ市，ジェネラルサントス市）すべてに運営港を持っているミンダナオ島を例にとると，同社の港湾運営が競争力を持ち，すべて商業的に成功している。このうち，カガヤンデオロ市には同社の運営するミンダナオコンテナ港（前出のミサミス・オリエンタルコンテナターミナル）の他に政府機関であるフィリピン港湾庁（PPA）が運営するカガヤンデオロ港があるが，その2つの港の国際貿易の取扱量は図表3－3のとおりとなっている。

図表3－3でわかるようにICTSIの運営するミンダナオコンテナ港はアジア通貨危機の影響が最も大きかった2008年から2009年までの間においても輸入貨物取扱量は3.3倍（14,172TEU→48,009TEU）に，輸出貨物取扱量は28％増（17,165TEU→21,946TEU）と激増している。他方，フィリピン港湾庁（PPA）が

図表3-3 フィリピン・カガヤンデオロ市の2大港湾の国際貿易量（TEUベース）

国際貿易取扱量	2008年			2009年		
	カガヤンデオロ港	ミンダナオコンテナ港	計	カガヤンデオロ港	ミンダナオコンテナ港	計
輸　　入	10,632	14,172	24,804	12,134	48,009	60,143
輸　　出	11,803	17,165	28,968	8,796	21,946	30,742
合　　計	22,435	31,337	53,772	20,930	69,955	90,885

出所：PhilExport-10A, Shipping Costs and Competitiveness in Northern Mindanao, "A closer view on Northern Mindanao's state of competitiveness".

　運営するカガヤンデオロ港は輸入貨物取扱量が14％増（10,632TEU→12,134TEU）となっているものの，輸出貨物取扱量は25％減（11,803TEU→8,796TEU）であり，トータルで6.7％減の微減になっている。このことを考えると，ICTSIの運営するミンダナオコンテナ港が競争優位に立ち，荷主やフォワーダー等の集客に成功していると考えることができる。

　もちろん，カガヤンデオロ港はミンダナオコンテナ港と異なり，コンテナ専門港ではなく，旅客港でもあるため，オーバーキャパシティで貨物処理効率が低下しており，荷主やフォワーダーがこれを嫌って，ミンダナオコンテナ港に貨物を移しているという事情もあるようだ。2008年に比べて，2009年のカガヤンデオロ港の輸出貨物取り扱いがやや減少しているのは，ライバルであるICTSIの高い運営能力以外にもこのような事情がある。

　図表3-4に示すように，カガヤンデオロ市を含むミンダナオ島北部の第10

図表3-4　ミンダナオコンテナ港からの製品別輸出金額

分　　野	2006年	2007年	2008年	2009年	平均増加率(％)
食品	135.57	149.5	252	161.3	4.7
工業製品	389.62	357.67	463.57	245.45	−9.3
軽工業品・雑貨	1.38	1.76	1.57	1.53	2.7
鉱業製品	10.69	31.62	125.59	70.13	13.9
その他	0.34	1.92	1.97	0.42	5.9
合　　計	537.6	542.47	844.70	478.83	−2.7

注：単位は100万ドル。
出所：PhilExport-10A, Shipping Costs and Competitiveness in Northern Mindanao, "A closer view on Northern Mindanao's state of competitiveness".

行政区からの輸出金額を製品別に見ると、2009年度の数値に若干のリーマンショックの影響がみられるものの、それらはこの地域があまり得意としない機械製造などによる工業製品・軽工業の輸出の減少であり、この地域が強みとする、食品及び鉱業品はすべて順調に伸びている。特に鉱業製品（mineral resources）が大きく伸びている。

背景には中国向けに工業原料となる鉱業製品の輸出が増えたことと不況に強い食品や軽工業品・雑貨が堅調であったことがある。中国の経済成長がフィリピンの荷動きをも活発にしているということであり、中国経済の現状から、この状態はしばらく続くと考えられる。ICTSIの事業の先行きは当面、明るいともいえよう。

フィリピン政府はこのような湾岸事業以外にも通信、電力事業など多くのインフラ事業を民間企業へ移管しようとしており、通信事業者（PLDT）には日本のNTTの資本が入っている他、電力事業も財閥はじめ資金力のある民間企業に売却し、民営の発電、送電企業を増やしている。[14]

5 結語に代えて

本稿で見てきたようにフィリピンでは地場の中小企業・零細企業は独自の販売ルートを、国境を越えて、拡大することに意欲的である。政府や海外援助機関の支援の活用を積極的にしながら、アクティブなチャレンジの姿勢をみせる企業も現実に存在している。

財閥企業はこれまで、営々として築いてきた安定した事業構造を敢えて企業・事業の売却及び買収を通じて変革し、迅速な新規分野（新製品・サービス、海外市場）への進出に注力している。大きな市場シェアを持っている事業でも果敢に売却し、資金を捻出して新規分野に投資しているのである。

政府系企業ではインフラ運営政策の変化がみられる。すなわち、民営化や規制緩和をビジネスチャンスとして民間投資家が参入・運営に成功する事例が世界的な枠組みで表れていることに影響を受け、次第に機能を民営事業者に委託するなどの運営方式の変化を採用しているのである。この中で、委託を受ける

フィリピンの地場企業が世界的な企業に成長した例も現れている。

　フィリピンはグローバル化が進む中で，アジアで最も米国流のビジネスに慣れているといわれる。その一方で，フィリピンにおいても他の東南アジア諸国と同様に華人系の財閥企業が経済に大きな影響力を持っている。しかし，他の東南アジア諸国と異なる点は「華人財閥」，「政府系企業」，「地場企業」，「外資系企業」に加えて強力なスペイン人系財閥という大きなプレゼンスを持つ企業群が存在していることである。外資系企業としては，米国資本が多いがその他にも日系資本，欧州資本，台湾資本，中国系資本，韓国資本などの子会社も存在する。すでに国内がグローバル競争の縮図になっているともいえる。おのずとフィリピンの企業経営者の視点はグローバルになり，この点ではアジアの他の国の経営者は比肩すべくもない。

　中小の地場企業への支援策やそのための体制は他のASEAN諸国に比べ，それほど強力ではなく，今のところ，地場企業で国際的な競争力を持った製造業は育っていない。また，スペイン人系，華人系の大企業が国内で大きなプレゼンスを持っているものの，それはこれまでの経緯を通じて積み重ねてきた事業資産をもとに政権や外資と連携してその地位を維持してきたに過ぎず，韓国財閥のように国際市場での成長を通じて，国内市場の地歩を固めるといったものではない。この意味では今のところ，フィリピンはグローバル化の進展を十分に自らの企業成長の大きな起爆剤にしているとはいいがたいのかもしれない。しかし，それであっても，やはり，グローバル化はフィリピンの企業社会を次第に変化せしめている，といわざるをえない。

　本稿では詳しく取り上げなかったものの，この他にも欧米企業のコールセンターやITシステム・ソフトのオフショア開発機能，設計機能，管理事務処理機能などの受け皿としての受託ビジネス（BPO：Business Process Outsourcing）もフィリピンでは増加している。英語や米国的なビジネススタイルが定着しているフィリピンのビジネス社会はITやグローバル的な人材を活用して新しい形のビジネスを切り開こうとしているのである。

　フィリピンは他のASEAN各国の多くがたどってきた教科書的な「輸出主導の経済成長」，すなわち，自国企業の製造業を強化し，国際市場への輸出を通じて外貨を獲得して，さらなる工業化をはかろうとする発展経路とは異なるプロセスをとっているのかもしれない。グローバル化の潮流を乗り切るフィリピ

ン型の対応の仕方ともいえ，今後も注目と研究が必要であろう。

［参考文献］
Leano, Rhodora M.（2006）"SMEs in the Philippines", *CACCI Journal*, Vol. 1.
PhilExport-10A（2010）*Shipping Costs and Competitiveness in Northern Mindanao*, "A closer view on Northern Mindanao's state of competitiveness".
国際協力銀行開発金融研究所（1999）*Issues of Sustainable Economic Growth from the Perspectives of Four East Asian Countries*.
小林守（2010）「東南アジアの中小企業はグローバル化に生き残れるか―必死の模索を続ける『発展途上の経営者』群像」，駒形哲哉編『東アジアものづくりのダイナミクス』明徳出版社。
佐竹眞明（2011）「地場産業―鍛冶屋から塩辛づくりまで―」，大野拓司・寺田勇文編著『現代フィリピンを知るための61章〈第2版〉』明石書店。
専修大学社会知性開発研究センター・中小企業研究センター（2009）「アジア諸国の産業発展と中小企業」私立大学学術研究高度化推進事業研究成果報告書。
広島大学・三菱総合研究所（2006）「特定テーマ評価『経済連携』―貿易分野における社会的能力の形成とその支援のあり方―」独立行政法人国際協力機構。
藤巻正己（2009）「東南アジアの国民国家とエスノナショナリズム―インドネシア・フィリピン・タイ・マレーシア―」，藤巻正己・瀬川真平編著『現代東南アジア入門〈改訂版〉』古今書院。
山下清海（2009）「東南アジアの華人社会とチャイナタウン」，藤巻正己・瀬川真平編著『現代東南アジア入門〈改訂版〉』古今書院。

［注記］
1）本稿は小林守「東南アジアのグローバリズムとビジネス社会の変化〜フィリピンを事例として」，内藤光博編著（2013）『東アジアにおける市民社会の形成―人権・平和・共生』専修大学出版局に加筆を加えたものである。
2）日本の三菱商事とアヤラ財閥の合弁で建設されたラグナ工業団地は成功例の１つであり，最終製品を組み立てる大企業のみならず，その部品を製造する中堅・中小企業にいたるまで日本等からの外資企業の工場が進出している。
3）日本のエンジニアリング企業が設計図作成拠点にしている他，米国企業ではコールセンターをフィリピンに設けているところもある。
4）筆者等が実施した2005年8月のインタビューに基づく。
5）同上。
6）広島大学・三菱総合研究所（2006）「特定テーマ評価『経済連携』―貿易分野における社会的能力の形成とその支援のあり方―」独立行政法人国際協力機構。
7）「開発独裁」とは経済成長を至上の目標として政治経済上の権力を集中する権威的な政治体制をいう。

8) マルコス政権が倒された1980年代後半にマルコスの政敵だったアキノ上院議員，その未亡人アキノ大統領，現大統領であるその子息アキノ大統領などである。
 9) フィリピン政府は財政力の弱さを克服するために，電力セクターの民営化を進展させたものの，その際の電力運営会社（外資企業含む民間企業）への電力買取保証（電力需要が少なく，電力が余っても，政府が定額で電力会社から買い取るという約束）を行った。しかし，それはかえって政府の公的な財政負担を拡大させるという問題点を招来した。
10) BOO（Build-Own-Operate:建設－所有－運営）方式であり，投資家が施設を建設・所有し，その後の運営収益をもって投資回収を行うもの。
11) BTL（Build-Transfer-Lease:建設－所有権の移転－リース）方式であり，投資家が施設を建設して，政府等に施設の所有権を移転し，その施設をリース契約のもとで使用・運営して収益を得るもの。
12) 政府などが建設・所有している港湾施設の運営業務のみを請負，政府から運営費の支払いを受けるもの。
13) *The Philippine Star*, Aug. 12, 2010.
14) フィリピン政府は EPIRA法に基づき，電力セクター資産債務管理公社を設立し，フィリピン国営電力公社のすべての資産の売却と債務の管理を担わせることにした。

第4章 タイの投資環境の特徴と企業行動[1]

1 はじめに[2]―問題の関心と焦点―

　日本企業にとって，長い間，最もリスクの少ないアジアの投資先はタイと認識されていた[3]。すなわち，タイは政治が安定し，法規の運用に変化が少なく，日本の中堅，中小企業やそれまで海外進出の経験がない企業が先ず進出し，そこで海外事業の経験を積むのに最適な国とされてきた。タイはこのように「最初に海外進出を行う企業にとってはリスクが小さい優良な地域」と評価されてきたのである。

　近年のタクシン政権の登場以降，タイは必ずしも，政治的に安定しているとはいい難い。タクシン政権の2期目以降は実際には混乱が目立っている。現在，タクシン氏の妹，インラック氏による政権のもとでは小康状態が続いているものの，引き続き安定した長期政権になるか否かについては予断を許さない。これまで何度も，タイでは軍が政治に関与し，クーデターを起こしてきた。

　第二次世界大戦後，タイにおいては政治クーデターだけでもおよそ18回発生している。このうち特に深刻であったのは1992年のスチンダ陸軍司令官がクーデターで首相に就任した際に起こった抗議活動であった。これは大規模な反政府デモを誘発し，軍の鎮圧過程で多くの死傷者を出した。にもかかわらず，こうした政治的な「動乱」がタイのビジネスに大きな負の影響を与えることはなかった。政党の連立や軍事クーデターが日常茶飯事でありながらタイ政界特有の妥協と寛容さ，そして何よりも王室の権威が結局は政治的な妥協と温和な事後収拾をもたらし，「短期的な混乱」の範囲で収まっていたからである。小政党の連立が常態化しながらも政治家間での妥協や取り引きによって「落とし

どころを探し」てきたタイの政界は短期間の政権の交代は日常茶飯事のことであり，常に選挙で選任された任期を満了する政権がなかったのである。今世紀に入ってからは2001年のタクシン政権発足（タイ愛国党）以来，2005年までの長期政権が実現し，タイは「短期的な混乱」を繰り返す国から「長期的安定段階」という政治的な段階への移行期に入ったと思われた。

　安定した経済成長と低所得層への配慮により政治的な実績を積み上げて安定多数を獲得したタクシン首相はこの第2期目の政権において，強権的な政治手法とともに，通信企業株のシンガポールへの不正な売却を通じた蓄財疑惑で，大きく支持率を落とし，これに旧来の伝統的な保守層が加わって反タクシン派と称される政治勢力が形成された。このタクシン派と反タクシン派が一般国民を巻き込んだ2大政治勢力として，政治的な変動の時代をもたらしつつある。2006年の解散による総選挙ではタクシン首相はかろうじて3度目の政権を維持できる議席を獲得したものの，憲法裁判所はその白票数の多さゆえに選挙無効の判断を下し，暫定政権が新憲法を発布し，史上初の国民投票となった。

　この混乱の最中にタクシン氏に代わってその政治を受け継いだのは，タクシン氏の愛国党の流れを汲む国民の力党のサマック氏で，彼が首相となったが，反タクシン派がデモを誘発し，カンボジアとの国境紛争，首相の兼職問題等，様々な材料が政権を襲った。この結果，司法当局の介入を招き，裁判所の判断で政権は崩壊した。サマック氏の流れを汲むソムチャイ首相の政権が成立し，沈静化がはかられるものと期待されたが，これに満足しない反タクシン派によるデモ等の混乱が再び発生し，ソムチャイ首相は2008年に退陣。そして，2008年12月にアピシット政権がようやく政界再編後における反タクシン派の勢力を背景に政権交代を実現した。しかし，2011年6月の総選挙ではタクシン氏の実妹，インラック氏を代表者とするタイ貢献党が過半数をとり，タクシン派が復活して政権に返り咲いた。2005年以来の一般民衆を巻き込んだ，激しい政権の揺れによってもたらされたタイ国民の精神的疲弊に対し，インラック氏は「国民融和」の観点から他の中小政党との連立政権を組織し，下院議員定数500議席のうち299議席の獲得という圧倒的な勢力の形成に成功して政権を担当。現在，政治の安定化をはかっている。

　この間，2011年には大規模な洪水により，タイに進出している製造業の外資系企業は生産に大きなダメージを受けたものの，一過性のものとして，タイの

投資環境に対する外国資本の信頼度は衰えていない。こうした投資環境への安定的な評価は何に由来するのであろうか。また，そうした状況の下，国内企業，外資系企業において近年どのような行動の変化が起こっているのであろうか。本稿の問題関心と議論の焦点はこの点である。

2 投資環境としての政策実務運営

　タイでは政治舞台で多くの振動を繰り返す時代を迎えつつあったものの，他方で実務面では依然として外国投資家にとって安定した国であり，その運営動向は予見可能な状態を維持している。

　タイに直接投資しようとする場合，その窓口の行政機関となるのがタイ投資委員会（Board of Investment：BOI）である。BOIは工業省直轄の組織であり，外国企業からの直接投資だけでなく，国内企業の大型投資についても促進，調整，相談を行う。このBOIの実務運営能力への評価は高く，これが外国投資家の投資環境への信認につながっている。

　BOI設立の経緯に触れておこう。第二次世界大戦後，タイでは必要不可欠な日用品が不足し，それに対応するために政府の方針で国営企業が多く設立されたが，その効果はなかなかでなかった。そのため，タイ政府は方針の大転換を行い，外国企業の誘致によってこの問題を解決しようとした。1954年の「工業サポート案」に端を発し，その実施のために設立（1965年）されたのが，BOIである。

　BOIの活動は「企業の競争力強化」と「企業の運営サポート」に大きく区分される。前者には投資優遇制度の制定・法規化，外国企業の投資認可，外国人企業家・技術者などの人的資源の受け入れ許可，外国企業の土地所有・使用の許可などが含まれ，後者にはタイの投資環境に関する情報提供，アドバイス，市場調査のサポート，外国企業と現地企業のマッチング，海外のビジネス機関とタイの関係機関とのネットワーキングの支援などが含まれる。特に前者では外国企業が進出しやすいようにタイ工業団地公社（IEAT）や工業団地開発を得意とする民間デベロッパーを支援し，優遇制度を適用した工業団地を全国各

地に建設させる推進役を担っている。このようなBOIなどの行政窓口の高い効率性という成果はバンコクの周辺（北部及び東部）に存在するインフラ（電力，道路，港湾，通信）が整った工業団地を一度でも訪問すれば納得できる[4]。また，BOIの外資誘致促進策は全般的に製造業に対して手厚く，近隣の東南アジアのものと比べても優遇度が高い（図表4－1）。

タイ政府当局の実務力は対外的な協定推進の面においても安定している。ASEAN（東南アジア諸国連合）のメンバーとタイが協調して進めてきた貿易自由化がタイの産業競争力向上に大きな効果をもたらした。1990年代より，

図表4－1　タイによる外資誘致促進策・恩典と他の東南アジア諸国との比較（概略）

	タイ	インドネシア	ベトナム	マレーシア
通常の法人税率	30%	25%	28%	28%
外資企業への税的優遇措置	優遇対象分野については国内で最大8年間の法人税免除。 一般業種は国内を3地域に分類し，遠隔地において法人税および機械設備輸入税を最大100％免除。 地域統括会社の設置は法人税率を10％に減免。	石油関連・再生可能エネルギーなどの特定産業分野は投資を優遇し，5～10年間法人税免除。 観光，公共医療，建設等の分野は輸入税免除。	法人税率や免除期間は地域や分野により異なる。 優先産業分野では最大4年間の法人税免除とその後9年間半減。 困窮地域への進出の場合，土地使用税免除。	指定された投資奨励地域では製造業全般に法人税免除や投資税の控除。 バイオ技術，観光，医療等は個別に優遇措置を設定。
投資優遇対象産業	金型，ソフトウエア，電気電子，農業，石油化学等。	建設，鉱山開発，観光・文化，運輸，公共医療サービス等。	科学・技術，IT，環境保全，インフラ等。	ハイテク，農業，観光業，研究開発，環境保全技術等。
会社設立にかかる時間	通常2～3週間，優遇措置の認可には約2か月間必要。	約2か月。	優先分野は約1週間。金融・商社は6か月～1年。	約2週間。

出所：日経産業新聞，2011年11月29日。

ASEAN域内の自動車部品取引については同一ブランドに使用する場合の関税免除（Brand to Brand Complementation：BBC），それを同一企業にまで対象拡大したアセアン工業協力計画（ASEAN Industrial Cooperation：AICO），さらには広く製品一般の関税削減を目指したAFTA-CEPTへのプロセスが推進されており，この過程で最も大きな裨益を受けたのは部品点数が極めて多い自動車産業である。タイは自動車産業が集積していたため，タイに進出していた外資自動車関連企業は大きなメリットを享受することができたのである。

　さらにタイの貿易政策当局は将来の大きな自動車市場であるインドとの自由貿易協定（Free Trade Agreement：FTA）[5]において，2003年にアーリーハーベスト（協定批准前に関税の減免を適用するプログラム）を導入し，巨大な市場潜在性を有するインドを仕向け地とした輸出用ディーゼルエンジンなどの中核部品製造業の育成を目指している。タイはASEANの中でも最もFTA締結に熱心な国である。バーレーン（2002年12月調印），日本（2007年4月調印），オーストラリア（2004年7月調印），ニュージーランド（2005年4月調印），インド（2003年10月調印），ペルー（2009年11月）の6か国との締結を実現している。また，加盟しているASEANとしても，韓国，中国，日本，オーストラリア，インドとの締結を行っている。[6]特に2001年に発足したタクシン政権が積極的にFTAの推進を行ったためである。

　この結果，タイは東アジアから南アジアにかけての経済取引のハブとして重要な地位を占めるにいたった。特に南アジアで人口規模において中国と拮抗し，いっそうの市場規模拡大（所得向上，人口増，中間層の増加）が期待されるインドとの自由貿易協定を通じ，新たな太い貿易のパイプの形成が期待されている。また，国内民主化問題が解決すれば有望な投資先ともなるミャンマーとの政治的なパイプもシンガポールや中国と並んで強く，タイが果たすこの地域の緊密化推進の立役者としての役割は極めて大きい。

　こうした政策の結果としての貿易の活性化に伴い，貿易収支も黒字基調で安定的に推移しており，むしろ貿易黒字の累積によるタイバーツの価値上昇による輸出への影響が心配されるほどになっている。貿易収支の悪化がきっかけで，タイバーツの価値が下落し，対外債務不履行等の通貨危機の引き金を引いた1997年のアジア通貨危機当時，IMFからの救済を受けた脆弱な貿易上の体質から，現在の強靱な貿易上の体質に，タイ経済は大きく生まれ変わったといえる。

図表4-2 タイの貿易収支の推移

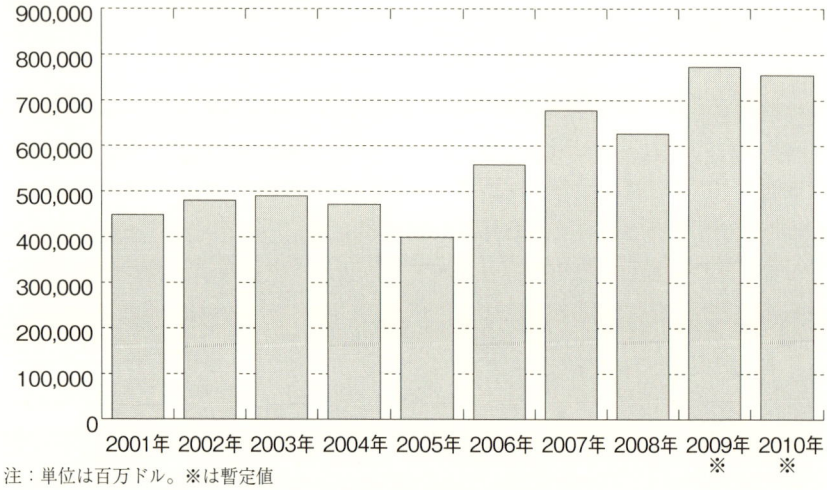

注：単位は百万ドル。※は暫定値
出所：JETROホームページ，原出所：国家経済社会開発庁（NESDB）。http://www.nesdb.go.th/

　なお，かつてタクシン政権は，併せてタイ製品輸出先の多様化による，貿易収支のさらなる安定化をはかり，米国，ベンガル湾諸国，欧州との交渉を進めたが[7]，この政策は基本的にタクシン氏の妹であるインラック政権に引き継がれている。

3 タイの投資環境と日系自動車企業

　タイの産業発展を最も特徴づけているのが自動車産業である。
　1991年にタイ工業省はCKD[8]の関税を引き下げると，さらに1994年には海外自動車メーカーの組み立て工場の数量制限の緩和を行った。これを契機に日欧米の自動車アセンブラー（組み立て業者）のタイへの投資は伸長したが，それに付随する形で自動車生産の技術を担う部品メーカーのタイへの進出が相次いだ。タイ政府はもともと1990年前後までは基本的に外国の自動車メーカーがタイに進出する際には国内の自動車部品を極力使用することを推奨するローカルコンテント政策を行っていた。しかし，円高で日系自動車メーカーや部品メ

ーカーがタイに規模の大きな製造拠点を設立するようになると，こうした政策的なローカルコンテンツの推奨を次第に抑え，2000年までにほぼ行わなくなった。このことがいっそうの自動車産業の発展を促した。

　2010年現在で，タイの自動車部品メーカー約2000社中，1次サプライヤー約700社の大半が日系部品メーカーとなっている。規制緩和は自動車関連メーカーの新規の投資増加だけではなく，再投資をも誘導して生産能力の拡張に繋がり，さらに外延的に周辺機械製造等の自動車「関連」産業への投資をも呼び込んだ。この結果，自動車製造を含む製造業のGDPは過去10年間に69％増加している。これは金融業の110％に次ぐ大きな増加率である（図表4-3）。2002年にはタイ政府が自国を「アジアのデトロイト（世界の自動車生産の中心地）」にすると宣言するまでにいたった。自動車産業の競争力への強い自負である。タイにおいて日系自動車メーカーも中核的な役割を演じた。例えば，日産自動車が主力車「マーチ」をタイで生産し，日本市場で販売するようになった。また，トヨタは新興市場向けの戦略車である多目的カーの生産中心をタイに置くようになった。これらはその成功を具体例で何よりも如実に示している。

　このような供給面だけでなく，需要面でもタイは優位性を築いた。リーマンショックの影響で，自動車産業を中心として，いったん直接投資額は減少したものの，東日本大震災で寸断された自動車サプライチェーンを日系メーカーが東アジアにおいて再構築する必要性，そして中国自動車市場の減速の兆しと新たな自動車市場（インド）への展開などの要因がある。しばらくはタイに対する日系自動車メーカーによる直接投資は底堅いものと考えられる。

　日系自動車メーカーにとって，中間層の台頭と自動車市場の急拡大が予想されるインドとタイの間の貿易はきわめて戦略的に重要である。日系自動車メーカーはじめ世界の有力自動車メーカーなど「アジアのデトロイト」，タイに製造拠点を持つ企業にとって，輸出ルートとしてのタイ→インドはその根幹をなすものだからである。加えて，2011年春の東日本大震災で日本の東北地方に立地する自動車部品工場からの部品供給が途絶え，自動車部品のサプライチェーンが打撃を受けたことを踏まえると，日本の自動車メーカーや部品メーカーにとっては，インド市場への供給拠点としてタイの高い自動車部品製造能力によりいっそう注目が集まると考えられる。

　旧タクシン政権によるタイ―インドFTAを含む自由貿易拡大への積極策は，

図表4-3　タイの産業別GDPの推移

部門	2001年	2002年	2003年	2004年	2005年	2006年
農林漁業・狩猟業	320,016	322,179	363,033	354,431	347,892	365,428
鉱業・採石業	64,622	71,741	76,616	80,837	88,081	91,585
製造業	1,111,457	1,190,807	1,318,279	1,426,338	1,499,882	1,588,105
電力・ガス・水道	103,937	110,137	115,195	122,525	129,004	135,114
建設	76,471	80,615	82,837	88,790	93,809	98,086
卸・小売・修理	469,569	479,725	493,719	517,310	541,934	560,218
ホテル・レストラン	118,664	124,044	118,852	133,324	136,165	151,267
運輸・通信・倉庫	310,058	331,168	340,644	366,290	383,925	407,682
金融業	85,757	95,693	111,807	125,723	136,342	140,719
不動産	122,431	128,400	134,641	143,581	151,225	159,500
行政・国防；義務的社会保障	98,847	105,255	108,375	111,795	116,267	115,298
教育	84,956	85,807	86,760	89,821	96,138	99,343
総計	3,073,601	3,237,042	3,468,166	3,688,189	3,858,019	4,054,504

部門	2007年	2008年	2009年※	2010年※	2011年※	過去10年間の単純平均
農林漁業・狩猟業	369,772	385,225	390,362	381,594	396,951	24%
鉱業・採石業	95,088	95,280	96,105	101,083	99,031	53%
製造業	1,686,372	1,751,411	1,645,015	1,873,219	1,793,358	61%
電力・ガス・水道	114,975	147,603	148,880	163,849	164,448	58%
建設	100,511	95,190	95,551	102,090	96,875	27%
卸・小売・修理	591,030	596,735	594,785	610,716	621,678	32%
ホテル・レストラン	157,858	160,430	160,017	173,527	186,474	57%
運輸・通信・倉庫	432,037	429,933	413,666	430,325	441,898	43%
金融業	148,575	160,938	167,346	180,498	204,536	139%
不動産	164,607	168,739	170,597	177,030	183,123	50%
行政・国防；義務的社会保障	120,583	122,161	122,260	127,059	127,182	29%
教育	109,095	109,423	115,190	117,505	117,760	38%
総計	4,259,026	4,364,833	4,263,139	4,596,112	4,599,655	50%

注：※は暫定値，単位は100万バーツで実質値
出所：JETRO ホームページ，原出所：国家経済社会開発庁（NESDB）。http://www.nesdb.go.th/ から筆者作成。

それを通じて貿易のハブというタイの地位をいち早く確立した[9]。

　日系企業の視線の先には，すでに陸路での生産・販売網の活用があり，すなわち，タイのチェンマイ地方からラオスを抜けて，ベトナムの中部，そして中国南西部へ伸びる東西回廊（北ルート）やカンボジアからベトナム南部に抜ける東西回廊（南ルート）を活用した販路拡大や生産・物流効率化に関心が向けられている。すでに機械部品の運搬など試行段階に入っている企業もある。これが活用できれば中国南部の生産拠点，ベトナム北部のハノイ周辺や，南部のホーチミン周辺の生産拠点や産業集積が連結の上で活用でき，日系企業のグローバル競争力向上において大きな追い風になるからである。

　最近では日系企業は人材面においてもタイ拠点を活用して国際競争力を維持する戦術を取っている。従来，現地日系企業では技術系人材や中間管理職人材の不足を指摘される声が多かった。こうした課題に対応するために2005年にタイ日工業大学が設立され，2011年までに17の日本の大学と提携や交換留学を行うようになった[10]。日本とビジネス分野でのノウハウ，考え方の共通化をはかろうとする試みも行われている。例えば，すでに日本の「中小企業診断士」制度や「物流管理士」制度が導入されている。いずれも日本政府のバックアップのもとに進められている。ここにおいても地道な実務分野を重視し，安定した二国間経済関係の維持によって着実な外資系企業（日系企業）の誘致がタイ当局によって維持されている例を見ることができる。

4 現地企業の変容

　タイの巨大企業はその多くが華人系などの同族経営企業，いわばファミリー企業である。末廣昭（2006）は「アジア通貨危機が勃発する1997年直前に上位100社のうち半分以上をファミリービジネスが占め，かつタイ経済の拡大と産業構造の高度化を急速に進めていった90年代に彼らがむしろその比重を高めていった事実に注目しておきたい」と指摘している[11]。少々，年代は古いが，末廣は図表4-4のような興味深いデータを整理し，われわれにタイ経済と企業の特徴を如実に示してくれている。図表4-4はタイの売上高上位100社の

図表4-4　タイの売上高上位100社の所有形態別の分類（2000年）

分　　類	企業数（構成比%）	売上高（構成比%）
外国企業（筆者注：いわゆる外資系企業）	47	46.9
特定・複数所有家族に属する企業	37	32.6
政府もしくは国営・公企業の出資企業（筆者注：いわゆる政府系）	13	19.3
独立タイ企業	3	1.2
合　　計	100	100

出所：末廣昭（2006）『ファミリービジネス論－後発工業化の担い手－』名古屋大学出版会，p. 61 より筆者作成。

所有形態別の分類である。

　この図表4-4が示すようにタイの上位100社企業は外資系企業が約5割弱，同族経営の企業が約3割から4割弱，政府系企業が約1割から2割，残りわずかな独立地場企業で構成されているということである。タイのビジネスにおける外資企業とファミリー企業の影響力の強さがうかがわれる。この結果，往々にしてファミリー企業は日系企業を含む外資系企業のタイにおけるビジネスパートナーになることも多い。すなわち，外資系企業の進出は現地同族企業へのビジネス機会の提供とそれに付随する成長という副産物をもたらしたのである。[12] ここでは，タイの同族企業のうち，日系企業の間で最も著名なチャルンポーカパン（以下CPと称する）グループの事例を紹介し，タイのファミリービジネスの特徴と行動様式を理解する一助としたい。

　CPグループはアグリビジネスを中心にその事業を流通，製造，通信，金融などに展開してきたコングロマリットである。CPは1921年に中国・広東省の潮州系のルーツを持つ謝易初と謝少飛の兄弟が畜産取り扱い仲買商「正大荘行」を設立したところから始まる。1954年になってCP商号を用いた。種子，肥料，飼料を広く海外と取り引きする貿易商社の形態になったのは1959年である。1967年には製造業（飼料）にも着手し，1973年にはブロイラー生産を開始した。しかし，CPが総合化，コングロマリット化したのは謝易初の四男，タニン氏が経営改革を行って事業部制を導入した1983年以降である。そして，急速に発展する中国市場に華人という出自を活用し，積極的に投資を展開した。その投資姿勢はノウハウを有する農産物加工分野にとどまらず，石油化学，オート

バイ製造,小売業,衛星通信など,より高い投資収益率や先行者利益の期待が可能な異業種分野への多角化をはかる,というものであった。

しかし,こうした「中国ビジネス」でその利益の収穫が実現する前に1997年のアジア通貨危機が発生し,グループ企業の屋台骨が揺らいだ。タイ通貨バーツの価値下落によって,タイの企業は巨額の為替差損と海外通貨建て借入の膨張という危機に見舞われた他,国内需要の急激な縮小に直面したのである。ここにアジア通貨危機の発生地である本国タイの事業は深刻なダメージを受けた。その本国事業を守るために,まず,上海の郷鎮企業2社と合弁で設立していた事業（上海大江社）から撤退し,その後,相次いで,中国でのオートバイ

図表4－5　CP社の近年の事業展開（1983年以降）

年	事業展開
1983	創業者謝易初氏の四男タニン氏経営改革を実施。CPに事業部制導入。
1985	中国における二輪車製造開始。石油化学事業へ進出。
1986	米国食肉加工オスカーメイヤー社と合弁事業開始。
1988	日本明治乳業と合弁事業開始。オランダの流通大手マクロ社と合弁事業開始。タイでのセブン-イレブンと合弁事業開始。中国海南島において石油化学プロジェクトに投資。ベルギー・ソルベイ社と石油化学において合弁事業開始。
1990	中国にてトラック生産事業開始。タイ国内電話敷設事業開始。
1992	中国の国有通信社と衛星打ち上げ事業に成功。
1994	香港にて携帯電話事業開始。
1997	種子・肥料,農畜産物加工（アグロインダストリー）,養殖えび,貿易,小売流通,石油化学,不動産開発,自動車・機械,電機・通信,石油・発電,加工包装食品の11分野における事業を経営。
1998	アジア通貨危機によって大きなダメージを被る。石油化学,自動車・機械,不動産開発,小売流通業（セブン-イレブン事業以外）から撤退。中国事業も農畜産物加工（アグロインダストリー）以外を清算,撤退。
2000	本業のアグロインダストリーを再編・強化し,セブン-イレブン等チェーン・スーパー小売業とともに外資系企業との提携に主眼を置く。
2009	国内でセブン-イレブン5000店舗以上のネットワークを構築し,競争力のある食品分野で収益力のある事業を展開。
2012	中国・上海汽車と自動車（四輪）製造において合弁事業を行うことを発表。

出所：朱炎編著（2000）『徹底検証　アジア華人グループの実力』ダイヤモンド社,末廣昭・南原真（1991）『タイの財閥』同文舘,末廣昭（2006）『ファミリービジネス論－後発工業化の担い手－』名古屋大学出版会,小林守（2002）「華人企業から多国籍企業に脱皮,チャロン・ポカパン社－タイ－」*The Asian Club Monthly* 66

図表4-6　タイ企業の欧米企業買収の例（2011年）

タイ企業	被買収企業（欧米）	買収金額（億円）
IVL（石油化学）	オールド（米国・石油化学）	640
バンプー（石炭）	フンヌコール（オーストラリア・石炭）	365
セントラルグループ（流通）	リナシェンテ（イタリア・百貨店）	270

出所：日本経済新聞，2012年2月28日（米国トムソンロイター調査による）。

製造，衛星通信事業，チェーン小売業の株式持分を中国側パートナーに売却し，ほぼ完全に撤退した。その資金をタイでの事業の損失等に充当するためである。タイ通貨バーツの価値下落によって被った巨額の為替差損と海外通貨建て借入の膨張に対する対応である。

　CPはアジア通貨危機をファミリービジネスならではの迅速な意思決定で事業構造のリストラクチャーを行い，最終的にはアグロインダストリー部門と小売事業に選択と集中を行い，外資との提携を通じてタイでゆるぎない地位の回復に注力した。

　2002年ごろまでにアジア通貨危機の影響からタイ経済が回復するとともに，CPは再度，米国，マレーシア，ベトナム，インド等，ピンポイントに絞って海外展開を行っている。最近では，2012年に中国事業を復活させ，国有自動車メーカー，上海汽車との四輪車製造の合弁事業を行うことを発表した。

　さらに，CPは2008年のリーマンショック以降もタイ国内市場や東南アジアを中心に，引き続き競争力のある食品分野，小売り分野で収益力を強化している。

　1997年～1998年に発生したアジア通貨危機はタイ，韓国，インドネシアの大企業に大きな負の影響を与えたが，同じ東南アジアでもインドネシア華人財閥が，資本・財産の国外逃避によって，自己のビジネスを再建したのに対して，タイの華人財閥は海外事業からの撤退とその売却資金で国内のビジネスを守ったという対応の差異は特徴的である。おそらく，インドネシアではしばしば経済危機を契機とした反華人暴動が現地人（現地生まれのマレー系インドネシア人）によって起こっていたのに対し，タイでは華人はタイ人社会との融合が進んでおり，そのような反華人的な社会ではないことが関係していると思われる。

　次に現地中小企業に言及したい。現地企業にはリーマンショックの影響が引き続き残っている。タイの中小企業はタイの輸出に40％以上の貢献をしており，輸出依存度が東南アジア諸国の中で大きいという特徴がある。筆者の調査グル

ープがインタビュー調査を行ったタイの中小企業A社は従業員35名，年間売り上げは2,000万バーツという中小企業の食品加工会社である。販売先は海外市場で，しかも生活水準が急速に向上して，需要も伸びている香港，中国を中心に出荷していたため，売り上げの大きな減少はなかった。しかし，リーマンショック以降は銀行からの借入条件が厳格になって資金繰りがやや難しくなった。リーマンショックを受けて世界的な銀行管理の強化（バーゼルⅡ）が行われたためである。[13] 同じくタイの玩具製造・販売の会社B社は，売り上げ自体に大きな影響を受けていた。同社は資本額200万バーツ，従業員150人の企業である。自社内で製造は行わず，デザイン，マーケティングのみを行い，製造は外部に委託している。ティッシュボックスや枕カバーなどを，外部の大手企業から委託を受けてデザインするという企画業務も行っている。委託生産を行って製造した製品は空港免税店などに卸している他，取引先（卸先）が海外と取り引きをしている場合が多く，輸出に依存した販売構造になっている。リーマンショックによる需要減退では，大きな影響を受け，売り上げを落とした。直接輸出が最高時は売上高の50％を占めていたこともあったが，リーマンショック以降は5～10％に急落した。[14]

タイの中小企業にはこのように直接輸出を行っているものの他にタイ国内に進出してきた外国企業の輸出製品向けの部品，原材料を供給する中小企業も多い。例えば外資系自動車メーカーに製品を納入する二次下請け，三次下請けなどの中小企業である。すなわち，これらは間接的に海外市場の需要に依存しているといえる中小企業である。

タイの中小企業の場合，海外市場に販売を依存することも多く，国内の投資環境というよりも，海外市場の動向に経営が左右されることがあることが特徴的である。

5 結語に代えて

タイ政府はグローバル化に対応する形で規制緩和を行い，投資活動を活性化させ，外資企業への国内市場の開放を進めた。これに伴って現地企業も同族企

業などが発展しつつある。その一方で，農村などの貧困層，低所得層が多く存在する地域等への支援を行った。グローバル化に伴い拡大する格差問題に対する施策であったと考えられる。規制緩和は既得権益層に打撃を与えることになったが，それらに対する不満が高まっていたところ，タクシン政権及びその周辺で行われていた蓄財問題が明らかになり，これが政治混乱につながった。その結果，政権の交代とそれぞれの支持層による激しいデモンストレーションが繰り返されたのである。

しかし，それにもかかわらず，政府の政策遂行現場では対外経済開放政策は堅持され，しかも外資企業からの直接投資を取り扱う政府の実務部局は安定した政策運用を行ったため，外資企業をはじめとする企業の活動に深刻な影響は表れなかった。影響は水害や政治的デモンストレーションに伴う短期的なものであり，政府部内の機能不全にはならなかった。これに加えて，対立する政権も過度なポピュリズムや排外主義による外国批判を手段として求心力を維持しようとしなかったことも投資環境への信頼につながった。

本稿ではタイ当局の実務的な側面の安定性を近年の政治変動に相対させる形で記述を試みた。タイの近年の政治変動は，それ以前に散発的に発生した小規模の軍事クーデターではなく，民衆レベルの深刻な対立を伴った政治変動であり，タイの政治社会で経験したことがない大きな変動であったものの，それらは結果としてタイに対する外国投資家の信認の動揺につながらなかった。本稿ではそうした現象を経過的な事実関係を整理することによって確認したが，残された検討点も多い。すなわち，BOIや関係する政府部局の実務担当者が粛々と対外経済政策を地道に遂行したためであるという結論を確定させるためには，それらの実務担当者の意思決定の詳細をリアルに抽出し，付加することが必要である，と考えるからである。この点については今後行ってゆく研究の課題としたい。

[参考文献]
国際協力銀行中堅中小企業支援室編（2003）『アセアン投資ガイドブック』。
小林守（2002）「華人企業から多国籍企業に脱皮，チャロン・ポカパン社－タイ－」*The Asian Club Monthly* 66。
小林守（2004）「東アジア外資企業のFTAへの対応」，渡辺利夫編『東アジア市場統合への道—FTAへの課題と挑戦—』勁草書房。

小林守（2010）「東南アジアの中小企業はグローバル化に生き残れるか──必死の模索を続ける『発展途上の経営者』群像」，駒形哲哉編『東アジアものづくりのダイナミクス』明徳出版社。
小林守（2012）「インドネシアとタイの政治・政策の変動と企業の動向」『専修ビジネスレビュー』専修大学商学研究所，2012年3月。
小林守・東京コンサルティングファーム（2011）『タイの投資・会社法・税務会計・労務』TGC 出版。
末廣昭（2006）『ファミリービジネス論──後発工業化の担い手──』名古屋大学出版会。
末廣昭・南原真（1991）『タイの財閥』同文舘。
朱炎編（2000）『徹底検証，アジア華人グループの実力』ダイヤモンド社。
シラ，チャンリット（2011）「タイの新しい投資環境上の問題点と政策的対応」専修大学大学院商学研究科修士課程学位取得論文。
中小企業基盤整備機構（2010）『東南アジア5か国における中小企業金融と資金調達の現状と課題に関する調査研究』。
日経産業新聞 2011 年 11 月 29 日。
日本経済新聞 2012 年 2 月 28 日。
三菱総合研究所（2011）『EPAの動態的効果にかかわる委託調査事業・調査報告書』経済産業省。
JETRO ホームページ／国家経済社会開発庁（NESDB）。http://www.nesdb.go.th/

[注記]
1) 本稿は小林守「インドネシアとタイの政治・政策の変動と企業の動向」『専修ビジネスレビュー』（2012年3月）専修大学商学研究所におけるタイの部分を，その後の資料，新しい状況の変化に合わせ大幅に加筆・追記したものである。
2) 小林守・東京コンサルティングファーム（2011）『タイの投資・会社法・税務会計・労務』TGC 出版。
3) 国際協力銀行中堅中小企業支援室編（2003）『アセアン投資ガイドブック』。
4) 但し，しばしば「進出前のBOIの説明と進出した後の国内の担当官庁の説明とが食い違っていて，問いただしたら，国内担当官庁から『BOIは国内のことはわからないから，こちらを信じるように』などといわれた」いう不満を日系企業から聞くことがある。情報は「裏取りが必要である」ということはタイでもそのとおりである。
5) 2003 年 10 月調印。
6) 2011 年 2 月現在。
7) 三菱総合研究所（2011）『EPAの動態的効果にかかわる委託調査事業・調査報告書』経済産業省。
8) Complete Knock-down の略。
9) タイで生産された自動車の最大の仕向け地はオーストラリアであり，インドネシア，サウジアラビア，フィリピン，マレーシア，オマーンと続く（金額ベース）。オーストラリア向け自動車輸出はタイに進出した日系自動車メーカーがきわめて積極的に取り組んでいる。また，部品の仕向け先はインドネシア，日本，マレーシア，ベトナム，インド，フィリピン，

米国，ブラジルと多岐にわたっている。
10) シラ，チャンリット（2011）「タイの新しい投資環境上の問題点と政策的対応」。専修大学大学院修士論文。
11) 末廣昭（2006）『ファミリービジネス論』名古屋大学出版会，p. 61。
12) 但し，タイ国内では，まだ保険，金融，電気通信への外国投資家に対する規制を若干残している。
13) 中小企業基盤整備機構（2010）『東南アジア5か国における中小企業金融と資金調達の現状と課題に関する調査研究』。
14) 同上。
15) アジア通貨危機の際，派生したリストラによる失業者は農村に帰り，生活を維持して，大きな政治的不安定につながらなかったと指摘されている。他方，同じ東南アジアでもフィリピンは大規模農業（プランテーション）による農業生産の割合が高く，都市の失業者は帰農できず，都市でのスラム化が深刻化した。
16) 2011年夏のタイの洪水でトヨタ自動車の高級車レクサスを生産するトヨタ自動車九州は輸出用の車種8000台の1か月以上の減産に追い込まれた。レクサス専用のマイコン部品をタイに依存していたからである（日本経済新聞2011年11月25日）。しかし，その後は工場を復旧させた。多くの日本自動車メーカーは洪水対策を充実させながら，いっそうのタイの生産拠点を強化している。

第5章
インドネシア・ユドヨノ政権における産業政策と企業の動向[1]

1 はじめに

　海外における「投資環境」(business environment)[2]を定義することは難しい。実際のビジネスの現場ではあらゆるホスト国の事象が日々，企業活動に関連するのが現実であるし，その事象が企業の事業との関連や特性，そして営業開始からの時間的経過によってそれぞれに異なってくるからである。したがって，投資環境を社会科学の対象として厳密に分析するための手法は確立されていないのが現実である。この結果，多くの「投資環境分析」と称する報告はホスト国の外資企業に対する優遇政策やインフラ政策の動向を分析するにとどまっている。その中で異色ともいえる成果が世界銀行のレポートである。

　世界銀行が2006年に出版した"World Bank Development Report 2005―Business Environment―"(2006)では多数の発展途上国を対象に外国直接投資の視点で外資政策とその背景となる政治，ビジネス慣習とその背後にある社会環境を幅広く分析している。世界銀行の「発展途上国の社会経済開発の投融資を行う」という設立目的にそってその対象は発展途上国に限られており，その「社会経済開発」という目的ゆえに「投資環境分析」も政治・政策，経済，企業，インフラ，社会慣習にまで言及をしているものである。その成果を取りまとめたものが前掲書である。

　本稿ではこうした世界銀行の視角に依拠しつつ，日本企業が極めて多く進出している東南アジアを対象に日本企業が進出する際に直面する環境をどう考えるかという視点から最近の情報，具体的には2008年秋の，いわゆる「リーマンショック」以降の投資環境を中心的課題としながら議論する。もとより，世

界銀行の報告書のように網羅的な項目に言及することは紙幅及び筆者の力量の制約ゆえに今後の課題とならざるをえないため，本稿ではこのうち，インドネシアを事例として「政治・政策」と「企業」に焦点をあてる。なお，本稿で事例対象とする企業とは「日系企業」とその取引利害関係者としての「現地企業」を指すことを確認しておきたい。

2 政治と産業政策[3]

インドネシアは第二次世界大戦後，治安に不安を感じさせる治安上の出来事が数度にわたり発生し，企業の直接投資が今ひとつ伸びないという状況が続いていた。しかし，現在のユドヨノ政権になって，ようやく政治や治安に安定感が出てきており，東南アジアにおける有望な企業進出先として日系企業からも注目を集めている。

インドネシアにおける投資環境にかかわる治安状況の変遷を振り返ってみる。日系企業にとって不安を感じさせた初期の出来事としては1974年1月の反日暴動がある。日本の田中首相がインドネシアを訪問した際に首都ジャカルタでは住民，学生による大規模な反日暴動が起こった。日系企業の大規模で，急速な直接投資に対する不満と不安が顕在化したものである。実はこの暴動にはもう1つの意味があった。それは「反華人企業」という側面である。第2代大統領のスハルト氏の施政下ではこうした暴動は抑えつけられ，その後，治安は安定化した。

その後，スハルト政権期には隣国東チモールの強引な併合（1975年9月）があったが，その後，やや安定し，規制緩和などが行われたことから1990年代には一時，中国や他の東南アジア諸国と同様にインドネシアにも外国企業による投資が大きく拡大した。しかし，2007年に，アジア通貨危機が起こると，政治は再び混乱し，治安状況は大きく悪化した。通貨危機直後のスハルト氏の施政の末期（1998年1月）に発生した物価上昇に端を発した反政府暴動がその端的な例である。この暴動は1998年5月に通貨危機への対応として行われた。IMF（国際通貨基金）からのインドネシア向けのスタンドバイ・クレジット（緊

急融資）の貸し付け条件としてガソリン，電気料金の値上げが実施されると，それをきっかけにして再び各地で暴動が起きた。この時，スハルト政権と蜜月の関係にあった華人企業への反感から中国系住民が襲われ，アジア系である日本人も巻き添えになる危険性が生じたため，一時は日系企業からインドネシアへの「出張自粛」を徹底する事態にもなった。

やがて，スハルト体制は崩壊したが，その後継であるハビビ政権も短期間で退陣に追い込まれた。この後，国民統合を呼びかけたワヒド政権，そして「建国の父」スカルノ初代大統領の娘，メガワティの政権が続いたが，容易に安定はみられず，外国からの直接投資も鈍化した。安定の兆しが見えだしたのは初の民主的直接選挙で大統領に選ばれたユドヨノ氏の政権が誕生した2000年代半ば以降である。このユドヨノ政権は，当初は政権基盤がそれほど強くなく，経済界や国家財政の立て直しを重んじる別の大政党を率いるカラ副大統領やエリート官僚群等の支持を取り付けて微妙な均衡の下で成立した連立政権である。少数政党を率いていたユドヨノ氏の指導力が十分発揮されるまでには至らなかった。しかし，世界的な原油価格の高騰に伴い，灯油やガソリンの補助金撤廃を高級官僚や側近が迫ったのに対し，ユドヨノ氏は国民への生活支援金の支給で応えた。「貧困家庭出身の私は，灯油を買うことの大変さを身にしみて知っている」と述べるユドヨノ氏の人柄は多数を占める庶民層の共感を呼び支持率を維持した[4]。さらに，ユドヨノ氏は2006年の中部ジャワ地震，鳥インフルエンザ問題を乗り切り，テロの抑え込みにも一定の成果を挙げたことから，2009年の選挙では安定した支持を集め，大統領に再選された。ユドヨノ氏が率いる民主党はそれ以前の57議席から150議席に躍進し，他党，特にそれまで連立内の最大政党として強い影響力を持っていたゴルカル党との連立を解消し，強いリーダーシップを発揮可能な単独政権となった。それ以降，ユドヨノ大統領は，アジア通貨危機以後の回復・安定期と，農産物価格や通貨ルピアの安定という追い風に支えられて，おおむね順調な政権運営を行うに至っている。

2008年5月，インドネシアは長年，加盟国であったOPEC（石油輸出国機構）から脱退した。このことは，石油輸出や石油関連産業に代わって，今後は製造業やサービス業を発展させ，経済成長を維持していかなければならないという認識が政策当局者に広がっていることを示している。ユドヨノ大統領は自由貿易の推進と外国企業の誘致に積極的かつ本格的に取り組んでいる。例えば日本

とはEPA(経済連携協定)を締結し，中国とは中国-ASEANのFTA(自由貿易協定)の締結を実現した。また，すでに加盟していたAFTA(ASEAN自由貿易地域)ではスケジュール通りの域内関税削減を達成している。こうした経営環境の改善により，インドネシアで生産拠点設立や拠点拡張に乗り出す日系企業は漸増している。

さらに，インドネシア政府は「脱石油依存」のために国内産業の構造改革に向けて，ジャワ，北スマトラ，スラウエシ等に，電機，自動車部品，繊維，農水産加工品などの製造業クラスターを建設するという構想を掲げるなど，積極的な産業育成政策を打ち出した。

外国企業に対する具体的な投資環境改善のためのコミットメントとしてユドヨノ政権は「投資環境改善」，「金融セクター不良債権問題の解決」，「停滞中のインフラ開発」，「零細・中小企業の支援」という4つの柱を，2006年2月に打ち出した。2007年には新投資法を制定し，外国企業の進出のための投資認可手続きを150日以内から30日以内に短縮した。外国企業の子会社設立手続きにおけるスピードアップが実現した。また，経済特区(KEKI)[5]の推進，そして官民パートナーシップによるインフラ開発推進のための予算を増額した。

3 日系企業の進出動向

日本からインドネシアへ進出している企業では代表的な自動車産業と，電機産業などに関連する製造業，化学が主要なものであるが，製造業だけでもすでに約1,000社以上の日系企業が進出している。関連産業の立地を誘致する工業団地開発や貿易業等のサービス企業も多くなっている。中国市場のコスト増等を受けて，次なる生産拠点を模索する日系企業はコストが低廉で国内市場規模(人口規模)が大きいインドネシアで製造拠点，販売拠点の進出や拡大を加速させているものである。例えば，1960年代以来，インドネシアに合弁会社を有しているパナソニックはガスメーターやデジタルカメラなどに使うリチウム電池を製造するインドネシア工場の生産能力を拡大した。また，トヨタ自動車はインドネシア現地の大手華人財閥であるアストラ財閥(アストラ・インターナ

ショナル)との合弁で自動車生産を早くから行っているが,さらなる製品ラインの拡大などを進めている。トヨタとの関係が深い,デンソーもトヨタグループの豊田通商,豊田自動織機の他,アストラと組んで自動車の基幹的な部品製造の合弁会社を拡大している。

サービス業における日系企業の活動分野も広がっている。例えば,金融セクターにおいても,みずほフィナンシャルグループが今までの日系企業への融資から現地企業への融資にまでも重点を移すなど,また,三井物産は現地のイスラム金融の特徴などにも配慮しながら,一般庶民向けの自動車やバイク販売を支援するローン,すなわちオートファイナンスを展開し始めるなど,インドネシア現地市場のきめ細かい開拓に注力している。[6]

日系企業の投資拡大の背景にはインドネシア政府の政策だけでなく,日本政府関係機関のバックアップもある。日本政府は大使館やJICA(国際協力機構),JETRO(日本貿易振興機構)などの協力のもと,インドネシア政府の外資企業窓口に対し,インドネシアに進出している日系企業等の意見に基づいた「官民をあげた総合的な提言」(SIAP)を行ってきており,こうした現場の官民を挙げた投資改善のための意見具申が徐々に実りつつあるのである。日系企業のインドネシア進出における近年の特徴としてはインフラ分野への直接投資がある。例えば,インドネシア政府がインフラプロジェクト民営化(IPP:Independent Power Producer)を進める潮流に合わせて,[7] 日系企業は民営発電事業プロジェクトに資金,ノウハウの両面から関与し,この分野に進出を拡張してきている。[8]

こうした動きの先鞭は1990年代から三井物産等が事業を行ってきたパイトン発電所プロジェクト等である。1997年から1998年にかけてのアジア通貨危機により,通貨ルピアが下落し電力需要が落ち込むと,こうした外国企業によるインフラプロジェクトもいったん苦境に陥ったが,それが沈静化し,またユドヨノ政権のもとで経済が安定化すると業績も回復した。こうした他のインフラプロジェクトへの日系企業の関心を高めたのである。例えば,図表5-1で示すように,日本企業の中でも電力や通信分野をはじめとしてインフラストラクチャーの分野へと投資が拡大している。

図表5-1　日本企業がインドネシア・ジャカルタ周辺で受注着工を目指す主なインフラ案件

分野	案件	事業費（億円）	内容
港湾	タンジュン・プリオク港拡張	880	190万TEU分を増強。関連インフラの建設も予定。
	新港湾建設	3,480	容量790万TEU。関連道路も整備。
地下鉄	南北線1期建設	1,400	中心部から南部まで15キロメートルの地下鉄路線。
	南北線2期建設	1,300	1期北部延伸で8キロメートルの地下鉄路線。
	東西線建設	3,000	中心部を横断する2路線を建設。
空港・鉄道	空港拡張	未定	新ターミナル整備。
	空港へのアクセス鉄道建設	970	市中心部と空港を結ぶ33キロメートルの路線を敷設。
	既存路線の増強	410	ブカシ線複々化等の実現。
電力	インドラマユ石炭火力発電所建設	2,240	超々臨界の100キロワットの2機を導入。
	バンテン石炭火力発電所建設	810	超臨界の66キロワットの1機を導入。
	ジャワ・スマトラ送電線建設	2,300	ジャワ島，スマトラ島を結ぶ700キロメートルの送電線を敷設。
	ガス火力発電所とLNG受入基地建設	未定	海上浮上式の受入基地建設。
道路	工業団地整備	未定	チカラン地区の工業団地群を周辺に拡張。
洪水対策	洪水防止設備の補修	未定	北部のポンプを補修。

出所：日経産業新聞，2011年3月29日，2面。

4 現地企業の経営動向

　インドネシアの大企業の間では外国企業も巻き込んだ企業の買収を通じた競争力の強化が行われている。2008年の金融危機直後に行われた大型買収案件（図表5-2）でも通信，金融，小売など国内市場での競争力強化を目指したものが目立つ。輸出比率が大きいタイと異なり，インドネシア経済はGDPの65％程度を国内需要が占めるなど，国内市場は比較的大きいため，輸出に過度に依存する構造にはない。また，金融危機時には買収企業の価格も低く，買収資金

図表5-2　インドネシアにおける2008年～2009年に行われた主な大型買収案件

被買収企業	産業分野	買収者（外国企業の場合，国籍）	買収者の産業分野	買収金額（百万米ドル）
インドサット	通信サービス	QTEL（カタール）	通信サービス	1,800
バンク・インターナショナル・インドネシア	金融	Maybank（マレーシア）	金融	1,578
リッポ・バンク	金融	Bank Niaga	金融	611
Bank Ekonomi Raharja	金融	HSBC Asia Pacific Holding（英国）	金融	608
Apexindo Pratama Duta	石油・ガス	Mitra Rajasa	石油・ガス	556
Huchison CP Telecommun-Asts	通信サービス	Professional Telekomunikasi	無線通信	500
Bentol Intl Investama	タバコ製造・販売	British American Tabacco（英国）	タバコ製造・販売	490
Makro Indonesia	小売	Lotte Shopping Co. Ltd.（韓国）	小売業	232
Tuah Turangga Agung	金属・鉱山	United Tractors	機械製造	116
Citra Tubindo	製造	Vallourec & Mannesmann Tubes	製造	88

出所：S.K. Zainuddin (2009) "Corporate Indonesia ready for take-off", *Globe Asia* Vol.3 No.8 (August), p.50 より作成。

の節約にもなる。将来性のある国内市場での経営基盤を確立するための企業買収が進んだのはこうした背景があった。

　華人系を中心としたインドネシアの大グループ企業（財閥企業）では，対中国ビジネスや国内市場をターゲットとして進出してくる外資企業との提携関係を活用した，業績の回復がみられる。財閥という組織構造から様々な分野にグループ企業を有しており，全体的にも製造業，小売業，金融業に必要不可欠な国内市場への販売網・サービス網を幅広い分野で握っているため，外資企業が提携を働きかけることなどが多くなっているためである。例えば，日本企業ともビジネス関係が深いアストラグループ（アストラインターナショナル）は自動車事業で著名であり，ホンダと合弁の二輪車のアストラ・ホンダモーター，トヨタ自動車との合弁事業などを手掛けている。インドネシア国内の自動車需要が回復する中，日本市場と同モデルのプリウスなどの高級車も投入されている。また，華人財閥，サリムグループの中心企業である食品メーカー，インド

フードは2012年にアサヒビールと清涼飲料水分野で合弁企業の設立に合意した。インドフードは消費者向け事業では即席めん，乳製品を，産業向け事業ではパームオイル事業等を中核製品としている大規模な食品企業である。また，乳製品，栄養食品，製菓においても生産能力の拡大を急いでいる。サリムグループは1997年～98年のアジア通貨危機の際は通貨ルピーの下落や緊密な関係にあったスハルト長期独裁政権の崩壊の際には大きな損失を出した。金融やセメント事業から撤退した。持ち株会社（投資会社），ファーストパシフィックを香港に移転するなど，リスクヘッジを行いつつ，依然として実質的な事業はインドネシアで行っている。なお，消費者向けの事業はインドネシア・ジャカルタにある子会社インドフードCBPで運営し，産業向け事業は本社をシンガポールに置くインド・アグリが担うという経営の分散を行っており，アジア通貨危機のときの経験をもとに，一国に事業の本社を集中させないというリスク分散指向の経営方針を取っているものである。

　その他の現地大企業も日系企業などとのつながりは強く，それぞれ，金融危機から受ける影響の水準には差異があるものの順次業績回復がみられる。

　例えば，PT Sat Nusapersada社[9]は電子・電機分野で日系企業との取り引きで成長してきた現地企業である。外資企業と取り引きすることはISOなどの品質向上のための取り組みを促進し，生産技術の向上をもたらす。同時に，製品納入時の価格引き下げ要求も受け，こうした状況に対処するために量産体制を整えた。しかし，現地の金属鍛造製品メーカーやプラスチック成型品メーカーを買収し，垂直統合によって付加価値のある製品を社内で一貫して製造できるような体制を構築したところに，2008年秋のリーマンショックで売り上げが減少し，営業利益も悪化した。同社の取り引きの大半（約70％）をしめる大手の顧客である日系電機メーカーからの受注が減少し，厳しい状況に陥った[10]。これに対し，同社は管理職以上の給料の最大限20％カットや新規設備投資の延期などの施策を実施した。2009年後半以降は徐々に需要の回復がみられ，経営業績を少しずつ持ち直し，乗り切りつつある。

　Gajah Tunggal社はインドネシアでトップのタイヤメーカーである。スハルト政権時代に政権と親密な華人企業として知られていた。同社には欧州（フランス）のミシェランタイヤが出資しており，グローバルメーカーとの取り引きが多い企業であったが，リーマンショック前からすでに業績がやや低迷気味で，

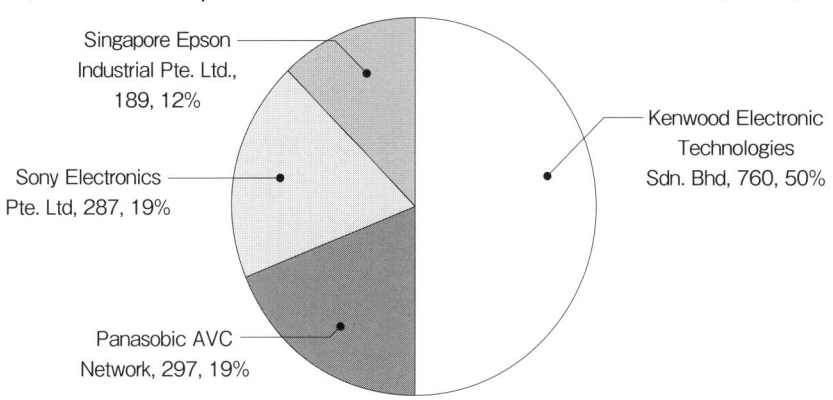

図表5−3　Sat Nusapersada社の日系企業からの受注先別金額及び構成比（2008年）

- Singapore Epson Industrial Pte. Ltd., 189, 12%
- Sony Electronics Pte. Ltd, 287, 19%
- Panasobic AVC Network, 297, 19%
- Kenwood Electronic Technologies Sdn. Bhd, 760, 50%

注：数字は前が同社の各日系企業に対する売り上げ金額で単位は10億ルピア。後が各日系企業への売り上げが占める割合。
出所：同社Annual Report（2008）, *Globe Asia* Vol.3 No.8（August, 2009）, pp. 84-85 より筆者作成。

図表5−4　Sat Nusapersada社の業績推移（2006年〜2009年）

年	売上	営業利益
2006年	1,448,285	26,619
2007年	1,617,510	45,797
2008年	2,161,376	−3,279
2009年	2,006,960	−39,215

注：単位は百万ルピア。
出所：Sat Nusapersada社のHPより筆者作成。

　債務改善に取り組んでいる最中に2008年の世界金融危機に伴う自動車需要の激減を受けて，業績はいっそう悪化し，格付会社S&Pによりクレジットレーティングはccc+からccに下げられ，投資不適格レベルとなった。数年前からはじめた生産能力の大幅な拡張にむけた投資，それに伴った資金調達債務の

図表5-5　Gajah Tunggal社の業績推移（2006年～2010年）

年	売上	営業利益
2006年	5,470,730	365,121
2007年	6,659,854	664,749
2008年	7,963,473	581,353
2009年	7,936,432	1,144,990
2010年	9,853,904	1,287,427

注：単位は百万ルピア。
出所：*Globe Asia* Vol.3 No.8（August, 2009），pp.66-68，およびGajah Tunggalアニュアルレポート（2010）より筆者作成。

金利負担があり，これに2008年秋からの金融危機とそれに続く，欧米市場での自動車需要の急減に見舞われたものである。商用車タイヤ製品の半分近くを輸出していた同社にとって世界市場の縮小は致命的だったが，2010年に入って，国際市場における自動車需要の回復がみられ，同社の販売先も国内向けが増えつつあり，業績は徐々に回復しつつある。

　経営課題は国内バイク用タイヤで約60％，四輪車用市場で約20％を占める同社の強い販売力のいっそうの強化であるが，同社の販売網の活用をねらって，ミシェランもこれまでの提携のいっそうの強化を提案している。インドネシアは中国，インドに次ぐ自動車分野の大市場であり，国内市場で今後は安定した企業基盤を構築できる潜在力は十分に持っているとの判断がミシェランにあったと考えられる。

　次にBarito Pacific社の事例をみる。PT Barito Pacific社はベニヤ板，合板，パーティクルボードなどの生産・加工から，ハンディクラフト，家具部品の製造まで行う，インドネシアが誇る木材加工会社である。さらに最近は石油化学事業へも進出し，総合エネルギー企業へ変貌をとげている。インドネシア財閥の上位に入る財閥的なコングロマリットであり，不動産事業，プランテーショ

ン開発なども行っている。このように，Barito Pacificはもともと木材製品メーカーとして成長し，その後，石油・ガスの取引分野に進出し，さらには石油化学製品の製造に進出して順調に成長してきた。

同社にもリーマンショックの影響は大きく，2009年第1四半期には売り上げが前年同期比で約40％下落した。これは主力の石油化学製品が不振で，その売り上げが22％減少したためである。石油原料の急激な価格上昇の負担，為替差損に加え，それまでの企業買収によって拡大した生産能力が過剰能力となり，利益はマイナスになったものである。

様々な子会社を持っていることから連結決算ベースでは回復は速く，2008年の上半期に3,727億ルピアの連結赤字が，翌年の決算期の2009年の上半期には3,837億ルピアの黒字に急速に回復した。世界的な不況でコスト面の低下，すなわち石油原価の下落と，他方ではその後の自動車関連製品（プラスチック）の需要増で，製品価格が上昇し，利幅が拡大したためである。

このようにリーマンショック以降には，多くの石油化学製品メーカーが売り上げや利益の急減に苦しんだが，それでも例外的に好業績を比較的安定して維持できた企業もある。その一例が，Lautan Luas社である。同社の2007年の純益は720億ルピア（7.2億円）であったが，リーマンショックがあった2008年

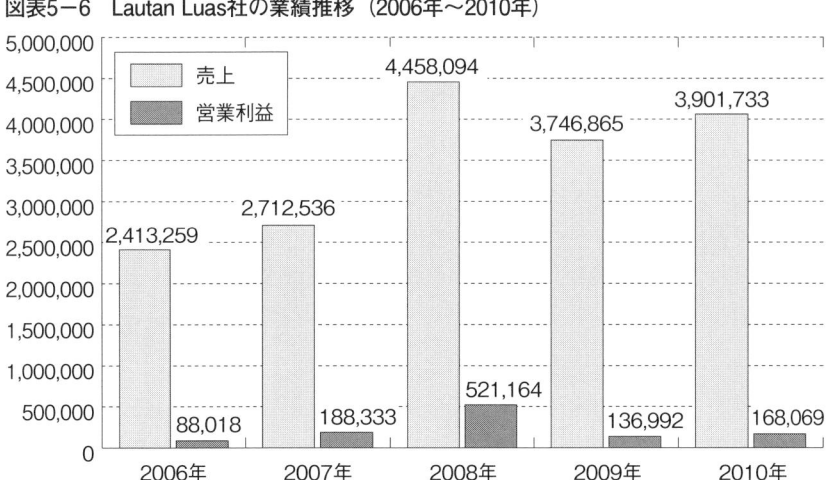

図表5－6　Lautan Luas社の業績推移（2006年～2010年）

年	売上	営業利益
2006年	2,413,259	88,018
2007年	2,712,536	188,333
2008年	4,458,094	521,164
2009年	3,746,865	136,992
2010年	3,901,733	168,069

注：単位は百万ルピア。
出所：Lautan Luasアニュアルレポート（2010）より筆者作成。

でも1460億ルピア（14.6億円）にほぼ倍増した。売り上げも2.7兆ルピア（270億円）（2007年）が4.5兆ルピア（450億円）（2008年）になった。

同社のこうした好業績の背景には製品の特徴を出すため，得意の製品分野に絞って，経営資源の集中を行い，そこで細かいセグメンテーションを行って製品差別化による価格競争回避に一応の成功をみせたことがある。

さらに子会社の設立を通じてそれらに，製品物流，保管，IT化等の高度化を担わせ，物流コストを削減するとともに，異業種の他社からの受注を実現し，グループ全体としての収益力も高めている。

この結果，他の企業が業績に苦しむ2009年の第１四半期においても売り上げは9,960億ルピアで，対前年同期比で3.6％増を達成した。リーマンショックの影響が世界経済に最も大きく出ていた2009年通年においても，同社は37,469億ルピアを売り上げ，1,370億ルピアの営業利益と黒字を維持した。今後の市場回復を見据えて，海外においてはベトナム工場を建設（投資金額は1000万ドル），国内においても2009年に2600万米ドルの生産拠点拡張の投資を行っている。

5 結語に代えて

本章は政治・政策の変動に伴う産業政策を概観し，それへの対応としての外資企業（日系企業）と現地企業の動向分析を試みたものである。情報収集や参考とした文献が2008年の世界金融危機以降であったため，本稿の分析対象期間は数年間のタイムフレームとなっているが，この間はアジア各国では政府による財政投資や規制緩和など「大きな政府」の役割が市場に存在感を持った時期でもある。

この中でインドネシアでは政治の安定化が実現し，強力な政治のリーダーシップがはかられ，内外企業において投資の拡大や金融危機のダメージの回復がはかられた。政治・政策ファクターが比較的良好な投資環境の水準を維持し，企業の活動を活発化させた。

近年，経済の対外開放が多くの国で経済・産業政策の主要な柱となる一方で，

その対外開放は市場の規制緩和や自由化を伴うがゆえに各国内では国民生活上における格差拡大などの問題を発生させている。対外開放政策をとる多くの国は民主主義体制を採用しているがゆえに，この「格差問題」は投票行動を通じて政治を必然的に変動させる。この難しいトレードオフ的関係をバランスよくかじ取りして国民経済の発展を目指す課題が各国の経済担当者に突き付けられている。1997年～98年のアジア通貨危機以来，インドネシアでは4代の政権交代を見ているが，それに伴う政治・政策の変動は徐々にその振幅の度合いを収斂させ，現在では政治の変動が大きなネガティブ要因として投資環境を揺るがすようにはなっていない。しかし，歴史が示すように常にそうなるとは限らず，ビジネスリスクが厳しく問われる事業者にとっては引き続き注視していかなければならないファクターである。政治ファクターを投資環境分析に取り込む試みは，前述の世界銀行をはじめとする国際機関のビジネス環境評価の他，民間では投資銀行，貿易保険会社等が実務的に様々な取り組み（投資プロジェクトに対するリスク格づけなど）をすでに行っている。今後，アカデミズムでも重視していく分野であろうと思われる。

[参考文献]

Zainuddin, S.K.(2009)"Corporate Indonesia ready for take-off", *Globe Asia* Vol. 3 No. 8 (August).
NHKスペシャル取材班（2011）『灼熱アジア』講談社。
国際協力銀行（2003）『東南アジア投資ガイドブック』国際協力銀行中堅中小企業支援室。
小林守（2008）「『調整型大統領』の指導力が試される正念場—インドネシア大統領選と経済減速」『三菱総研倶楽部』三菱総合研究所。
小林守（2012）「インドネシアとタイの政治・政策の変動と企業の動向」『専修ビジネスレビュー』Vol.7，No.1。
小林守・東京コンサルティングファーム（2011）『インドネシアの投資・会社法・税務会計・労務』出版文化社。
Globo Asia Vol.3 No.8（2009）。

[注記]

1）本稿は小林守（2012）「インドネシアとタイの政治・政策の変動と企業の動向」『専修ビジネスレビュー』Vol.7，No.1のインドネシア部分について大幅な加筆を加えたものである。
2）英訳ではbusiness environmentとinvestment environmentの2通りが使われるが，金融投資は本稿の議論の対象ではないので，誤解をさけるために投資環境をbusiness environmentとして議論することにする。

3) 本節は小林守・東京コンサルティングファーム (2011)『インドネシアの投資・会社法・税務会計・労務』出版文化社に大幅な加筆を加えたものである。
4) 小林守 (2008)「『調整型大統領』の指導力が試される正念場—インドネシア大統領選と経済減速」『三菱総研倶楽部』。
5) バタム島，ビンタン島などの島嶼地域においてシンガポール政府と共同で開発。
6) NHKスペシャル取材班 (2011)『灼熱アジア』講談社。
7) インドネシア政府は基幹インフラの70％から80％を民間資金を用いた，いわゆる「民活インフラ」でまかなおうと考えている。
8) パイトン発電所はパイトン (I) 発電所 (600メガワット×2基, 1998年完工), パイトン (II) 発電所 (600メガワット×2基, 1999年完工) で構成されている。前者は三井物産の他に米国のMission Energy, GE Capitalが主体となり, それらの出資によってプロジェクトオーナーになり, 発電事業を行っている。また後者はドイツのジーメンス等が出資者になっている。
9) Zainuddin, S.K. (2009) "Corporate Indonesia ready for take-off", *Globe Asia* Vol. 3 No. 8 (August), p. 50.
10) 同上。

第6章 21世紀のベトナム産業の現況と課題

1 はじめに

　21世紀に突入し，世界経済は，混迷の度合いを深くしている。先進国の成熟化と低迷，中東，アフリカ等も不安定である。こうした中，アジア諸国が相対的にではあるが，安定した成長を続けている。もちろん，アジア諸国には，先進工業国と位置づけられる日本があり，アジアNIEsとされた韓国，台湾，シンガポール等が続き，中国やASEAN諸国が位置しているが，これら諸国は，政治的にも，工業化，所得水準といった点でも多様で一義的ではない。多様な国々が存在しているというだけでなく，相互の政治的，経済的関連，リンケージが，錯綜して変化している。アジアでは，巨額のGDP，急速な経済成長が達成され，巨大な人口ないし市場が生まれている。アジア諸国の動向は，アジアNIEs，BRICs，また，ASEANとして世界に注目されている。当然，新興国とされる中国，インド，ロシア等の動向は，一方向的ではない。そして，他方では，環境破壊や深刻な格差が進行している。1997年には，アジア通貨危機が起きており，2008年のサブプライムローンの破綻等からも深刻な影響を受けてきている。それでも，アジアは，いまだ経済成長の可能性を有する地域として世界的な関心を集めている。国際的な競争力を有する企業の誕生も認められる。世界の重要な一極を構成することになっているアジアの経済，産業，企業動向の分析には重要な現代的な意義がある。

　こうした視点を持ち，本章では，具体的に21世紀のベトナム産業の動向分析を試みている。ベトナムは，BRICsとされる国々に次ぐ地位を占めており，先進国の低迷に比べ，21世紀に入ってからもGDP成長率が平均7％以上とい

う異常な高パフォーマンスを実現している。ベトナムの高成長や深まりつつある日越経済関係は，検討に値するものである。もちろん，ベトナム経済や産業は，かつて，日本がそうであったように，固有の特徴を有して推移してきている。それゆえ，まず，特異性を持ったベトナムの経済成長，市場経済化，輸出入動向等についての考察が必要である。ベトナムは，大きなウエイトを占める農業の発展と生産性向上を進めての産業化，工業国化を指向している。近年の傾向として，アジアにおいては，WTOへの加盟が進み，FTA（自由貿易協定），EPA（経済連携協定）の締結が進展している。東南アジア諸国はグローバリゼーションに積極的に対処しており，ベトナムも例外ではない。

　こうした過程において日越経済関係が深まりをみせている。2008年以降，急激なインフレーションに見舞われているが，少なくとも日本企業にとってベトナムは，対外直接投資先として好条件を備えてきている。日本企業は，世界の工場とされる中国の元の切り上げ，資金上昇，地代・オフィス賃料他，諸経費の高騰，外資政策の変更，政治的な軋轢，政情不安等から中国一極集中を避け，新たな投資先，チャイナ・プラス・ワンを追求することになり，重要な投資先としてベトナムへの進出を選択している。事実，ASEANにおけるFTAやEPAの締結，関税切り下げ等の進展とも関連して，日本の電気機械工業，電子部品大手企業の中国集中が変容し，ベトナムが第2の生産拠点となりつつあるとの指摘がある。日本にとり，アジア規模の政治的安定や繁栄プロセスを共有しながらの緊密な経済関係の構築が，困難ではあるが，必要なことはいうまでもない。そして，日中韓の連携，リンケージを強め，東北アジアでの安定した体制の確立が依然として重要な課題ではあるが，日越関係の強化も欠落させることができなくなっている。日本の産業は，アジア規模の政治的安定や経済的な繁栄プロセスを共有しつつ，ベトナムとのいっそう強い連携の構築を不可欠としている。東南アジア地域の産業発展を展望しつつ，一国レベルでの具体的な動向分析や考察が必要である。激動するアジア諸国の臨場感ある産業，企業研究が待望されている。日本経済と密接な関係を有しているベトナムの産業動向，ベトナムの産業政策や企業改革についての理解を深め，今後の展開の方途を確認していきたい。[1)]

2 ベトナムの産業発展

2-1 市場経済化の促進

　日本経済は，1990年代以降，失われた20年とされるような低迷を続けているが，この間，ベトナムの産業は，目覚ましい躍進をとげ，アジアの重要な一環となりうる体制を構築するに至っている。注目されるのは，1986年のドイモイ政策の展開以降であるが，第二次世界大戦後，ベトナムは，以下のような歴史を経過してきている。

　1945年：ホーチミン独立宣言（ベトナム民主共和国独立），1954年：ジュネーブ協定により，フランスから独立，1965年：米国のベトナム戦争への直接介入，1973年：パリ協定，日越国交樹立，1975年：ベトナム戦争終結（サイゴン陥落）といった変遷をたどっている。

　1986年には，市場経済の導入を試みたドイモイ（刷新）政策が開始され，ベトナムの産業発展に重大な影響を与えることになる。具体的に，ドイモイ（刷新）政策は，①社会主義路線の見直し，②市場経済の導入，③農業，軽工業重視への産業政策の転換，④国際化の推進等を課題としていた。2) 加えて，1988年「外国投資法」が制定され，その後，幾度も改定されているが，この法律に基づき外資導入が促進されている。また，ベトナムは，ベルリンの壁が破壊された1989年，カンボジアから撤退し，政治的安定を実現している。

　1990年には「会社法」が制定され，そして，1994年には，米国が，対越経済制裁を解除している。1995年には「国有企業法」が国会で採択（その後，2003年等に改正）されている。同年にベトナムは，ASEANに，1998年にはAPECに加盟している。

　1999年には「企業法」（2000年施行）が制定されることになる。2000年には準備期間に8年を要したホーチミン証券取引所が営業を開始している。2000年末には，5社の上場にとどまったが，その後，徐々に増加している。外国からの投資も増え，ハノイ証券取引所も開設されることになる。また，2000年に，米越通商協定調印（2001年発効），2003年日越投資協定調印（2004年発効），2006年新「企業法」，「投資法」施行，2007年WTO正式加盟，同年日越EPA交渉締結等を経てきている。さらに，2007年のWTO加盟やASEAN諸国との

図表6-1　国内総生産，実質GDP成長率の推移

(単位:10億ドン，%)

年	2000	2001	2002	2003	2004	2005
金額	273,666	292,535	313,247	336,242	362,435	393,031
対前年比	6.8	6.9	7.1	7.3	7.8	8.4

年	2006	2007	2008	2009	2010	2011(暫定値)
金額	425,373	461,344	490,458	516,566	551,609	584,100
対前年比	8.2	8.5	6.2	5.3	6.8	5.9

出所:Vietnam General Statistics Office(ann.)*Statistical Yearbook*, Statistical Publishing House.(各年版)

図表6-2　1人当たりGDPの推移

(単位:ドル)

年	2000	2001	2002	2003	2004	2005	2006	2007	2008	2009	2010	2011
金額	399	413	440	489	554	637	724	835	1,052	1,130	1,224	1,374

出所:Vietnam General Statistics Office(ann.)*Statistical Yearbook*, Statistical Publishing House.(各年版)

連携が，その後のベトナムの産業発展と方向性に，決定的な影響を与えている。特に，躍進してきたベトナムの産業の21世紀の動向の特徴を，GDP (国内総生産額)，産業構造，就労構造，輸出入，対内直接投資等5つの視点から考察することにしたい。

　第1に，ベトナムのGDPは持続的な高成長を続けてきたが，近年，変調をきたしている。ベトナムのGDPは，図表6-1に示したように，2000年代に入り，10年間で倍増するような持続的な高成長を達成している。当然，年間1人当たりGDPも持続的に上昇している。工業化の指標とされる1人当たりGDP3,000ドルには達していないが，2000年から2010年にかけて，3倍以上となり，2010年には，約1,200ドルとなっている。ただ，近年，高成長に翳りが認められ，GDPの成長は，2007年の8.5%の成長率をピークに，その後6%台，5%台へと低落しており，変調をきたしている。

　第2に，産業構造において製造業のウエイトが，徐々に上昇している（図表6-3）。ベトナムの2000年の産業構造は，サービス業が41.3%と最大ウエイトを占め，農林水産業が23.3%，製造業は18.8%であった。製造業より，農林水産業のウエイトが高かった。しかし，2003年には，製造業は21.2%，農林水産業は21.1%となり順位が逆転している。それ以降，製造業は，農林水産業のウ

図表6-3 産業別国内総生産の推移（抜粋）

(単位：10億ドン，%)

年		2000	2001	2002	2003	2004
総額		273,666	292,535	313,247	336,242	362,435
農林水産	金額	63,717	65,618	68,352	70,827	73,917
	構成比	23.3	22.4	21.8	21.1	20.4
鉱業	金額	18,430	19,185	19,396	20,611	22,437
	構成比	6.7	6.6	6.2	6.1	6.2
製造業	金額	51,492	57,335	63,983	71,363	79,116
	構成比	18.8	19.6	20.4	21.2	21.2
サービス	金額	113,036	119,931	127,769	136,016	145,987
	構成比	41.3	41.0	40.8	40.5	40.5

年		2005	2006	2007	2008	2009	2010
総額		390,031	425,373	461,344	490,458	516,566	551,609
農林水産	金額	76,888	79,723	82,717	86,587	88,165	90,613
	構成比	19.6	18.7	17.9	17.7	17.1	16.4
鉱業	金額	22,854	22,397	21,904	21,065	22,669	21,833
	構成比	5.8	5.3	4.7	4.3	4.4	4.0
製造業	金額	89,338	101,269	113,093	124,158	127,587	138,284
	構成比	21.8	22.8	24.5	25.3	24.7	25.1
サービス	金額	158,275	171,391	184,349	197,987	211,112	227,024
	構成比	40.2	40.2	40.0	40.4	40.1	41.2

出所：Vietnam General Statistics Office (ann.) *Statistical Yearbook*, Statistical Publishing House. (各年版)

エイトとの差を段々大きくし，2010年には約9ポイント程度の差をつけている。もちろん，ベトナムの製造業の発展は今後の課題である。

第3に，ベトナムの人口は図表6-4ように，9,000万人近くにまで増大しており，平均年齢は30歳代で若い国である。図表6-5は，15歳以上の労働可能人口を示したものであるが，ベトナムでは，労働人口の過半を農林水産業従事者が占めている。2009年段階においても，60％近くを第1次産業，農林水産業就業者が占めている。就労構造からして，ベトナムは農業国である。ただ，農林水産業の就労構成比は，2005年の65.1％から2010年には56.8％へと8.3ポイントも減少している。それでも，農林水産業従事者が過半を占めているのである。

図表6－4　人口の推移

(単位：千人)

年	2000	2001	2002	2003	2004	2005	2006	2007	2008	2009	2010
人口	77,631	78,621	79,538	80,467	81,436	82,392	83,311	84,219	85,119	86,025	86,933

出所：Vietnam General Statistics Office (ann.) *Statistical Yearbook*, Statistical Publishing House. (各年版)

図表6－5　産業別労働人口の推移

(単位：千人，構成比：％)

年	2001	2002	2003	2004	2005
従業者数	39,616	40,716	41,846	43,009	42,775
農林水産	63.4	61.9	60.3	58.8	65.1
製造業	11.0	11.6	12.3	12.7	10.3
建設	3.3	3.9	4.2	4.6	2.8
サービス	22.3	22.6	23.2	23.9	21.8
年	2006	2007	2008	2009	2010
従業者数	46,461	47,160	46,461	47,744	49,049
農林水産	63.4	61.9	60.3	58.8	56.8
製造業	11.0	11.6	12.3	12.7	12.9
建設	3.3	3.9	4.2	4.6	5.0
サービス	22.3	22.6	23.2	23.9	25.3

出所：Vietnam General Statistics Office (ann.) *Statistical Yearbook*, Statistical Publishing House. (各年版)

　農林水産業の減少に対し，サービス業従事者が2005年の21.8％から2009年の23.9％へ2.1ポイント上昇している。製造業は2005年の10.3％から2009年の12.7％へと2.6ポイント上昇している。

　以上の諸統計からして，ベトナムは，過去10年間，年約7％程度の持続的な成長をとげ，製造業へのシフトを進めながらも，産業別労働人口比からしていまだ農業国にとどまっている。農林水産鉱業は，GDP比で2割近くを占めるにとどまるが，労働力構成比では6割近くを占めている。つまり，農業生産は拡大してはいるが，農林水産業に鉱業を加えたGDP比は，2001年に30％を割り込み，2003年には，27.2％となっている。ただ，2009年に農林水産業の労働力構成比は，50％台に落ちている。また，2004年には，製造業のGDPの割合が農林水産業を上回っている。2003年サービス業のGDP比率は40％台となり，就業者構成比も約2割となる。サービス業，商業，運輸・郵便，観光分野が伸びている。

　第4に，ベトナム経済は貿易赤字を続けている（図表6－6）が，その構造が徐々に変化している。ベトナムの貿易は，次のような傾向を有している。ベトナムは，1次産品の生産増大，輸出拡大を実現しており，他方で，工業分野，工業

図表6-6　貿易赤字額の推移

（単位：100万ドル）

年	2000	2001	2002	2003	2004	2005	2006	2007	2008	2009
金額	1,154	1,189	3,039	5,149	5,484	4,414	5,065	14,204	18,029	12,853

出所：アジア経済研究所『アジア動向年報』（各年版）。

図表6-7　輸出動向と主要輸出相手国（上位5か国）

（単位：100万ドル）

年	2000	2001	2002	2003	2004	2005	2006	2007	2008	2009
輸出額	14,483	15,029	16,706	20,176	26,503	32,447	39,826	48,561	62,685	57,096
主要輸出相手国（上位5か国）	EU	EU	EU	USA	USA	USA	USA	USA	USA	USA
	ASEAN	ASEAN	USA	EU	EU	ASEAN	EU	EU	EU	EU
	日本	日本	日本	ASEAN	ASEAN	EU	ASEAN	ASEAN	ASEAN	ASEAN
	中国	中国	ASEAN	日本	日本	日本	日本	日本	日本	日本
	オーストラリア	USA	中国	中国	中国	中国	オーストラリア	オーストラリア	中国	中国

出所：アジア経済研究所『アジア動向年報』（各年版）。

図表6-8　輸入動向と主要輸入相手国（上位5か国）

（単位：100万ドル）

年	2000	2001	2002	2003	2004	2005	2006	2007	2008	2009	2010
輸入額	15,637	16,218	19,745	25,255	31,969	36,761	44,891	62,765	80,714	69,949	84,801
主要輸入相手国（上位5か国）	ASEAN	ASEAN	ASEAN	ASEAN	ASEAN	ASEAN	ASEAN	ASEAN	ASEAN	ASEAN	中国
	日本	日本	台湾	中国	中国	中国	中国	中国	中国	中国	ASEAN
	台湾	台湾	日本	日本	台湾	台湾	台湾	台湾	台湾	日本	韓国
	韓国	韓国	韓国	台湾	日本	日本	日本	日本	日本	韓国	日本
	中国	中国	中国	韓国	韓国	韓国	韓国	韓国	韓国	台湾	台湾

出所：アジア経済研究所『アジア動向年報』（各年版）。

製品については輸入と対内直接投資に依存するといった産業発展形態の下で国内市場を拡大しながら，経済成長を実現してきた。つまり，ベトナムの持続的な経済成長は，市場経済の導入の他，輸出拡大や外国からの直接投資の受け入れという諸条件により支えられている。

輸出は，2000年の144億ドルから持続的に増大し，2009年には約570億ドルへと約4倍も増加している（図表6-7）。最大輸出相手国は，2000年代初頭は，EUであったが，2003年より，米国となっている。1国レベルでは，オーストラリア，中国への輸出も巨額なものとなっている。

貿易に関しては，2000年に，制度上，大きな変革があり，食糧安全保障上の必要性から規制されていたコメ，化学肥料に関する輸出入事業への参入が自由化されている。また，商業省が，AFTA（ASEAN自由貿易圏）域内におけるガソリンと砂糖を除くすべての品目の非関税障壁の撤廃を表明している。同年，輸出入品目に課する関税率，手数料，通関手続き等を「民法」，「企業法」，「外国投資法」などと調整，一貫性のあるものにすることを意図し，「関税法」が，国会で可決されている。肥料と農薬の輸入関税引き下げ，輸出関税・輸出手数料の免除，ビジネス契約手続きの簡素化等輸出促進措置を実施している。輸出品を生産，加工する企業に対して輸出支援優遇融資拡大がはかられている。そして，2002年後半より，2001年の米越通商協定の発効により，米国の輸入関税が40％から3％に引き下げられている。米越交易関係の改善が，ベトナムの輸出拡大に果たした影響は大きい。2002年後半以降，輸出品への付加価値税の免除，輸出支援金融，農産物輸出企業への奨励金等積極的な輸出振興策が展開されている。

　一部深刻な問題を体験している。2002年に国内部品産業の保護育成をねらい，バイク部品の輸入を前年の250万台分から，150万台分に削減する数量制限が実施されている。関連して輸入部品のうち90万台分が地場企業に，60万台分が外資企業に割り当てられた。このため，2002年前半に生産を伸ばしていた日系2社と台湾系1社が輸入部品不足となり，操業中止に追い込まれることになる。外資からの批判に対し，その後，外資5社に18万5,000台分の部品輸入割り当てが追加され，3社の生産が再開されているが，2003年からも輸入規制が，数量，関税両面から検討されている。

　他方，2001年の中国のWTOへの加盟，市場開放が，ベトナム製品の中国参入を容易にしている。もちろん，ベトナムもWTOへの加盟を指向し，2003年に米国との繊維・衣料協定，航空協定に調印している。航空協定により，米国との間で，旅客機，貨物機の直行便が就航している。さらに，繊維・衣料品等38品目に対し輸出限度額の取り決めが行われている。輸出に関連する国内的，国際的な環境整備が進展しており，政府は，貿易の自由化を進める等様々な輸出振興政策を実施している。2008年より，AFTA，WTOのコミットメント履行スケジュールに従い，さらなる輸入関税引き下げと外国の直接投資に関する規制緩和が推進されている。

輸出拡大，特に米国への輸出が，ベトナム産業の大きな牽引力となっている。EU，ASEANへの輸出額が占めるウエイトも大きい。日本もベトナムの主要輸出対象国となっている。輸出の拡大にもかかわらず，図表6−6に示したようにベトナムの貿易収支は赤字である。21世紀，ベトナム経済は，基調として貿易赤字を記録しており，しかも赤字幅は増大傾向にある。主たる輸入相手国はアジア諸国であるが，輸入が，2009年には落ち込みをみせているものの，輸出以上に増大傾向にある（図表6−8）。ベトナムは，中国，ASEAN，台湾，日本，韓国等アジア諸国から工業製品を輸入し，1次産品，軽工業品を先進国に輸出し，結果的に貿易赤字となっている。ベトナムの輸出品は，国際価格動向に左右されやすい1次産品，軽工業品が中心で，低品質であり，国際競争力を有していない。

　指摘してきたように，21世紀に突入して，ベトナムの貿易赤字は，図表6−6のように，2000年に11億ドルであったが，2009年には128億ドルと10倍以上に膨張している。ちなみに，2009年より落ち込んでいた経済成長を回復させたのは，輸出であるが，2010年の貿易収支は，輸出722億ドル，輸入848億ドル，貿易赤字が126億ドルであり，以下のような内容を有している。米国向け輸出が拡大し，米国への依存度が高くなっている。2010年の最大の輸出品目は繊維・縫製品であり，1次産品，軽工業品のウエイトが高い。繊維・縫製品，履物類等の他，水産物，原油，電子機器，機械・設備，木工製品，米等が主要輸出品目となっている。他方，主要輸入品目のほうは，機械・設備等，鉄鋼，石油製品，織布，電子機器等から構成されている。[3)]1次産品を輸出し，機械類を輸入するという構図の他，原油を輸出して，付加価値の高い石油製品を輸入している。2004年より電子機器等の輸入が急増している。外資による生産拡大に影響を受けているが，今後も，工業化促進がベトナムの切実な課題である。また，ベトナムの貿易において，外資系のシェアは，輸出で約6割（輸出加工型）で，輸入で約4割とされている。同年には関連して，ズンクワット製油所が本格的に商業運転を始め，原油輸出，輸入額の減少に大きな影響を与えている。そして，電子機器，コンピュータの生産拡大により，輸出と機械・備品類の輸入が増えている。2011年には，機械・設備，部品，布地等の生産活動の停滞が，輸入額の減少を招いている。

　第5に，重工業分野への対内直接投資の増大がある。ベトナムへの直接投資は，ベトナムの産業発展，そして，貿易動向に大きな影響を与えている。特に，

いまだ，農林水産鉱業の生産額が2割近くを占め，農水産鉱業従事者が国全体の過半を上回るベトナムにあって工業化推進のために，外国資本の貢献は不可欠であり，外国からの援助，借款はもちろん，対内直接投資に依存した経済発展を指向し，過度な期待さえ寄せている。1990年代以降，急激なインフレ収束後，投資環境が整備され，対内直接投資が増大している。

　1988年，ベトナムは，外国投資法（87年採択）を制定し，外資導入に積極的に対処している。同年，外国技術移転に関する法令，89年には，工業所有権の保護に関する法令が定められ，そして，外資受け入れのための輸出加工区や工業団地の形成が続いている。最初に制定された外国投資法は，100％外国資本の投資案件をも認め，外国資本に対して規制の少ないもので，無差別的優遇策をとっていた。その後，外国投資法は，90年，92年，96年，2000年に改正されている。90年改正では，輸入代替産業等を対象に加えている。外国投資法は，資本金，技術水準，輸出比率，利益水準，立地条件等を勘案して優遇税率を決定している。92年の改正では，優遇税率が細分化，明確化されており，政府の意向を強く反映したものになっている。外資を受け入れるに際して，先端技術分野，石油化学，インフラ関連部門，農村，過疎地への投資誘導等を意図した国家戦略が尊重されている。これ以降，ベトナムの外国投資法は，重点項目を明示化し，現地の政策的意図を実現していくものに改正されている。そして，インフラ分野で長期にわたる投資回収後，ベトナム政府に無償で移転するBTO方式の投資を受け入れている。1994年には，申請手続きの簡素化を推進すべく「外国直接投資プロジェクトの形成，評価，施工に関する規則」が公布されている。1995年には対内直接投資について審査，許可していた国家投資協力委員会が国家計画委員会と統合して，投資計画省が発足している。

　1996年の外国投資法改正では，外資の必要な部門や地域とそうでない部門や地域をより明確に区分し，税の減免等の施策により，誘導政策を実施している。奨励分野としてインフラ，輸出指向生産プロジェクト，農林水産物栽培・加工，環境保護，研究開発部門，そして，山岳・僻地，経済・社会的に困難な条件の下にある地域等を挙げている。先端技術への適応，輸出比率の高い部門，商品・サービス，及び潜在力はあるが，当面困難な状態にある地域に外資を導入していこうとしている。技術と近代的経営についてのノウハウを獲得し，国際市場に速やかに参入するため，多国籍企業との協力促進を打ち出している。投資審

査期間が3か月から2か月に短縮され,また,現地通貨ベトナム・ドンでの投資が認められている。ベトナムでの合弁会社は,外国人が社長になった場合,第1副社長はベトナム人とすることが定められており,また,取締役会では全会一致を原則としていた。96年改正では,取締役会での全会一致項目を一部削除し,取締役会の全会一致原則が緩和されている。

1999年には,一部業種について,合弁企業から100％出資への転換が認められている。2000年の外国投資法改正では,合弁会社の意思決定における全会一致原則がさらに緩和されることになる。51％以上の合弁パートナーには制度上,一定程度の議決権が与えられている。また,法律上,外資企業による企業買収が認可されることになり,関連して,外資企業が,土地使用権を担保に,銀行から融資を受けられるようになっている。

2001年より,合弁企業の外国投資部分,100％外国投資企業を内容とする「外国投資経営」が,新たに正式セクターとして位置づけられている。それまで,外国企業は,経済セクターの1つである「国家資本主義経営」(国有企業を主体とした合弁)における国有企業の合弁パートナーとしてのみ,正式セクターとして認知されてきた。100％外国投資企業をベトナムが目指す多セクター経済の一構成要素として正式に認知したことは,資金面,技術面で経済開発に対する貢献が大きい外国企業を誘引しようとするメッセージになるものとされている。

さらに2001年,国有企業による市場独占体制を放棄し,さらなる外資導入策を展開している。インターネット配信サービスへの民間企業,外国企業の参入が原則的に許可されている。そして,2004年に改正された信用組織法では,100％外国資本による金融機関設立の許可,外国の金融機関による在ベトナムの金融機関の株式取得が許可されている。次第に投資環境が改善され,外資への対応が体系化されているのである。

ベトナムへの対内直接投資は,一定程度,進出企業の意向を受け入れながらも,現地政府の政策的意図,例えば,重,軽工業の誘致に重点を置くといった傾向を有している。具体的に,1995年以降,「ハイフォン野村」(1994年),「ビエンホアⅡ」,「アマタ」等,開発ラッシュと称されるような工業団地整備を推進し,積極的に外資を受け入れている。1997年のアジア通貨危機以降,直接投資が半減していたが,1999年の308件16億USドルをボトムに反転している。

図表6-9には、ベトナムへの2005年以降の直接投資の動向を示しているが、2002年から対内直接投資が徐々に回復し、2005年1月から6月には、件数で北部14件、南部21件、金額では、北部94.8百万USドル、南部27.2百万USドルの投資が実行されている。2001年から落ち込んでいた重化学工業への直接投資が、2004年以降、急増している。総額では重化学工業、次いで軽工業、建設、農林、また、運輸、通信が増大している。進出形態は、内需指向型、輸出加工型、委託加工型、資源（1次産品）確保型と多様であるが、輸出加工型が主流を占めている。[4] 国別動向では、フランスは急減し、主要投資国は台湾、韓国、日本、香港、米国等であり、それらの国への輸出が増加傾向にある。シンガポール、香港、台湾からの投資は、サービス業で多い。中国は、それほど大きなウエイトを占めてはいなかった。日本は、90年代、多額の投資の後、中断し、21世紀にまた投資を増大している。日本の投資は過半が製造業である。その他、日本は、毎年800億円から1,000億円のODA援助を供与している。これらODA援助額は、主として国道整備、橋梁架設等インフラ整備に活用されている。関連して、援助対象事業であったカントー橋の崩落事故が2007年に起きている。2008年より、サービス部門の自由化、小売業の100％外資企業の参入自由化推進等外国直接投資に関するさらなる規制緩和が実行されている。加えて、主としてベトナム戦争当時国外に避難したいわゆる越僑関係者が約230万人も存在しており、それらの人々による越僑送金が、年間約50億ドルに達するとされている。こうした資本もまた、ベトナム経済と工業化に貢献している。ただ、所得水準の向上があり、1人当たりGDPが1,000ドルを超え、中進国となったベトナムは、ODA政府開発援助をもはや受けられなくなっている。

図表6-9　対内直接投資動向（新規認可）

（単位：100万ドル，件）

年		2005	2006	2007	2008	2009	2010	2011
件　数		970	987	1,544	1,557	1,208	1,237	1,186
総　額		6,840	12,004	21,348	71,726	23,107	19,886	15,598
製造業	件数	655	639	778	455	388	478	464
	金額	4,818	8,270	5,951	28,902	3,943	5,979	7,789

出所：Vietnam General Statistics Office (ann.) *Statistical Yearbook*, Statistical Publishing House. (各年版)

図表6-10　産業別及び国別対内直接投資（抜粋）

（単位：件，100万ドル）

年間1988〜2009	件　　数	金　　額
合計（抜粋）	12,575	194,430
製造業	7,475	88,580
不動産・賃貸業	1,867	45,506
ホテル・レストラン	379	19,403
鉱業・採石	130	10,980
(1988〜2009)	件　　数	金　　額
韓国	2,560	26,880
台湾	2,260	22,619
マレーシア	395	17,202
日本	1,247	17,150
シンガポール	870	16,346
米国	589	15,403
英国領バージン諸島	495	15,261
香港	740	8,540
ケイマン諸島	44	6,758
タイ	284	6,198

出所：Vietnam General Statistics Office(ann.)*Statistical Yearbook*, Statistical Publishing House.(各年版)

　外国からの投資の受け入れ国としてのベトナムは，以下のような優位性を有している。まず，政治的社会的に安定しており，低廉で質の高い豊富な労働力を内抱している。なお，ワーカーの賃金は，中国の50〜70％程度とされている。そして，ベトナムは，図表6-4に示されているように，8,700万人の規模の市場を有し，中国とASEANを結ぶ有利な地政学的位置を占めている。このような条件を背景に，投資優遇策（法人所得税他）を打ち出してきた。呼応して，日系企業も積極的に進出してきた。主たる進出理由として，コスト削減，親企業追随，リスク分散（中国一極集中リスク），部品調達先，販路としての中国との連携の可能性，ASEAN域内拠点の集約・再編，投資環境の好転（米越通商協定の締結他），ベトナム国内市場の拡大等が，挙げられている。そして，日系企業の直接投資は，国内市場指向の大型投資案件が一段落して，IT関連中小企業等による直接投資の増大に到っている。また，合弁，内需指向から100％出資，輸出加工へとシフトしており，工業団地，輸出加工区への進出に重点が置かれている。2001年以降の北部へのキヤノンの進出と関連する部品メーカーの投資が増加している。既進出輸出加工型の生産増強投資も拡大している。2006年の987件から2007年の1,544件へ，投資額が120億ドルから213億ドルへと急増している。2008年には，件数とともに投資額が，3倍以上の718億ドルに急拡大している。2008年ころから鉄鋼,石油化学分野が台頭している。

実行額も初めて100億ドルを超え，115億ドルとなった。マレーシア企業，ライオン・グループとビナシンとの合弁で，ニントゥアン省での製鉄所（総額98億ドル）の建設が開始されている。マレーシア，ベルジャマ・グループによるホーチミン市での学園都市建設や台湾系企業，フォルモサ社によるハティン省での製鉄所建設，港湾建設があり，出光興産，クウェトペトロリアム社等によるタインホア省の製油所建設も開始されている。

リーマンショック後，2009年には，登録資本額は185億ドルとなり，前年比17.8％の大幅な減少となっている。それでも，不動産分野の他，オランダ資本モンズオンによる第2火力発電所が着手されている。他方，ベトナムへの進出企業から，部品調達の困難，インフラ未整備，不安定な政府の政策，相対的に狭小な国内市場，合弁相手の資金・能力不足，技術者・中間管理職の人材難，現在はともかく，数年先の労働力不足，輸出先からのダンピング対抗措置，域内完成品の低関税での流入（AFTAの影響）等が，問題視されている。さらに，他のASEAN諸国に比べ，地代，電力・運輸コスト他，生産コストが高いといった指摘もある。

また，2011年，最低賃金の引き上げがあり，公務員に適用される共通最低賃金が1か月73万ドンから83万ドンに上昇している。そして，外国企業の賃金水準が統一され，地域により，1か月140万ドンから200万ドンとなっている。

進出企業は，いっそうの現地化の推進を試み，現地側のローカルコンテンツ要請以上に，現地部品の調達によるコストダウンを指向している。というのも，自動車の場合，現状の現地調達率は，タイの53.9％に対し，ベトナムでは，26.5％と3割にも満たない。モジュール化の推進及び税制（関税）他FTAといった制度面での改革が進み，アジアでは国際的視点からの国際分業体制が進展しているのであるが，ベトナムに対しても生産拡大と現地部品調達の要請が，強くなっている。

そして，現地企業は，進出した外国資本と合弁企業を設立し，加工ないし部品業者として提携し，販売部門を担当するといったビジネスの拡大を試みている。だが，まだ，日系企業の品質，価格，納期の面での要求に対応することは容易でなく，まず，電線とか梱包材等の分野で取り引きを拡大している。それゆえ，インフラ整備の他，機械工業の裾野産業を育成することが，現地の大きな課題になっている。ただ，ソフト開発事業，繊維工業等での合弁企業におい

て現地企業が開発，生産，販売活動で果たす役割は大きくなっている。

3 農業改革，企業改革

3-1 農業の近代化と工業化の進展

　確認してきたように，ベトナムは，産業構造からして，いまだ基本的に農業国であり，農林水産鉱業のGDP比は2割近くなのであるが，その労働力構成比は，図表6－5に示しているように，2009年段階でも6割近くを占めている。それゆえ，ベトナムにおいては，まず，農業の近代化が重要課題とされ，政府は，リーダーシップを発揮して農業支援策を展開している。だが，タイビン省等では農民の抗議行動等があり，農業政策はスムーズに推移しているわけではない。そこで，2001年に政治局は，「農業・農村の工業化・近代化に貢献する科学技術の研究，運用に関する指示」を出している。2001年は，米生産中心のベトナム農業の転換点となっている。国際的な米価格の低迷に見舞われたこともあり，ベトナムは，生産拡大奨励から生産効率と品質向上へと政策を転換している。

　さらに，2002年の中央委員会総会において「2001年～2010年の農業・農村工業化・近代化の迅速な推進に関する決議」を採択し，生産と流通の「工業化」，「近代化」において，よりいっそう生産性の高い農業への転換を意図した政策を追求することになる。そして，2002年，国家銀行が農業合作社の抱える1996年末以前の負債の免除を決定し，1997年に始まった農業合作社改革を加速する環境整備を進め，「集団経済の継続的刷新・奨励・効率向上」を意図する農業合作社の発展と効率化を促す決議をしている。2002年後半以降，政府は，農産物輸出企業への奨励金支給等輸出振興政策を積極的に打ち出している。同年農家への委託契約による農業生産を奨励する首相決議80号を発令し，高品質の農産物の生産を促進，輸出業者や卸売業者が効率的に流通ルートを活用できる制度を模索している。21世紀においても農業の近代化を目標とし，農業の機械化，農産物の高付加価値製品への転用，農業隣接工業の育成等を追求している。

　このように農業生産の変革が認められるが，農林水産業に鉱業を加えたGDP

比は，確認してきたように，2001年に30％を割り込み，2003年には27.2％となっており，その背景には工業化が進行していることがある。ベトナムの産業が変貌をとげるのは，やはり，1986年のドイモイ（刷新）政策の展開以降である。ドイモイ（刷新）政策を契機に市場経済の導入と対外開放を試み，積極的に外国資本の誘致を進め，農業を中心としたベトナム経済を徐々に変化させている。1996年には，「2020年までに工業国入りを目指す」という政策課題を発表し，同年は「新しい発展の段階，工業化・近代化を推進する段階へとベトナムを変えていくための転換点」として位置づけられている。これ以降，2020年までに工業国となることを目標に「工業化・近代化」を推進している。市場経済化，工業化・近代化，国際経済への参入を目指し，市場開放，外資導入，企業刷新に関連する制度面での改革が本格化してきている。

　ベトナムの産業が，工業化の兆しを示し，市場経済化指向を鮮明にしてくるのは，21世紀に突入してからであるが，2000年に政府は，「知識経済」への転換政策を打ち出し，情報産業の振興に本格的に取り組む姿勢を示している。「科学技術法」が改正され，情報産業振興，情報産業への外資導入，知的財産権の保護への対応を明確にしている。ホーチミン市郊外にソフトウエア工業団地を建設し，インフラ整備や法人税の優遇措置による情報産業支援を打ち出している。また，2001年に政治局は「国際経済統合に関する決議」を行い，米越通商協定の発効を契機に，AFTAへの参加を意図して，「工業化・近代化促進のために市場を拡大し，資金・技術・管理知識を獲得する」方針を明確にしている。貧富の格差，地域間格差の縮小，是正を課題とし，特に，食品加工業，消費物資・輸出品製造，電気・情報技術等を優先的な重要産業としている。また，同年，「開発5か年計画」，「開発10か年計画」において，産業構造改革，対外経済開放，人的資本開発，貧困解消等を重点課題とし，「マルチ・セクター経済」の発展を内容とする工業化の推進を掲げている。

　21世紀，持続的成長の中で農業国ベトナムが変質しつつあり，工業国化傾向をいっそう強く示すようになっている。前述したように，2003年に製造業が農林水産業のGDP比を上回っている。もちろん，2003年段階でも，商業，運輸・郵便・観光等サービス業のGDP比率が最大ウエイトを占め，かつ，上昇している。GDP比では，サービス業，ソフトウエア事業等が大きなウエイトを占めているのである。また，外国への労働力輸出が実行されている。他方で，2004年の

農林水産業の労働力構成比は，50％台に落ちている。工業化の推進が認められ，表示したようにGDP比では，農水産業より，製造業のウエイトが高まりつつある。

ただ，製造業といっても，繊維産業，履物業，自動二輪等の段階にとどまり，鉄鋼，石油精製等基礎素材分野，自動車，電気，機械等高度機械組立産業の躍進には，至っていない。農業国から工業国への変革は緒に就いたばかりである。もちろん，知的財産権の確立，ソフトウエア指向をはじめとして現代的な展開が模索されており，ベトナムでは，多段階的な工業化が進行中である。また，急速な同時進行的な工業化を推進できなければ，WTO等に加盟しても，加盟したことによる便益を享受しえないし，豊かな国家建設には到達しえない。

ベトナムにとって，いっそう高度な工業化の実現は，不可避的な課題である。だが，21世紀に突入して，順調に産業発展を持続していると理解されるベトナムであるが，年率7％程度のGDPの成長が，今後も維持されるかどうかは，明確ではない。指摘してきたように，比較的小規模なGDPのままで，これまでの成長を支えた諸条件に大きな変化がなく，既存のメカニズムが効果的に機能するなら，楽観的な予測が許されるであろう。今後，これまでの体制や輸出拡大，対内直接投資が，どのような推移をたどるかは，重大な関心事であるが，予断を許さない。与件は，大きく変化している。それにしても，現在までは，農業を中心に，農業から工業へ，軽工業から重工業，ハイテク産業へとバランスを維持し，成長を持続しながら，徐々に産業構造を転換してきている。2010年には，大型インフラ，カイトー橋，ソンラ火力発電所等が完成している。

3-2 国有企業改革

ベトナムは，規制緩和，市場開放を進め，工業団地を造成し，外資を受け入れ，工業製品の生産を増加し，国内市場を拡大してきたが，こうした過程において，産業の担い手が，国有企業から外資，非国有セクターへと旋回していることと弱小企業（家内企業・民営企業）の乱立が認められる。すなわち，外国資本や民間セクター等が，持続的経済成長を支えるようになっている。関連して企業レベルで，様々な改革が，実施されてきた。何より注目されるのは，国有企業改革である。1995年，「国有企業法」が，国会で採択されている。「国有企業と

は，国家の委託した経済・社会目標実現のため，国家が投資し，設立し，管理し，経営もしくは公益活動を行う組織」であり，国有企業は，利潤追求を目的とする純然たる企業と公益企業とに区分されている。具体的な形態として，独立した企業，総公社（企業グループ），総公社を構成するグループ企業が挙げられている。そして，若干の重要な企業において政府は支配的株式（50％以上）を所有し，特別株式所有権（特定事項に対する決定権限）を行使するとしている。つまり，総公社は，経済的利益，技術，原料供給，販売等で密接な関係を有する企業が連合して形成する組織で，1994年より設立を開始している。鉄鋼，石油，繊維・衣料，食品，コーヒー，ゴム，タバコ，紙，海運，航空，通信，林業の11部門で総公社が活動している。繊維産業におけるVINATEX社等は著名であり，国際的な事業を展開している。各社は，資金調達の強化，国際競争力の確保，技術革新，経営効率化等を求めているが，必ずしも，全総公社が，大規模化のメリットを生かし，高い業績を達成しているわけではない。

　1992年から国有企業の株式化が追求されていたが，1997年までに，13社が実行したにすぎなかった。1997年，経営効率の向上，タンス預金の活用，国家の財政負担の削減をはかり，株主が発言権を持ち，管理者の行動を規制し，汚職を減少するために，国有企業の株式化の重要性が再確認され，1998年以降，国有企業の株式化が進展している。ただ，国有企業の3割以上が収益を見込めない状況にあり，金融部門はこうした国有企業への資金供給を強いられ，大きなリスクを負っていた。財政負担軽減，投資資金不足の解消の他，金融部門の健全化のためにも株式化が，国有企業改革の活路とされ，98年までには，110社が株式化を進めている。

　他方，国有企業は，①幹部，従業員の改革に対する抵抗，②資本不足，③資金確保のための担保不足，④資本の効果的使用に対する経験不足，⑤需要を考慮しない生産体制，⑥非効率的な行政システム，⑦外国製品に対する競争力のなさ，⑧熟練技術者の他セクターへの流出等，深刻な諸問題を内包していた。そして，改革により既得権益喪失を恐れる経営者や労働者の抵抗，株式化への無理解，株式化の手続きの非マニュアル化，株式化実施に必要な企業資産評価の困難といった諸問題の他，国有企業はベトナム共産党の権力基盤であり，自らの支配体制を揺るがす可能性のある事項への消極的な取り組み等が，株式化を阻んでいた。

1999年には，独占体質と補助金体質が国有企業の役割を阻止しているとの理解を示しながらも，総公社の経済発展における主導的役割の推進と価格安定機能等国民経済に果たす指導的役割の発揮といった課題を再確認している。そして，経営管理評議会と国家財産所有代表権の機能の明確化，総公社翼下企業間の財務・技術面の緊密化を問題にしている。具体的には，①91型（垂直統合型）の17の総公社の強化と工業化の促進，②総公社翼下企業のリストラクチャリング，③総公社発展のための制度・政策等に関する条件整備，④人材育成，⑤上部機関の企業経営への介入の遮断，⑥総公社内の共産党組織建設強化，⑦内部団結，企業独自の文化建設等の強化策が提案されている。[7] 国有企業の株式化プログラムの周知，株式化された企業の株式売却を進め，総公社の強化と同時に非効率な小規模国有企業の整理が進行している。資本規模10億ドン以下の赤字小企業の整理，中小国有企業の株式化等が進展している。さらに，国有企業の再編，株式化支援基金の設立を決定し，国有企業の財務会計管理規則改定，企業資産評価方法を実態に近づけた上での再編，統合の円滑化と矢継ぎ早に国有企業改革を提示している。こうした過程を経て，1999年末までに株式化を実施した国有企業は，370社（目標500社）となっている。2000年には，なおも，約5,300社が国有企業として登記されており，数年間に国有企業数を半数以下にする抜本的な国有企業のリストラ計画が立てられている。

2001年に政府は，「国有企業改革の再編・活動刷新，及び能率向上に関する決議」を採択している。従来のように民営化する企業数といった数値目標を掲示するのではなく，国有企業を経営状態により，いくつかのグループに分け，各グループごとに異なる改革を提案している。政府が全額出資する必要のない企業の株式化，国有企業の合理化，国有公社を親会社とするコングロマリットの設立，基幹産業や有望分野での国有企業の発展，新設のための投資拡大等を目指した計画を立てている。

だが，2002年に株式化された国有企業数は，目標を大幅に下回る約150社であった。2002年末，国有企業5,175社のうち黒字企業は，約3分の2の3,979社にとどまっていた。依然として，中小国有企業内には，経営幹部を含む従業員の雇用不安，株式化後の経営についての不安があり，抵抗勢力となっている。AFTAスケジュールに沿って，関税引き下げに向け，政府は，国有企業の競争力強化，経営効率改善を求めているが，国有企業側は，競争環境変化に対す

る準備ができていないと保護措置さえ主張することになる。

2003年にも,「国有企業法」の改正が可決され,「国有企業は,国家により法定資本のすべてが所有されるか,あるいは,国家が支配的な株式を所有し,資本貢献を行っている国家会社,株式会社,有限責任会社の形式の下に組織される経済組織である」と,明確に1つの経営主体として国有企業を再定義している。同年6月には,4,274の国有企業が存在していたが,その約6割の再編が目指されている。多くの国有企業が再編成され,2003年,所有転換を終えた国有企業は1,400社を越えることになる。それでも,国有企業改革は,計画通りに進行したわけではない。なお,企業形態は,かつて,外資企業,国有企業,私営企業,家内企業の4類型に区分されているが,近年,工業生産高のセクター別構成（比）は,図表6－11のように示されている。

さらに,2005年には,国有企業を国際競争力を有する強力な企業に育成するため,国有企業253社の新規株式公開及び上場を目指す首相決定がなされている。ベトナム郵電総公司（VNPT）やベトナム石炭総公司の企業集団化等国有企業改革を実行している。また,同年,外国投資家によるベトナム企業への出資,株式購入の規制を緩和し,外国投資家の持ち株比率の上限を30％から49％まで引き上げる首相決定も実行されている。

図表6－11で明らかなように,国家セクター,集団セクターの工業生産高合計は,2000年来,過半を割り込むほどにウエイトを落とし,民間セクター,外資セクター等がウエイトを上昇させている。そして,国家セクターにおいても,先の総公社に統括されるような体制,VENAPLOに代表されるような財閥の形成が確認されるまでになっている。多くは,国有企業から派生したものであるが,民間セクターから成長してきた財閥も存在している。

図表6－11　所有形態別国内総生産（名目価格）

（単位：％，10億ドン）

年	2002	2003	2004	2005	2006	2007	2008	2009
国家セクター	41.0	41.1	41.1	40.7	39.9	39.0	38.2	37.0
集団セクター	8.1	7.8	7.5	7.2	6.9	6.5	6.3	6.0
民間セクター	8.6	8.7	9.2	9.6	10.2	11.0	11.5	12.3
個人セクター	31.5	31.2	30.6	30.4	30.2	30.2	30.5	31.1
外国投資セクター	10.8	11.2	11.6	12.1	12.8	13.3	13.5	13.6
GDP	13,247	336,242	362,435	393,031	425,373	461,344	490,458	516,566

出所：アジア経済研究所『アジア動向年報』各年版。

2005年，新「企業法」に定められている国有企業改革の期限，2010年7月までに，すべての国有企業を株式会社ないし有限会社に転換するという目標は，進捗が大幅に遅れ，困難視されることになる。2009年段階でも，1,500社近くが未再編の状態にあった。株式化そのものの遅れ，株式化済の国有企業の新規株式公開（IPO）や戦略投資家の決定，証券市場への上場も遅れていた。国家経済集団，総公社と称される大規模国有企業グループは，経営効率の低さ，本業外事業の多角化，管理不全等深刻な諸問題を有している。国家経済集団についての組織や管理の在り方の詳細な規定にもかかわらず，機能不全状態にある。そして，国有企業（国が法定資本金の100％を所有する企業）の多角化を制限し，70％を主要事業，関連事業とするよう指導していた。結局，2010年には，造船会社ビナシン経済集団が破綻に瀕することになり，2011年，国家経済集団についての情報開示や経営改善の推進が課題とされている。つまり，2010年以降，国家経済集団や総公社等大企業の改革は実質的に進展しておらず，多くの経済集団が，企業形態の転換を実現するに至っていない。政府は，国家経済集団や総公社の株式会社化を促進しようとし，企業価値が定まっていない国有企業を1人有限会社等に転換しようとしているが，株式化への転換は途上にあり，今後の転換条件の整備が課題とされることになる。2011年には国有企業の株式化規定を改定し，新規株式公開（IPO），戦略投資家への株式売却やIPOについての条件が一部緩和され，ベトナム石油公社の株式化，特殊会社形態の経済集団への転換が実施されている。

3-3　民営企業の台頭

　ベトナムでは，21世紀における経済成長を牽引したのは，民間セクター等の急成長とされている。すなわち，国有企業改革に加え，私営企業改革が進行しているのである。1990年に「会社法」が制定され，この法律に準拠して私営企業が急台頭することになる。1990年の「会社法」の制定が，ベトナム経済に与えた影響は大きい。1995年のGDPの過半は国家セクターに依存していた。21世紀には，こうした体制が，変化している。1999年，国会で国有企業の活性化と民間企業活動の促進を目指す「企業法」（有限責任会社・株式会社・合名会社等の民間企業，有限責任会社・株式会社に移行した国有企業・政治組織，政

治社会組織の企業を対象とする）が承認されている（2000年施行）。民営企業は，それまで，土地利用，資金調達等で差別されていたが，国営企業と民営企業とが，対等に競争できる環境が制度化されている。新「企業法」は，民営企業，所有形態を転換した国有企業等を対象とする統一「企業法」の性格を有する。払込資本規制の緩和，株式会社制度の近代化，新しい企業形態としての有限会社，パートナーシップが制定されている。新「企業法」の施行により，特に，企業設立手続きが大幅に簡素化されている。許認可書類が減り，一部の企業登録が，国でなく郡や県レベルで可能になっている。土地管理，運輸交通，科学技術等27業種の営業免許制度を廃止，34業種の認可を簡素化する通達が出されている。生産やビジネスの障害を取り除く規制緩和や制度改革が進行しており，中央経済管理研究所（CIEM）は，2000年12月までに，1万3,500社の新規企業が設立されたと報告している。こうして，2000年の「企業法」の発効以来，私営企業の新規設立が急増している。共同組合を含む非国有セクターによる工業生産額の成長率は，20.3％を記録し，国有セクター12.7％，外国投資セクター12.1％の成長を上回っている。集団経営の持続的な刷新，発展，能率向上，私的経営（個人，小事業主経営と私的資本主義経営を含む）の発展条件創出のための継続的な制度，政策刷新と奨励策が展開されている。2001年には1万8,000社の新設，2002年にも，私営企業の設立ラッシュがあり，年間，約2万2,000社が新規に設立されている。2003年9月時点で，「企業法」施行以来4年間に7万2,601の企業が新設され，1991年から99年に設立された企業数を2万5,000社以上上回っている。雇用創出は約200万人，新規，補充された登録資本は約95億ドルに上っている。

　また，2004年，国会は「破産法」を可決している。実質的破綻企業に対する破産処理の推進，手続きを具体化している。同年，企業間の公正な競争を確保する目的で「競争法」が国会で決議されている。競争を制限する行為，不健全な競争行為，競争に反する違反等を問題としている。「競争法」の制定により，国有企業も特別待遇が受けづらくなっている。国内企業の競争力強化を政策課題とし，以上のような法整備を進め，国有企業改革，民営企業改革を推進している。また，ハノイ及びホーチミン証券取引所での取引高は，2008年段階で上場銘柄は300社ほどであるが，国際的な関心を呼ぶほどに拡大してきた。残念ながら，2008年以降は，アジア株の下落に連動し，ピーク時の3分の1になる

という急激な株価の下落を経験している。

　上記のような枠組みの中で，耐久消費財の生産拡大の多くは，急創出されてきた非国有セクターによって担われている。2001年には，オートバイの販売が記録的に増加しており，前年の156万台を大きく上回る215万台のオートバイが販売されている。中国部品を輸入し，組み立てる地場企業が増加している。主要工業製品・バイク・自動車・電機製品等の消費は，順調であった。自動車の売り上げは，2002年に前年比，38％増の2万6,872台に達している。企業による購入が顕著である。2003年より自動車産業の部品の国産化比率を上げることを目的として，自動車部品の輸入関税を引き上げる首相決定が発令されている。ただ，2003年に40％，2004年に70％とした堤案は，外資11社からなるベトナム自動車製造協会（VAMA）の反発を受け，凍結されることになる。ベトナムの自動車部品の国産化比率は，この当時，8％程度であった。2004年でも乗用車販売は4万台程度で，ベトナムの自動車産業の競争力は弱く，保護対象となっている。自動車産業発展戦略が発表され，総公社4社を主要な担い手として商用車（バス・トラック）部門に重点的な投資を実施する方針が出され，総公社構成企業による商用車への投資が増大している。一方，24席以下の国産車に対する特別消費税の優遇措置の段階的削減を決定，国産車に対する税率を引き上げている。

　図表6－12に，主要工業製品の生産動向を示した。扇風機では，国有部門が健闘しているが，テレビ生産に関しては，急落している。冷蔵庫，エアコン，家庭用洗濯機は，外資や非国有部門が担っている。特に，自動車，オートバイ，冷蔵庫，エアコン，家庭用洗濯機の生産は，大きく外資に依存している。扇風機と一部自動車生産で非国有部門が存在を示している。2008年には，医療・精密機器，出版，金属製品，ゴム・プラスチック製品，テキスタイル，機械・設備の製造が，堅調である。電機機械の生産の伸びも大きく，特に，2009年には液晶テレビ等の売れ行きが好調であった。インターネットの加入者も急増しており，コンピュータ，デジタルカメラ，電話，携帯電話の生産も拡大している。

　他方，2003年9月時点で，「企業法」施行以来4年間に，7万2601の企業が新設されているが，その多くは，中小企業である。つまり，目覚ましい非国有（私有）セクターの成長の主たる担い手は，民営化された国有企業と新たに登場してきた中小企業なのである。2000年の国有企業数（地方政府を含む）は5,759

表6-12 主要工業製品の生産動向

扇風機：1000台					
年	2005	2006	2007	2008	2009
総数	1,751.7	1,809.6	2,930.7	2,914.7	5,561.0
国有部門	570.5	611.9	944.7	1,046.9	1,066.4
非国有部門	1,095.0	1,102.7	1,852.1	1,497.1	3,596.2
外資部門	86.2	95.0	133.9	370.7	898.4
自動車：台					
年	2005	2006	2007	2008	2009
総数	59,152	47,576	71,892	104,750	112,461
国有部門	14,190	6,293	4,326	4,661	6,135
非国有部門	9,040	10,270	26,415	31,603	38,039
外資部門	35,922	31,013	41,151	68,486	68,287
オートバイ：1000台					
年	2005	2006	2007	2008	2009
総数	1,982.1	2,146.6	2,792.2	2,880.2	3,091.5
国有部門	120.8	96.9	36.9	48.5	1.8
非国有部門	609.4	643.5	953.0	658.3	703.5
外資部門	1,251.9	1,406.2	1,739.3	2,173.4	2,386.2
テレビ：1000台					
年	2005	2006	2007	2008	2009
総数	2,515.3	2,445.6	2,927.5	3,106.7	3,005.9
国有部門	178.1	178.6	61.2	46.4	52.3
非国有部門	139.3	149.0	182.3	249.2	430.3
外資部門	2,197.9	2,118.0	2,684.0	2,811.1	2,523.3
冷蔵庫：1000台					
年	2005	2006	2007	2008	2009
総数	692.6	793.4	946.1	1,000.8	1,306.8
非国有部門	12.9	47.0	154.8	112.7	171.7
外資部門	679.7	746.4	791.3	888.1	1,135.1
エアコン：1000台					
年	2005	2006	2007	2008	2009
総数	147.9	189.0	284.5	313.1	325.2
国有部門	—		0.3		
非国有部門	5.0	2.8	115.8	141.7	65.8
外資部門	142.9	186.2	168.4	171.4	259.4
家庭用洗濯機：1000台					
年	2005	2006	2007	2008	2009
総数	336.6	339.8	414.5	527.6	491.4
非国有部門	6.5	7.5	4.2	—	8.8
外資部門	330.1	332.3	410.3	527.6	482.6

出所：Vietnam General Statistics Office (ann.) *Statistical Yearbook*, Statistical Publishing House. (各年版)

社，2005年には4,086社と減少しているのに対し，非国有企業数は3万5,004社から10万5,169社に，約3倍も増加している。その内，有限会社が1万458社から5万2,506社となって，約5倍の伸びを示し，非国有企業の過半を占めることになった。設立が容易で，機動的に活動できるということで，中小企業の台頭が顕著であった。ベトナムの産業に大きな活力を与えることになる中小企業（資本金10万USドル以下，従業員300人以下）は，次の役割を果たすものとされている。①雇用の場の提供，②人民の資本の活用，投資機会の確保，③農業生産物の有効活用，④人材育成，人材供給源等である。雇用創出という点で注目されるのであるが，2000年に地方政府を含む国有企業には約209万人が雇用されていたが，2005年には，204万人となり5万人減少している。他方，非国有企業雇用者は2000年に約104万人，2005年には約298万人となり，雇用者数が逆転している。その内，有限会社の雇用者数は，2000年の約51万人から，2005年には約159万人へと3倍以上増加している。[10]　そして，製造業では，金属製品や電気機械の企業数の伸びが大きい。

　ただ，問題点も少なくなく，①資本規模が小さく投資に限界，②時代遅れの機械，競争力劣位，③未熟練労働者，低技能，④未成熟な経営管理，⑤国際的，先端的事業分野での経験不足，⑥資本獲得，特に，長期資本獲得の困難性（銀行が相手にしないか，非常な高金利で，銀行融資の80％が大企業向け，中小企業には20％）等の問題が指摘されている。2005年には，企業数で3.6％しか占めていない国有企業が，資産総額では54.96％を占め，企業数で46.5％を占める有限会社は資産総額で11.3％を占めるにすぎない。国有企業と非国有の有限会社との間には，大きな資産格差があり，有限会社は労働集約的な特徴を持ち，生産性の点でも劣悪であることがうかがえる。[11]

　したがって，中小企業の量から質への転換，近代化への積極的な取り組みが求められている。具体的には，①米国，ドイツ等外国からの資本獲得，②専門家―管理能力のある人材，マーケテイング・財務等担当の専門家，技術者・技能者―の育成と確保（ベトナムでは，90％が未熟練労働者であり，専門家の育成と確保が課題），③陳腐化した機械による生産ではなく，新鋭技術の導入，④貿易促進，WTOへの加盟後，国際市場に参加していくための体制整備，IT化の促進等が課題とされている。

　さらに，今後20万の会社を設立し，雇用を拡大し，農村，農業の近代化を

推進し，アジアの30億の人口を対象とした農業のあり方を模索する中で，中小企業が中核的役割を担うとして，中小企業の発展が待望されている。

4 新しい動向と諸課題

4-1 産業政策の新しい役割

「2020年までに工業国入りを目指す」ことを政策課題として，ベトナムは，グローバリゼーションの進展を背景に，貿易と外資への依存を基盤に経済成長を続けてきた。米国の対越経済制裁解除や米国への輸出は，ベトナムの産業発展の原動力であった。21世紀に突入し，工業化が進展しているのであるが，低迷傾向が出てきている。産業構造を変革し，企業改革を推進してきたベトナムであるが，2008年には，また，新たな問題に直面している。私営企業家の入党許可，新農村建設の推進，行政改革・汚職防止，社会保障の強化，国防強化の他，ASEANへのコミットメントの強化等が検討されている。そして，米国のサブプライムローン問題に端を発する世界経済の低迷，原油，資材高，賃金の高騰等，ベトナムの産業発展を支えてきた枠組みそのものが動揺してきているのである。世界同時不況に襲われ，高経済成長を支えてきた外国資本と輸出に依存した体制が変容している。特に，2008年には，年平均で前年比23％を超えるようなインフレーションに見舞われ，賃金の上昇，ストライキの多発等から直接投資の一部撤退，ベトナムからの投資資金の流出が生じている。30％に達するようなインフレーションの進行と国際経済の低迷，米国向けの繊維製品や雑貨の輸出の落ち込みは，ベトナム市民と産業に深刻な影響を及ぼしつつある。WTOに加盟し，他方で，保護主義的な産業政策を展開することには限界がある。政府は，公共投資を抑制し，緊縮財政策を選択するのであるが，リーマンショック，世界同時不況に深刻な打撃を受け，鉄鋼業の生産停止，自動車の販売不振を経験している。そして，厳しいインフレーションの進行のみでなく，4％台の失業率が続いている。

図表6－13　消費者物価上昇率の推移

(単位：％)

年	2001	2002	2003	2004	2005	2006	2007	2008	2009	2010
消費者物価上昇率	0.8	3.9	3.1	7.7	8.3	7.5	8.3	23.0	6.9	9.2

出所：Vietnam General Statistics Office (ann.) *Statistical Yearbook*, Statistical Publishing House.（各年版）

図表6－14　失業率の推移

(単位：%)

年	2000	2001	2002	2003	2004	2005	2006	2007	2008	2009	2010
失業率	6.4	6.3	6.0	5.8	5.6	5.3	4.8	4.6	4.2	4.6	4.3

出所：Vietnam General Statistics Office (ann.) *Statistical Yearbook*, Statistical Publishing House.（各年版）

　しかし，まだ，経済の規模が小規模であること，新興国ゆえに多様な政策展開の余地を残していること，政府の指導力が維持されていること等は，世界的な経済危機に瀕しても相対的に有利な条件を保持していることを意味する。それだけに，政府の産業政策の役割が，いっそう重要となる。政府は，これまでも，国有企業に競争力強化，経営効率改善を求める等多様な産業政策を行使している。なおも，現時点において，産業発展を可能にする新たな枠組みの構築を模索しており，政府には，21世紀において，より積極的な役割が期待されているようである。かつても，外資による加工貿易に依存してきたのであるが，なおも，世界的規模での経済的連携の強化が試みられている。ベトナムは，FTA（自由貿易協定），EPA（経済連携協定）を多様に締結し，国際化を推し進めてきており，日本とのEPAも，具体化している。国際的な枠組み，国際的な協力関係を強固なものとしている。

　次に，新しい段階での内需の拡大と工業化の進展が目指されている。すでに，工業国入りを目指すことを明確にしており，農業の近代化，農業周辺分野での工業化政策も具体化しており，情報化を課題とし，ソフトウエア事業用の団地形成も現実化している。マルチ・セクター経済化も妥当な指向と理解される。ただ，ベトナムは，いまだ，農業と労働集約的産業を軸とし，輸出に依存しているものの非グローバルでローカル型の展開にとどまっている。多国籍企業の側は，アジアでのFTAやEPAの進展状況を見据えて，国際分業の再編成を進め，ベトナムからの撤退をも実行しているのである。外国企業をこれからも誘致するのであれば，そうした多国籍企業の戦略と対峙し，それを凌ぐようなアジア地域とベトナムの企業体制を新構築せねばならない。低賃金労働の供給にとどまらない外国資本との共存関係が追求されねばならない。こうした脈絡を踏ま

え，ベトナムの新たな産業発展メカニズムとそれを具現していく発展プロセスを明瞭な形で提示していく必要がある。

　2011年には，2011年から2020年にかけての経済・社会発展戦略（10カ年戦略）を党大会で決定している。過去10年間の高成長により低所得国から脱却してきたことが，評価されている。成長の質が問題視されており，企業の国際競争力も低いため，2020年までに基本的に近代的な工業国となるという目標を継承しつつも，従来の成長の型から生産性向上を通しての新たな成長モデルに転換していくことが課題とされている。1人当たりGDPを3,000ドルに引き上げ，ハイテク製品のウエイトを高めるという従来の10カ年戦略にみられなかった指標を掲げ，成長の質を重視し，経済構造の再編成を進めようとしている。また，同じく2011年第13期第2回国会で，2011年から2015年に至る5か年経済・社会発展計画（5か年計画）が採択されている。この5か年計画では，経済成長を7％程度とし，貿易赤字，財政赤字，公的債務の削減，消費者物価の抑制を掲げ，公共投資，金融市場，国有企業の構造再編の推進を課題としている。

　ベトナムでは，先端産業は外国企業が担い，繊維産業や自動二輪車製造等一部の機械工業において現地企業が活躍している。鉄鋼業においては外資の進出が予定されている。また，石油が採掘できるのに，石油精製能力は貧弱で，石油化学製品を外国から輸入している。鉄鋼，石油化学等の基礎素材産業や機械工業等基盤分野を強化することが国是とさえなっている。ベトナムに進出している外国企業は，高品質な部品の現地調達に苦労している。1人当たりGDPが象徴しているように，ベトナム産業の現状は，低位水準にとどまり，国際競争力を持ちえていない。

　しかし，ベトナムの企業が，徐々にではあるが，開発と生産能力を高度化し，国際的な競争力を強化してきているのも事実である[12]。このような強力な競争力を構築している企業には，いくつかの類型がある。国有企業選抜と理解される優れた国有企業ないし国有企業から優位性を持って派生した企業，外資提携型企業（一部国有企業），民間企業選抜と理解される類型といった把握が可能である。農機具のVINAPRO社，繊維・衣料分野の国有企業VINATEX社，飲料のVINAMILK社等は，いずれも国有企業であるが，高い市場シェアを維持し，総合公社ないし金融資本的な体制を確立して国際市場にも進出しようとしている。機械工業分野では，特に，日本から購入した中古工作機械への依存が高く，

一般に鋳造，鍛造技術，金型等の基盤技術の向上が課題とされている。機械加工等に関する全面的な自主技術開発体制の確立には程遠い状態にあるが，それでも，一部の企業は，農機具や二輪車等の部品の内製化を実現している。例えば，農機具を生産しているVINAPRO社は，過去にヤンマーと提携しており，ヤンマーのデザインを引き継いできているが，自社での部品の内製化率を高め，中国製品と激しい競争をしつつも，完成品の5割以上を近隣諸国に輸出している。繊維・衣料分野のVINATEX社は，多数の傘下企業を従え，企業集団として国際的な展開をし，高業績を達成している。もちろん，多様なブランドを確立している。カタクラとも提携しており，共同開発や委託生産をも分担している。このようにベトナムの一部の国有企業は，外国資本からの技術支援を基盤としながら，新製品開発と自社ブランドの構築にまでこぎつけている。

　第2の類型は，外資提携型企業である。例えば，ホンダにプラスチック部品を納入しているハノイプラスティック社という会社の製品は，日系企業からも高い評価を受けている。ベトナムは，多くの輸出加工区，工業団地を造成し，外国企業の誘致を推進してきた。もちろん，日系企業が主体となって開発してきた工業団地も存在する。機械工業の地場企業にとって，こうした工業団地等に進出してくる外国企業への納入を実現できるかどうかは，最大の関心事である。ただ，高度な技術水準にある進出企業は，品質や格差にこだわり，地場企業では，その要求を満たすことが困難となっている。同じ産業に属していても，進出企業と地場企業は異なる範疇であり，競合，競争はありえないとされている。しかし，ローカルコンテンツの要請や人件費等に由来する低価格は，現地での部品調達を促進することになり，技術的な問題を進出企業の指導と地場企業の努力により解消する傾向にある。先のハノイプラスティック社は，二輪車，自動車用の困難な形状加工，高品質のプラスティックの生産ができるので，日系企業への部品納入が増加している。梱包材とか電線とかにとどまらない高付加価値製品を地場企業が進出企業へ納品する事例が増大している。合弁形態の進出企業と地場企業との補完，提携を進めての外資提携型企業の台頭が顕著である。

　第3の類型は，民間企業からの選抜組である。ベトナムの労働者の平均年齢は若く，そのことが，経済の活力とされてきている。若さのみでなく，高学歴を有するベトナム人が増加しており，また，高度な国際的な活動能力を有する

若年層も存在する。大学で電子工学を学んだ社長が，中国から部品を仕入れ，DVD生産に乗り出し，自主ブランドと次世代製品開発に成功している会社や，帽子のデザイン，生産を開始し，EUに販路を拡大している会社も存在している。経営者の高学歴や経営能力，電子機器の標準化，定番化，モジュール化等は，ベトナム企業に新しい活動基盤を提供している。ベトナムで，ソフトウエア事業が注目されているのは，理由のあることである。ベトナムには，後発者利得一般と新しい可能性が存在しており，一部の企業は，そうした可能性を実現しているわけである。[13]

4-2 自立的な産業構造の構築

ベトナムのマルチ経済は，農業のウエイトが高く，農工のバランスを取ろうとしているのが特徴である。ただ，指摘してきたように，鉄鋼，石油化学といった基礎素材分野，先端産業，裾野産業等が脆弱で，工業化の水準と構造は，深刻な問題を抱えながら推移している。東南アジアにおける不安定な補助的経済循環の一環を占めるにとどまり，農業を軸に遅々とした工業化を進め，大きな１次産品のウエイトゆえに外資と自国資本とが乖離した展開をしている。それでも，対内直接投資を受け入れる諸条件の優位性，特に，低賃金ゆえに経済成長を続け，輸出を拡大してきた。しかし，こうした既存の体制は，外的にも，国内的にも，転換を迫られており，ベトナムの産業，企業は，大きな転換点に直面している。

それにしても，農業を中心に，農業から工業へ，軽工業から重工業へ，ハイテク産業へとバランスを維持し，成長を持続しながら，徐々に産業構造を転換しようとするベトナムの工業化指向の内実を再確認しておきたい。他方では，東北アジアで，日本，中国，韓国の間で，1990年代と異なり，特に，21世紀において，日中韓のハイテク国際分業連携といった体制が形成されている。[14] 三者の間で，機械，電気機械の輸出入額が最大ウエイトを占めるような状態になっている。三者間の貿易が，量的に拡大しているだけでなく，韓国や中国の急速な工業化の結果，機械分野での相互依存関係が進展している。つまり，日本は韓国に，韓国は中国に，中国は日本に貿易黒字となっている。そして，日本が，高度技術分野を担い，韓国が比較的大量生産領域を得意とし，中国が大量

の労働力を活用した労働集約的な生産領域に対処していくという傾向が認められた。三者の比較優位を生かし補完関係を拡大しながら，相互に連携を強化していく体制が構築されてきた。日中韓のハイテクリンケージといった国際的な枠組みが形成強化されているのである。問題は，構築されてきたこのような国際分業体制と1次産品を輸出し，工業分野の直接投資を受け入れ，かつ，工業化を指向するベトナムの国際化との関係である。日本は，一方で，日中韓のハイテク国際分業連携を進め，他方で，ベトナムとも，ODA，貿易と直接投資で関係を深めている。多国籍企業は，もっと直截に高度な国際分業体制を展開しているし，標準化や知的財産権への対処でも先行している。なおかつ，韓国の企業，中国の企業が国際競争力を強化し，三国間の相互依存と成長の連鎖が，21世紀において変容しつつある。ベトナムの産業と企業が，立ち向かわねばならないのは，このような激動する世界である。いやおうなく，ベトナムの産業は，早晩，より抜本的な再編成を強要されることになるであろう。もちろん，そうした際に，後発者利得が機能しており，技術は急速に陳腐化している。一部の企業はさらに国際的な活躍の場を開拓することになる。そして，外資導入と輸出依存だけでなく，内需と自主開発に重点をシフトさせねばならないであろう。工業国入りを目指すことは，厳しい状況の中にあっても，自立的で安定した産業発展を指向するということにならざるをえない。つまり，新しい国際環境の創造と内需と自主開発を軸とした自立的な産業の在り方を構築していくことが課題となる。そのためには経済成長を維持しながら，あらゆる局面で自立的な産業構造の構築に連係していく方途を開拓していくことが必要になる。ただ，実質的に，2011年の経済成長率が，前年を上回ったのは，農林水産業のみであり，製造業は，前年を下回っている。輸出は増加しているが，電話及び部品の急激な伸びは，携帯電話を生産する外国のプロジェクトの稼働によるものであり，現地企業の貢献は今後の課題であり続けている。

　他方，2008年以降，工業化の進展に伴い環境汚染が深刻化している。台湾系化学調味料製造企業ベダン社が排水処理を行わず，汚水を排出し，社会問題となっている。ホーチミン市の輸出加工区では環境保護法違反が顕在化している。2000年代，輸出と外国投資に牽引された高成長を持続してきたベトナム経済であるが，2008年の欧米発の金融危機から大きな打撃を受けている。政府は，景気刺激策，ないし，中小企業支援策の実施を決議している。そうしたことによ

り，景気浮揚が試みられている。関連して2012年には，画期的に貿易黒字を記録することになるが，輸出不振と内需不振に帰因するもので楽観視できない。

5 むすび

　ベトナムの産業は，21世紀に突入しても，高成長を持続してきた。本章では，21世紀におけるベトナムの産業の発展を対象にして，持続的経済成長を支えてきた貿易，直接投資，市場経済化，企業改革等について主要な傾向を考察してきた。そして，ベトナムが工業国化を目指し，農業の工業化，情報化，先端産業の発展を目指していることを確認してきた。さらに，21世紀に入ってからの，国際的経済環境の変化やベトナム産業の新たな課題を検討してきた。特に，最大の輸出先である米国発の世界同時不況への突入は，ベトナム産業に深刻な影響を与えている。これまでのようなテンポと形態で対米，対日輸出を維持することが困難となり，産業発展を支えてきたメカニズムが，機能不全となりつつある。さらには諸外国の工業化の水準は，ベトナムの現状とは異なる次元に到達している。それゆえ，新たな産業発展のメカニズムを構築せねばならないのであるが，ベトナムがおかれている国際環境は，これまでに直面したことのないほど厳しいものである。ベトナム経済は失速を余儀なくされそうである。

　しかし，そんな厳しい状況ではあるが，産業発展の可能性が存在しないわけではない。ベトナムの企業の戦略や後発者の利点，特許の期限切れ，中古機械の存在，政府の政策展開等は無視できないし，教育制度は充実しており，意欲的な従業員も存在している。また，ASEANでの協力関係，アジアの東西南北ベルトの結節点といった地政学的位置等諸条件が，積極的役割を果たす可能性は少なくない。外国資本と輸出から内需と自主開発へと重点をシフトしつつ，長期にわたって持続的な産業発展を可能とする体制の構築が，追求される必要がある。

　指摘してきたようにベトナムは，いまだ，農業と労働集約的産業を軸とし，輸出に依存しているものの非グローバルでローカル型の展開をしている。それが，日中韓ハイテクリンケージが強まる中で，自立的で安定した産業発展を実

現せねばならない状況に追い込まれている。1次産品を生産することの意義，多元的な産業構造，後発者の利得等ベトナム産業の特殊性を再確認し，自立と創造への方途を開拓することが求められている。既存の体制は，外圧からも，内発的にも，転換を迫られており，ベトナムの産業，企業は，大きな転換点に直面しているのである。[15]

[注記]
1) 本稿における統計及びベトナムにおける多様な傾向は，Central Institute for Economic Management（2006）*Vietnam's Economy*，Vietnam General Statistics Office（ann.）*Statistical Yearbook*, Statistical Publishing House（各年版）及び，アジア経済研究所『アジア動向年報』（各年版），日越貿易会（2012）『ベトナム統計年鑑2012年版』ビスタ ピー・エス等（各年版），JETROの報告書等の指摘に依存している。特に，引用を明記してない箇所があるが，『アジア動向年報』に依拠してベトナム産業の動向を整理しており，産業の変遷に関し，2次データに基づく論述をしていることを明記しておく。
2) アジア経済研究所『アジア動向年報1992』p.38。
3) 同上，p.42。
4) アジア経済研究所『アジア動向年報1994』p.36。
5) アジア経済研究所『アジア動向年報1995』p.32。
6) アジア経済研究所『アジア動向年報1998』p.24。
7) アジア経済研究所『アジア動向年報1999』p.25。
8) National Assembly of The Socialist Republic of Vietnam, "Enterprise Law – year 2005", p.38.
9) CIEM（2006）*Vietnam's Economy in 2005*, p.17.
10) 日越貿易会（2008）『ベトナム統計年鑑2006年版』ビスタ ピー・エス，p.119。
11) 同上，p.107。
12) 藤田麻衣編（2006）『移行期ベトナムの産業変容』アジア経済研究所，p.15。
13) 佐藤百合・大原盛樹編（2006）『アジアの二輪車産業』アジア経済研究所，p.28。
14) 服部民夫（2004）「東アジアにおける中国経済の出現―そのインパクトと将来―」『グローバル・マーケットの変化と日本企業の競争力』青山学院大学，pp.19-20。
15) 本章は，日本学術振興会科学研究費助成事業・学術研究助成基金助成金（基盤研究・C）の支援を受けた課題番号：MEXT/JSPS 23530497（平成23年度～平成25年度）「日本電子メーカーの国際化の現状分析と課題の明確化」をテーマとした研究成果の一部である。

第7章 ベトナムの投資環境と日系企業[1]

1 はじめに－問題の枠組みと分析視角

　2012年に入ってベトナムへの日本企業の直接投資がいっそう増加の兆しをみせている。日本経済新聞が報じたベトナム外国投資庁のデータによると2012年には認可ベースで日本からの直接投資が対前年比で44%増の247件に達した。件数で今世紀の最大値である。また，金額ベースでも約40億ドルであり，2008年の約70億ドルに次ぎ2番目の大きさになっている。

　その大きな原因はこれまで日本製造業の「工場」であった中国での人件費の急激な上昇，中国国内の景気減速，中国国内の政治不安定化に伴う「反日運動」誘導とそれに伴う日系企業製品の不買運動である。いわゆるリーマンショック(2008年)直後も中国の景気減速があったが，その後，日本国内で東日本大震災が発生し，国内のサプライチェーンが打撃を受けたため，中国に生産機能の一部を移転する動きが相次いでいたが，2012年に顕在化した上記の問題により，中国以外の生産拠点を増強しようとする動きが再燃したことに伴うものである。その有力な対象国の1つがベトナムとなっているのである。ベトナムもベトナム共産党の一党独裁体制であり，今後，経済発展により所得格差や民主化要求の高まりなど，社会の不安定化が避けられないと考えられるが，歴史的・政治的背景から「反日運動」が起こる可能性はなく，その意味で中国以上に日本の企業社会の中で評価が高まることは確実である。すでに社会問題としては労働ストライキ，麻薬問題，凶悪犯罪が次第に増加しているといわれているが政情は比較的安定しており，投資環境評価が高い。

　しかし，投資環境を検討する際には留意が必要である。まず，投資環境を構

成する様々なファクターがあるということである。例えば，代表的なものとして賃金水準，物価水準，法人税，付加価値税，インフラ水準，政治の安定度，英語能力等がある。さらに，これらのファクターは短期的に経営に影響するものと，長期的に重要になってくるものに分けられる。例えば，賃金，物価水準は製造業の外資系企業がその国に進出した場合，製造コストに影響してくる。したがって，それが高い場合にはネガティブな影響となる。ただ，投資環境を検討する際には時間経過の視点を挿入する必要がある。例えば，中長期的には進出国の物価水準，賃金水準はその国の経済発展とともに上昇してゆくものであるが，一方でそれは当該国の内需の拡大となるため，その国の中での製品の販売拡大につながることも多い。それゆえ，中長期的にはポジティブな影響をもたらすファクターともいえる。

 他方，政治の安定度は短期的に安定していても中長期的に突然，何らかの政治的混乱により不安定化することもあり，しかも時間の経過とともにポジティブな要因に転化するとは限らない。また，時間軸の他にも歴史的・文化的な対立軸がある場合，平時には表面化しないが，外交的摩擦を契機として，特定の外国に関連する企業にのみ影響が生じることもある。デモや店舗・工場の打ちこわし，不買運動である。中東の米国製品不買運動，中国の米国製品ボイコット[2]やフランス製品不買運動[3]等があるが，最も深刻であったのは今般の中国国内での日系製品不買運動や工場・販売拠点の破壊活動であることはいうまでもない。さらに，この事例の場合は，中国政府高官がこの活動を煽動する言動をしているため，ある種の「政策」を伴った，日系企業をターゲットとした活動であり，偶発的なものというよりも人為的なものといってよい。このように「投資環境」といっても，様々な事情が関与しており，投資環境を精緻に評価し，特定の外国に直接投資をリスクなく行うことに役立てるこは極めて難しい。一国の投資環境をまとめて評価することは実際には困難なことなのである。そうであるにもかかわらず，何らかの「投資環境」の評価を行わなければ，議論の糸口すら見つからないことになる。したがって，やはり，何らかの角度で「投資環境」の評価への試みは必要である。

 本稿では「投資環境」の評価を行う視点として，「政治の安定度」，「政策遂行の安定度」を中心に，ベトナムにおける「日系企業にとっての投資環境」に一定の評価を行うことを試みるものである。

2　ベトナム投資環境の現状

　2007年のWTO加盟をきっかけに，将来性を見込んだ直接投資等の資金がベトナムに引き続き，流入し，その一部が土地への投機に向かい土地価格が高騰している。日本企業が進出する場合には工場用地使用権獲得のためのコスト，工業団地への入居費，土地のリース価格にも影響を与えていく可能性がある。また，ストライキにみられるように，今後，賃金上昇圧力も顕著になってくるだろう。

　しかし，1980年代のドイモイ（刷新）政策（ベトナム流の改革・開放政策をさす）発動以来の系譜を引き継ぐ現指導部の路線は，国際社会との調和と経済発展という大方針においては変化がなく，安定している。[4]2011年には共産党書記長，国家主席，首相というトップの3ポストで新体制への移行があったが，こうした政治トップの交代が，急激な政策の変化につながる可能性は当面低く，外国企業にとっては予見可能な安定した政治状態にある。この結果，日本からベトナムへの直接投資残高は順調に拡大している。

　他方，直接投資を含む国外からの資金流入の一部がホーチミン市，ハノイ市などの大都市をはじめとした不動産への投資ブームに火をつけ，不動産バブル気味の状況が現れたものの，その後2010年頃から不動産バブルは弾け，株式価格の低迷などの状況が現れている。

　このことがベトナムの大手企業や金融機関のバランスシートをどの程度傷つけているかについては不明であるが，2012年12月に三菱東京UFJ銀行がベトナム第2位の国有銀行，ベティン銀行と業務提携を発表する等，それほど金融セクターは不健全な状態になっていないと推測される。

　ベトナムへの外国企業の投資の歴史において，2007年はベトナムにとって画期の年であった。同年1月にWTOへの加盟を果たしたからである。これによって，ベトナムは国際経済社会に本格的に参加し，世界にベトナム経済がビルトインされたという大きな意義がある。2011年に決まった新任の国家首脳による経済外交も盛んであり，新体制発足後は早速，首相，国会議長，国家主席などが日本の他に米，中，印（戦略的パートナーシップ），ラテンアメリカ4か国（チリ，ベネズエラ，キューバ，ブラジル），アセアン諸国への訪問を行った。環太平洋パートナーシップ（TPP）への交渉参加も早々と決定している。特に訪

米では首脳外交の際に米国との間で100億ドルのビジネス契約を結び、日本とも大型ビジネスの成約が相次いだ。国際協力銀行や三井住友銀行からは国有のエネルギー企業、ペトロベトナムの石炭火力発電事業で日本から購入する蒸気タービンに融資することが決まった。さらにベトナム政府は日本の技術を活用した新幹線、原子力発電所の導入に向けての検討も始めていると報道されている。

投資のみならず、国際貿易も拡大の一途をたどり、2010年の輸出は664億ドル（対前年比5.9％増加）、輸入は775億ドル（同7.6％増加）であった。但し、貿易収支は111億ドルの入超（貿易赤字）という結果になっている。経済の成長に伴う国内消費と輸出製品のための原材料・部品・機械類の輸入が拡大し、貿易赤字になっている。しかし、投資や移転などの資金の出入りを加えた国際収支においては黒字になっている。ベトナムには外国からの直接投資の額がフローベースで毎年200億ドル前後あり（2009年、2010年）、この外貨流入がこの入超（貿易赤字）の額を補って、国際収支の黒字をもたらしているものである。とりわけ、賃金水準が高い中国からの輸入製品価格の方が賃金の安いベトナム製よりもさらに安いという現象がみられ、対中国貿易の赤字が顕著である。ベトナムにおける現地の裾野産業がまだ十分に発展してないため、ベトナムでの素材・部品・原材料の調達が、結局、タイや中国からの輸入に頼らざるをえないのである。

したがって、短期的には懸念する必要はないが、この傾向が長期的に継続した場合、ベトナムの通貨価値や経済の安定性を損なう恐れがある。仮に外交関係の不安定化等何らかの要因でベトナムに対する外国からの直接投資が減少すれば、国際収支の黒字も減少することになり、外貨準備も不安定になるという構造にある。したがって、ベトナムは引き続き、魅力ある投資環境を維持し、外資企業誘致に注力していく必要に迫られているのである。

ベトナムは発展途上国という立場でWTO加盟を行ったため、規制の撤廃がWTO加盟時の工程表どおり進まないのではないかとの懸念もあったが、今のところベトナム政府は、WTO加盟時に約束した貿易障壁の撤廃などを順調に履行している。これについては現地メディアも以下のように報じ、首相自らの強いコミットメントを公にした。

図表7-1　ベトナムの貿易額の推移

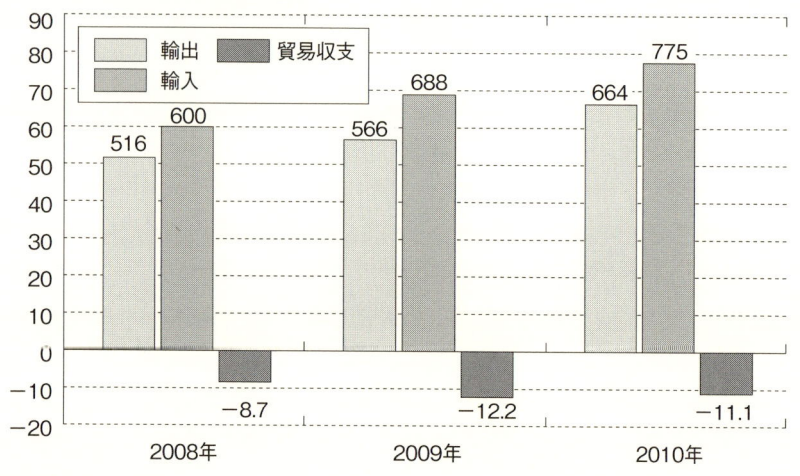

	2008年	2009年	2010年
輸出	516	566	664
輸入	600	688	775
貿易収支	-8.7	-12.2	-11.1

注：単位は億米ドル。
出所：Tran Thi Van Hoa (2011)。

　PM reaffirms WTO commitments; Work needs to be done on setting up a steering committee for a program "to maintain economic growth and reduce poverty via implementation of WTO commitments."
　Prime Minister NGYEN TAN DUNG has said : The PM urged the Government Office to coordinate with the Ministry of Trade and Industry, the Ministry of Planning and Investment and other relevant bodies to compile a draft decision that will revise a previous PM decision on the committee. Dung has said that the steering committee should be moved from the Government Office to the Ministry of Trade and Industry. Head of the steering committee will be a deputy minister from the Ministry of Trade and Industry.[5]

3　ベトナム進出日系企業の動向

　ベトナムは1987年に外国投資法が施行されて以来，81か国からの直接投資を受けている。1988年から2009年までの累計で最も直接投資を行っているのは韓国企業（金額ベース構成比は14％）で，台湾（同12％），マレーシア（同9％），日本（同9％），シンガポール（同8％），米国（同8％），英領バージン諸島（同8％）と続いている。進出している日本企業は件数ベースで953社（2011年2月現在）となっている。2012年末で1,300件近くに増加すると予想される。

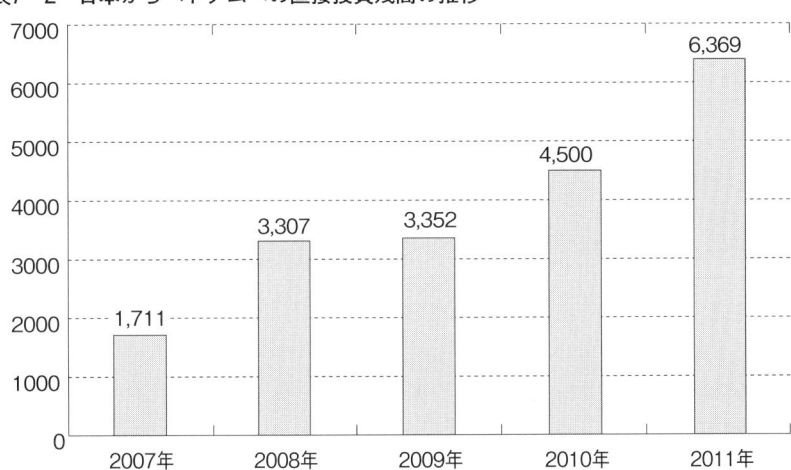

図表7-2　日本からベトナムへの直接投資残高の推移

年	金額
2007年	1,711
2008年	3,307
2009年	3,352
2010年	4,500
2011年	6,369

注：単位は100万ドル。
出所：日本貿易振興機構ホームページ，「海外ビジネス情報」。

　日本企業のベトナムへの直接投資の特徴は100％子会社設立の投資が多いこと，輸出志向型であること，工業団地への立地が多いことである[6]。また，一般の機械製造業だけにとどまらず，重工業分野やIT分野（ソフトウエアやシステム開発）への投資も目立ってきている。日本以外の国地域からのベトナムへの直接投資では不動産への投資も増えている。

　従来，外資企業の進出先としては，南部，ホーチミン市が多くを占めていたが，2001年以降，ハノイ周辺の北部紅河流域地域の工業団地やインフラ整備による

投資環境の改善が進み，近年，北部へは南部を上回る直接投資が流入している。ASEANや中国さらにはベトナム南部で人件費が上昇する中でこの北部ベトナムの低コストが注目を集め，企業立地が進展したものである。これは，ホーチミン市などの南部に偏った外資企業の立地を北部にも呼び込み，外国直接投資の地域的平準化をはかってきたベトナム政府の90年代からの政策の成果の1つであるといえる。

1998年に日本商工会議所（ハノイ商工会，ホーチミン市商工会）が設立されて以来，日本とのビジネス関係はいっそう強化されている。日系企業のベトナム直接投資は順調に進捗しており，地域的にも分野的にも広範にわたるようになっている。日本からの企業進出も例えばハノイ近郊のタンロン工業団地等への大手企業の投資が増えた影響で，従来は北部の1件当たりの投資額は大きかったものの，2003年頃から日本の投資にも1件当たりの額が小さくなる傾向がみられ，最終製品の組み立てを行う大企業以外にも部品などを製造供給する中堅中小企業のベトナム進出も進みつつあることを示唆している。前記の日本商工会議所に加盟する日系企業も2000年頃の300社から増加し，2011年には約1,000社に達しようとしている。[7]

ハノイと主要国際港であるハイフォン港を結ぶ国道5号線に位置するノムラハイフォン工業団地の立地状況を見ると，2001年以降の進出企業にはエアバッグやワイヤーハーネスなどの自動車部品，電子部品，精密板金加工，プラスチック射出成形・金型，金属プレス加工部品の製造を行う，いわゆる裾野産業の中堅中小企業も多くみられる。

日本企業のうち，比較的早期に進出していたのは繊維，電気機械，二輪車等の輸送機械である。このうち繊維については縫製業の進出が多い。進出は直接投資ではなく現地企業への委託という形態がほとんどである。現地企業にデザイン・使用素材を指定したうえで発注し，生産技術指導を行い，製品を買い取るという形での進出となっており，いわば，OEM生産である。縫製作業が多い労働集約産業のアパレル分野では早期から海外での生産に取り組んできた。現在まで中国を中心とした生産拠点に大きく依存している。

図表7－3　アパレル大手の中国生産比率

企　　　業	中国における生産比率（％）
ワールド	60％
オンワード樫山	75％
三陽商会	55％

出所：日経産業新聞2012年9月26日。

図表7－4　ベトナムでの物流網拡充に参入している日系企業の事例

企　　　業	ベトナムへの投資活動
日本ロジテム	ハノイ，ホーチミン，ダナンの3都市に大型倉庫を新設。
三菱倉庫	現地物流大手と物流合弁会社を設立。
日新	ベトナム国鉄と組み自動車・家電輸送の専用貨物列車を運行。
郵船ロジスティクス	ハノイーホーチミン間の陸運ルートを検討。
日本通運	24時間警備や危険品保険・冷蔵・空調機能を備えた多機能倉庫をホーチミン郊外に新設。

出所：日経産業新聞2011年9月7日。

　しかしながら，すでに述べたように中国における投資環境の不安定化が現実のものとなったため，上表の各社において今後2年間程度の時間軸の中で，東南アジアへの生産能力の移転を検討している。ワールドが拡大分をベトナムに移転しようとしている他，オンワード樫山と三陽商会はそれぞれ中国国内生産委託を約10％程度引き下げると報じられている。[8] ベトナムについては三陽商会が15％まで引き上げ，さらにその他はミャンマーを委託生産拠点にするという方針を発表している。この他にも，アパレル子会社を多く抱える関西系の伊藤忠商事がベトナム，ミャンマー，バングラデシュに，丸紅がベトナム，ミャンマーに，縫製拠点の整備を拡大・充実させる方針を表明している。[9]

　生産にかかわる直接投資のみならずWTO加盟により2009年からはベトナムではサービス分野においても外資企業に市場を開放されつつあり，その進出認可手続きにやや不透明性があるとの指摘があるものの，次第に外資企業の進出も増加している。国際流通グループの大手であるドイツのメトロ，韓国の大手財閥ロッテ，日本の流通グループであるイオン，高島屋が進出済み，あるいは進出の決定を行っている。外資100％出資まで小売業の進出が可能になるなど規制が緩和されつつあり，今後外資系小売業の進出は加速するものと思われる。

　現在，製造業を含む第2次産業，サービス業を含む第3次産業はいずれも約4割を占めているが，今後，製造業とともにサービス業のベトナムへの直接投

資もいっそう進展するものと考えられる。実際，新しい分野であるオフショア開発（海外に開発を委託すること）によるソフトウエアなどプログラミング開発は国際競争力が向上している。

　また，中国―ベトナム間の陸上交通路の整備により，2008年よりハノイと中国華南（広州）を結ぶ定期便トラックを日系フォワーダーがすでに就航させており，今後はハイフォン港などからの海上輸送に加えて，中国からの部品をハノイの組立工場に搬入し，組立後に第三国に輸出するというビジネスモデルが確立されつつある。また，日本政府が協力しているタイからベトナムまでインドシナ半島を横断する第1東西回廊や第2東西回廊の開通によって，日系企業はタイの東部臨海地域に立地する製造拠点から完成品や部品をベトナムへ搬入し，さらには中国華南地域への陸上輸送にリンケージすることも可能になっている。この動きが発展していけば，ベトナムは大企業，中小企業にかかわらず，タイや中国華南地域と並ぶ家電，自動車の産業集積拠点の1つになる可能性がある。

4　ベトナムにおける日系企業のオペレーション

　本節では筆者が行ったベトナム現地で操業している日本企業へのインタビューに基づき，進出企業の概要と日常のオペレーションを事例として概観する。

（1）日系企業A社（金型製造）[10]

　A社は日系商社と機械メーカーの共同出資会社である。ベトナムの国内販売では金型を日系企業，イタリア系企業に供給し，そして一部は南アフリカに拠点を持つ日系企業に輸出供給している。金型製造用の工作機械は日本の工作機械メーカーから主に超大型マシニングセンターを輸入し，金型を作る金属（鉄）は日本，中国，韓国，台湾などから輸入している。このうち韓国からのものが多くなっている。どこの国の鉄（製品）を輸入するかは顧客である輸送機械メーカーの指定により決定されるために，それにしたがって対応する。製品価格は毎年10～20％のプライスカットを納入先から求められているが，生産現場

の生産性向上やコスト削減で対応しているという。生産資機材は特殊でベトナムでは調達できないため，輸入して持ち込んでいるが，ベトナム政府の外資優遇制度により関税免除，所得税減免などの恩典を受けている。

（2）日系企業Ｂ社（電機機械製造）[11]

　Ｂ社は複合事務機メーカーの100％子会社で，白黒のレーザープリンター製造をしている。従業員は2,000人（2008年2月現在）。生産方式は少量多品種生産に対応するためにショートラインと呼ばれるラインとセル生産の中間形態で生産している。部品は中国及びベトナムに進出している日系部品メーカーから調達している。完成品は日本本社に販売し，それから全世界に輸出（ドル建）。在庫を極力少なくするために，部品輸入は小分けにして頻繁に行っている。同社は，物価上昇や投機により土地価格が急上昇しているため，進出する場合は早めに決断して，土地を確保するという。また，部品は全量米ドルで輸入し，製品は日本の本社に全量ドルで輸出しているため，為替リスクにも直面しない取引構造にしている。中国の深圳にカラーのレーザープリンターの製造拠点を集約しており，レーザープリンターの生産拠点をベトナムと中国で分業している。

（3）日系企業Ｃ社（輸送機械）[12]

　Ｃ社は二輪，四輪の製造メーカーである。年間生産は二輪車が110万台，四輪車は0.4万台を生産している。四輪は生産規模がまだ小さく，製品1台当たりの償却費が高いため，自動化率を極力抑え，手作業を行う部分を多くしている。二輪は現地調達率を91％まで進めたため，為替リスクは少ない。他方，四輪はベトナムでエンジンを組み立てているものの部品の大半はタイ，フィリピン，台湾，日本，インドネシアから輸入しており，やや為替の影響を受けている。なお，製品規模が小ロットのため，自動化ラインを導入できず，手作業で生産する方式にしたが，その結果日本国内でも数少ない，手作業での高い技術を身に付けるほど従業員の技術レベルも上がった。溶接工は半分の人員をフィリピン，タイ，台湾で研修を実施したうえで配置している。現地調達率が向上した背景には日系の部品メーカーがベトナムに進出してきたことがある。ワイヤーハーネスやブレーキペダルは在ベトナムの日系企業からの調達に頼っている。

(4) 日系企業D社（金型製造)[13]

　D社にとってベトナム工場は中国の2か所（蘇州，深圳），ベトナム（ハノイ），メキシコ（米国から移設）に有する海外拠点のうちの1つ。取引先の大会社の要請でベトナムに生産拠点を設立した。コストを抑えるために，中古機械を日本から移設して，ハノイにあるタンロン工業団地の管理棟の一室を借りて「小さく」生産をスタート。部品・原材料の調達は中国深圳工場から金属素材を海上または航空にて輸入している。大口の取引先以外にも小規模の取り引きが他の日系企業から増えている。南部のホーチミンの取引先に対しては顧客からインターネットを通じて発注データを受信し，ハノイで製品化して納入している。

(5) 日系企業E社（機械部品製造)[14]

　E社は名古屋の電線商社から始まり，生産を手がけるメーカーになった企業である。1993年に香港へ進出（100％出資の営業拠点）した後，香港に隣接する中国・深圳に工場を立ち上げワイヤーハーネスを製造し，さらに上海にも工場を設立した。2006年3月にベトナムにも進出し，ハノイ工場を立ち上げた。ベトナム国内の日系企業に納入している。同社の投資環境上の課題は人手不足

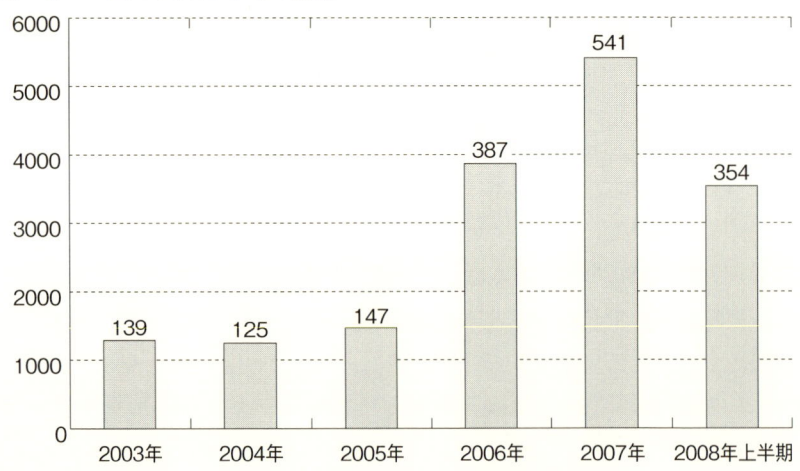

図表7－5　ベトナムのストライキ件数

年	件数
2003年	139
2004年	125
2005年	147
2006年	387
2007年	541
2008年上半期	354

出所：ベトナム Lao Dong ウエブサイト http://laodong.com.vn/（2008年7月）。

による賃金の急激な上昇，日本語能力のある人材の不足である。特に，賃金問題をめぐっては2008年にストライキが多発したため，進出しているハイズン省にも日本企業間に連絡会（30数社加盟）が発足し，賃金水準にかかわる情報交換等を行うようになったという。

（6）日系企業F社（二輪車部品製造）[15]

F社は工作機械製造メーカーであるが，ベトナムでは工作機械を製造しておらず，輸送機械向け部品製造のみを行っている。ベトナム市場では二輪関係の需要は拡大しており，増産のために今まで中古であった工作機械に加えて新品の工作機械10台を日本から輸入している。また，日本で手がけていない鋳造工程を開始し，一貫生産を試みている。なお，自社でできない鋳造工程は近隣に進出してきている専門の日系企業に依頼している。顧客の在ベトナム日系完成品メーカーに3年間の買取保証の契約ベースで供給しているため，受注は安定している。

ベトナムでは中国製二輪車との熾烈な競争があるため，納入先からのコストダウン要求が厳しくなっており，既存製品に対しては年2回5％程度のコストダウンを求められる。原材料は鋳物関係とアルミ関係の素材を現地調達できているが，鋳物関係の製品は品質（硬度）にばらつきがある。なお，現在，設計は日本で行い，ベトナム工場では旋盤加工をしているが，将来はベトナム工場でも設計を行う計画を立てている。このための人材育成（本社への研修生派遣）に注力している。8割の人員が初年度は試用期間で，2年目から本採用。3～4年でワーカークラスはかなりの能力を身に付けるようになっている。

（7）日系企業G社（映像機器製造）[16]

G社はベトナムでは監視カメラ製品を製造している。製品は日本の本社にいったん売却し，そこから欧米，日本，その他アジア市場に輸出している。将来の開発機能の一部をベトナムに移す計画があり，優秀なエンジニアを採用することが喫緊の課題となっている。しかし，そうした人材への需要は供給を上回っており，採用計画が達成されるのは難しい，という。仮に採用できてもなかなか定着しないので，引き止め策として研修と給与に工夫を加えながら対応している。日本語のわかる人員は特に採用が難しくなっている。なお，募集方法

は大卒のエンジニアを大学就職課，新聞，インターネットで，それ以外のワーカーを工業団地の募集掲示板で募集している。賃金は歩合制や出来高制はとらず，年齢・経験が同じ従業員の給料は大体同じ水準。全員に面接をして行う給与改訂は年1回。成績が悪いから解雇するということはしていない。

日系企業のベトナム進出の目的は「製品の生産と第三国市場への輸出」と「国内市場向け製品の生産」の2つに大別される。後者の代表的な製品がオートバイなどの二輪車と自動車である。これらは部品点数が極めて多く，運送費も多額に上るため，部品メーカーである中小企業による日本からの進出も増加し，集積が進展している。

5 まとめ

日系企業はベトナムの投資環境に比較的高い評価を与えている。それは社会主義体制にありながら，ベトナムは国内政治が比較的安定しているうえに日本との外交関係も安定していることが評価されていると思われる。しかし何よりも実務レベルでの信頼感が高いためでもある。日系企業が直面する問題にベトナム政府が耳を傾ける体制は確固として存在している。[17] 日本政府とベトナム政

図表7-6「日越共同イニシアチブ」第3期の主な行動計画

投資環境改善分野	項目
法制度・投資環境	取締役会決議ルール改善，外国投資窓口強化，ワーカー向けインフラ整備，食の安全，報道被害への対応，流通業規制の緩和，マクロ経済の安定
税務・会計	法人税損金項目の明確化，短期滞在者免税手続きの改善，付加価値税インボイスの公正な運用，戦略的投資家の選定方法，貸出上限規制の緩和
労働	不適法なストライキへの対処，時間外労働拡大，人材育成
物流・税関	国際間陸路輸送円滑化，国際貨物ターミナル改善
知的財産権	知的財産権侵害の取り締まり強化，制度改善，啓蒙活動
産業	裾野産業育成，自動車産業育成
インフラ整備	電源開発の促進，PPPスキームの導入，港湾整備，通信サービス向上，都市内交通の安全性・利便性向上

出所：藤井亮輔「日越共同イニシアチブ及び日越経済連携協定（日越EPA）について」(2008)。

府の間では2003年4月に「日越共同イニシアチブ」(図表7-6)が設定され，直接投資にかかわる問題を話し合いで解決していく仕組みができた。ここではベトナム政府及び経済界が外資企業に対する投資環境を改善するために実施すべき内容を「行動計画」として認定し，その改善施策にかかわる進捗評価を両国の関係組織間で行っている。具体的には在ベトナムの日本人商工会議所が投資環境の改善要望を日本政府やその関係機関に提出し，行動計画を作成すると，その計画を日本政府側が取りまとめたうえでベトナムの関係省庁に伝える。ベトナム当局はその内容を精査・調整し，さらに両国の合同委員会のもとで合意に達したのち，最終の行動計画とするものである。その実施をベトナム政府が責任を持って行う代わりに，日本政府が側面支援(経済援助，技術援助等)を行う。

　例えば「賃上げストライキの多発」，「インフラ整備の不足」，「裾野産業の未成熟」といった投資環境上の問題に対する日本企業からの改善要求は，このシステムを通じて公式にベトナム政府に伝えられ，協議・対応される。ベトナムにおける日本人商工会議所はこれまでにも様々な投資環境問題について，このようにベトナム政府に意見を上申したが，それらは実際に改善がなされてきているという。

　日系企業の投資環境上の懸念としては，将来，日系企業のベトナムにおける企業活動の範囲が拡大してゆくとともに，カウンターパートになることが期待されるベトナム企業の改革と成長が，さほど進んでいないことである。ベトナムではこれまでにも国有企業，金融機関の規制緩和が行われてきた。しかし，あまりに急速に改革が行われたせいか，海外からの投資資金の増加により，国内での通貨供給もふくらみ，それが株式や土地投機や投資に流れた反面，企業競争力の内実である組織改革，技術開発，製品開発に資金が投下されてこなかった。さらに，その後，土地投機が過剰なレベルに達した後に2011年に高いインフレ率の抑制をねらった金融当局の引き締め政策により，「バブル崩壊」的な状況に直面し，企業の資金は損失の処理に資金が使われている模様である[18]。

　こうした状況下で国有企業改革と企業競争力強化のために推進されてきた，国有企業集団から傘下の事業部を民営化する政策の速度も鈍っている。これには土地バブル崩壊による株式市場の停滞に加え，国有企業の運営に慣れた経営

者が市場経済に的確に対応できないことも大きな原因であると思われる。例えば，筆者が訪問インタビューした企業の1つである繊維素材製造企業はいったん巨大国有繊維グループから分離・独立し，民営化しようとした。この過程でスペイン系の繊維企業のベトナム製造拠点として工場をリースし，その企業向けの製品を安定供給するビジネスモデルにより，安定した経営への復帰を目指した。しかし，そのスペイン企業がベトナム市場で売り上げ不振に陥ると，リース契約は解除され，結局，元の親企業を含む国有企業数社の資本参加を通じた救済によってかろうじて経営を維持した。筆者が訪問した2012年11月現在，工場の稼働率は半分程度にとどまっており，経営状況には依然として改善の兆しが見えていない。同社の再建を託された社長は中間管理層の市場経済への理解の欠如と新製品開発やマーケティング知識の不足を挙げている。

　高い潜在性が期待されてきたベトナム経済であるが，2012年は過去13年間で最低水準のGDP成長率（5％）にとどまり，今後も企業改革が順調に行われるか否かは不安なしとは言い切れない。通貨安を背景とする好調な輸出は日系企業にとって，引き続き生産拠点を移す場所としての魅力を持っているものの，中長期的に期待できるベトナム国内市場を見据えた直接投資を考える場合，特に小売サービス業など国内需要をビジネス対象とする日系企業にとって，ベトナム側の企業のレベルアップが投資環境上のますます大きな関心の1つとなるであろう。

[参考文献]
小林守・久野康成公認会計士事務所・東京コンサルティングファーム（2011）『ベトナムの投資・会社法・会計税務・労務』TCG出版。
坂田正三編（2008）『変容するベトナム経済と経済主体』日本貿易振興機構アジア経済研究所。
中島義人（2006）「競争力強化のための投資環境整備に関する日越共同イニシアチブ」講演資料。
日経産業新聞2011年9月7日。
日経産業新聞2012年9月26日。
日本経済新聞2012年12月25日。
日本機械輸出組合（2008）『インドシナ半島における投資・物流環境の現状と事業機会』日本機械輸出組合。
藤井亮輔（2008）「日越共同イニシアチブ及び日越経済連携協定（日越EPA）について」講演資料。
Tran Thi Van Hoa（2011）「専修大学商学研究所・ベトナム国立経済大学ビジネススクール共同シンポジウム資料」。

[注記]

1) 本稿は小林守(2013)「ベトナムの投資環境と日系企業の操業動向」『専修ビジネスレビュー』Vol. 8, No. 1, 専修大学商学研究所に加筆修正を加えたものである。
2) 1999年に米軍機が中国海南島周辺付近を偵察飛行し,スクランブル発進した中国軍機を撃墜した事件とユーゴスラビアでNATO軍航空機(米軍籍)が同国の中国大使館を誤爆した事件により中国国内では反米デモと米国製品不買運動が発生した。
3) 1992年フランスが台湾空軍にフランス製ミラージュ戦闘機を売却したことにより,中国国内で反仏デモ及びフランス製品不買運動が発生した。この時は中国政府は広東省広州市のフランス領事館を閉鎖した。
4) 2012年から民主化が進んだミャンマーも政治の不安定化の可能性は小さく,ベトナムと同様に日本企業の間で評価が急速に上昇している。
5) *Viet Nan News*, Mar. 4, 2008.
6) 日本機械輸出組合(2008)『インドシナ半島における投資・物流環境の現状と事業機会』日本機械輸出組合。
7) 日経産業新聞2011年9月7日。
8) 日経産業新聞2012年9月26日。
9) 同上。
10) 2008年3月,筆者インタビュー。
11) 同上。
12) 同上。
13) 2010年2月,筆者インタビュー。
14) 2010年3月,筆者インタビュー。
15) 2007年8月,筆者インタビュー。
16) 同上。
17) 後藤健太(2008)「ポストM&Aにおけるベトナム繊維企業の競争戦略」,坂田正三編『変容するベトナム経済と経済主体』日本貿易振興機構アジア経済研究所, pp. 89-118。
18) 銀行の不良債権比率は2012年9月末現在で8.82%の高水準であり,2012年通年で倒産・営業停止に追い込まれた企業数は2011年比で2%増加し,約5万5,000社に達すると報道されている(日本経済新聞2012年12月25日夕刊)。

第三部

南アジアの経済と産業

第8章
地理的集中モデルと経済格差
―インド・州間経済格差の事例―

1 はじめに

2012年現在,インド・マクロ経済は概ね好調である一方,各州間で経済格差が生じている。この要因の1つは,貧困州において,製造業の産業集積が進展していないことにある。

Krugman(1991b)の「地理的集中モデル」によれば,製造業の産業集積には,輸送コストの低下が必要である。モデルによれば,貧困州の物流インフラの整備の遅れが,州内の産業都市形成を妨げていると考えられる。地域間経済格差の是正には,貧困州の物流インフラを整備し,製造業の集積が必要である。

一方,インド経済は慢性的な財政赤字を抱えており,公的部門による物流インフラ整備は限定的である。この点,本稿では,①余剰外貨準備の活用,及び②金需要のインフラ整備資金への転換が有用であることを示した。

2 インドにおける地域間経済格差

1991年以前のインド経済は,社会主義政策を採用していたが,1991年以降自由経済へ転換し,成長軌道にのった。自由経済へ移行した要因は,①社会主義政策の失敗,②湾岸戦争時のオイル急騰による為替レートの急落,それに伴う③外貨準備の枯渇が挙げられる。

経済改革の主要点は[1]，①変動相場制への移行，②民間部門に対する投資規制の撤廃，③政府独占部門の民間への開放，④金融改革，⑤WTOへの加盟，⑥外資規制の緩和である。

経済改革後，2003年まで安定した経済成長を保ち，2003年から2012年現在まで，高成長路線にある。直近の2011年から2012年の実質GDP成長率は6.9%であり，途上国の中でも高い成長率を達成している。インドは豊富な若年人口を持ち，今後も「人口ボーナス」による経済成長が見込まれる[2]。

2-1　インド・マクロ経済概要

図表8－1は2002年からのインド経済のマクロ指標をまとめたものである。高成長率に加え，1人当たりGDPも，2011―2012年は2002―2003年の2倍以上の所得水準になっている。

インド経済の特徴的な点は，まず，内需経済であることが挙げられる。2011年から2012年には，約59億5,100万ドルの経常赤字を出している。このような経常赤字は，2004年以降続き，外需に依存しない経済構造である。このため，外生的なショックの影響は，国内経済に影響が少ない。

次に，財政赤字が常態化している。2009年の財政収支はGDP比7%の赤字である。主な財政の支出先は，債務支払いの他，小麦やプロパンガスなど，貧困層に対する生活必需品への補助金である。このため，インド政府の財政赤字は構造的とされ，歳出削減は難しく，今後も財政赤字が持続する見通しである[3]。

インフレ率は高い水準で推移している。特に2008年以降，10%前後のインフレが進んでいる。インフレの要因は，主として食料価格の推移の結果である。この点，経済成長を重視した金融緩和政策の結果，過剰流動性が生まれたためとの見方もあるが，経済成長率との関係で見れば，インフレの要因が通貨供給量であるとはいえない。今後は，高い経済成長率の維持と，インフレ抑制の両立が課題である[4]。

また，タイやインドネシアなど，通貨危機を経験した国々で問題となった外貨準備は，統計上問題ない。直近のデータでは，ドルベースの対外債務残高に対して，約92%の外貨準備高を保有しており，実務面の最適な外貨準備保有高を示す「Guidotti–Greenspan rule」[5]を十分に満たしている。したがって，対ド

図表8-1　インド・マクロ経済指標

対象年月	2002-03	2003-04	2004-05	2005-06	2006-07
実質GDP成長率（％）	3.8	8.5	7.5	9.5	9.6
（備考）	基準年：1999-2000	基準年：1999-2000	基準年：2004-2005	基準年：2004-2005	基準年：2004-2005
1人あたりのGDP（名目）- ドル	481	549	630	729	807
外貨準備高 - ドル（単位：100万）	72,566	108,764	137,008	145,854	192,398
（備考）	年度末（翌3月末）の外貨準備高，金を除く	年度末（翌3月末）の外貨準備高，金を除く	年度末（翌3月末）の外貨準備高，金を除く	年度末（翌3月末）の外貨準備高，金を除く	年度末（翌3月末）の外貨準備高，金を除く
通貨供給量伸び率（％）	16.8	13.0	16.7	15.6	21.6
消費者物価上昇率（％）	4.1	3.5	4.2	5.0	6.7
対外債務残高 - ドル（単位：100万）	104,914	112,653	134,002	139,144	172,360
経常収支（国際収支ベース）- ドル（単位：100万）	6,334	10,435	−6,565	−9,879	−9,809
貿易収支（国際収支ベース）- ドル（単位：100万）	−12,897	−13,794	−33,776	−51,904	−61,782
為替レート（期末値，対ドルレート）	47.5500	43.4450	43.7550	44.6050	43.5950
（備考）	翌3月末値	翌3月末値	翌3月末値	翌3月末値	翌3月末値

対象年月	2007-08	2008-09	2009-10	2010-11	2011-12
実質GDP成長率（％）	9.3	6.7	8.4	8.4	6.9
（備考）	基準年：2004-2005	基準年：2004-2005	基準年：2004-2005	基準年：2004-2005	基準年：2004-2005
1人あたりのGDP（名目）- ドル	1,009	1,081	1,068	1,342	1,389
外貨準備高 - ドル（単位：100万）	299,684	242,345	261,393	282,517	268,721
（備考）	年度末（翌3月末）の外貨準備高，金を除く	年度末（翌3月末）の外貨準備高，金を除く	年度末（翌3月末）の外貨準備高，金を除く	年度末（翌3月末）の外貨準備高，金を除く	年度末（翌3月末）の外貨準備高，金を除く
通貨供給量伸び率（％）	22.3	20.5	18.0	17.8	N.A.
消費者物価上昇率（％）	7.9	9.1	12.4	10.4	8.33
対外債務残高 - ドル（単位：100万）	224,407	224,498	261,036	305,892	N.A.
経常収支（国際収支ベース）- ドル（単位：100万）	−17,117	−28,616	−37,876	−46,113	N.A.
貿易収支（国際収支ベース）- ドル（単位：100万）	−91,467	−119,520	−118,203	−130,593	N.A.
為替レート（期末値，対ドルレート）	39.9850	50.9450	45.1350	44.6500	51.1565
（備考）	翌3月末値	翌3月末値	翌3月末値	翌3月末値	翌3月末値

出所：JETRO Web Site（http://www.jetro.go.jp/world/asia/in/）より。

ル為替レートは，ややルピー安の傾向がみられるものの，今後も外生的なショックによる通貨危機のリスクは少ない。

以上のように，インド・マクロ経済には複数のリスク要因が存在するが，全体的なマクロ指標は良好であり，今後も成長路線が続くことが見込まれる。

2-2 地域間格差の存在

インド経済は高成長路線にあるが，インド各州の発展は一様ではない。特に発展をとげている州は，「黄金の四角形」を形成する，デリー，ムンバイ，チ

図表8-2　インド・州間経済格差DI

YEAR	DELHI	HARYANA	TAMIL-NADU	MAHA-RASHTRA	WEST BENGAL	JAMMU & KASHMIR
2004-05	947.17	862.22	1936.45	3683.69	1900.29	232.92
2005-06	1044.73	940.13	2215.88	4265.03	2019.94	252.78
2006-07	1174.44	1047.05	2562.86	4880.79	2178.49	276.52
2007-08	1306.83	1129.17	2723.40	5423.11	2347.98	307.20
2008-09	1469.61	1216.50	2850.53	5560.06	2442.62	342.90
2009-10	1631.61	1363.82	3120.72	6348.29	2682.92	387.35
2010-11	1809.74	1496.51	3493.35	7028.32	2873.37	437.16
2011-12	2016.53	1619.37	3822.29	-	3080.18	493.88

YEAR	HIMACHAL PRADESH	ASSAM	CHHATTIS-GARH	MEGHALA-YA	MIZORAM	TRIPURA
2004-05	211.89	471.81	413.87	58.46	24.00	81.70
2005-06	237.43	524.40	456.64	64.61	26.64	90.40
2006-07	262.47	570.33	575.36	77.01	29.44	99.81
2007-08	288.73	623.42	693.48	86.19	34.11	108.08
2008-09	331.15	714.78	828.09	102.60	41.51	125.09
2009-10	380.04	824.95	860.45	116.02	48.00	142.10
2010-11	443.48	929.70	1029.18	131.56	55.04	161.83
2011-12	507.97	1035.59	1187.62	149.48	-	184.78

注：Base Year は 2004-05（単位：10億ルピー）。
出所：Ministry of Statics and Programme Implementation （http://mospi.nic.in/Mospi_New/site/home.aspx）より。

ェンナイ，コルカタの近隣州である。すなわち，デリー首都圏，ハリヤナ州，タミルナード州，マハラシュトゥ州，西ベンガル州である。

また，「黄金の四角形」を中心に，デリーを突き抜けインドの南北を結ぶ「南北回廊」と，インド中央に位置するジャンスィを突き抜けインドの東西を結ぶ「東西回廊」が整備されており，National Highwayで結ばれた州は経済成長の恩恵を受けている。

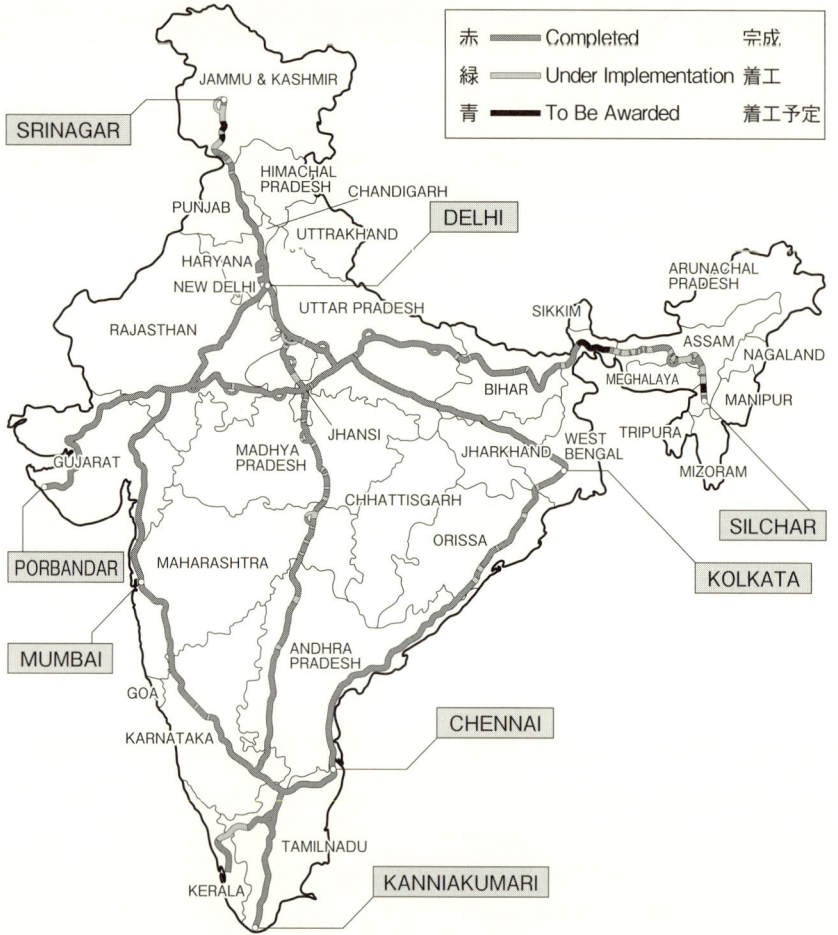

図表8-3 インドNational Highwayの整備状況

赤	Completed	完成
緑	Under Implementation	着工
青	To Be Awarded	着工予定

出所：National Highways Development Project (http://www.nhai.org/nhdpmain_english.htm) より。

一方で，National Highwayを外れた地域の開発は遅れている。2012年現在，図表8−3で示した緑と青のラインがNational Highwayの未整備路線である。National HighwayはState Highwayと補完関係にあり，National Highwayの整備状況は，州内における道路の整備状況と重なることが考えられる。図表8−2は各州のGDPである。対比のため，「黄金の四角形」を構成する州に加え，National Highwayが未整備である州をピックアップした。

両グループを比較すると，所得の格差は明らかである。先に挙げた「黄金の四角形」を構成する中核5地域のDIの平均が約3兆3,400億ルピー（2010年－2011年）であるのに対し，チャンディーガル連邦直轄地域，ジャンムー・カシミール州，ヒマーチャル・プラデーシュ州，アッサム州，メーガーラヤ州，ミゾラム州，トリプラ州のDIの平均は約4700億ルピー（2010年－2011年）に過ぎない。

このように，インド経済は「発展段階の異なる様々なエリアが1つの国に同居する多層型経済」[6]である。小田（2011）によれば，「インドにおける経済格差問題は，決して新しいトピックではない。それは独立前からインドが内包する問題であり，常にインドの政策立案者にとって重要課題の1つであった…（中略）…これまで格差是正の政策が導入されてきたにもかかわらず，格差が縮まるどころか拡大している」[7]と結論づけている。

2-3 インドにおける第2次産業

地域間経済格差の要因として挙げられるのが，製造業の弱さである。インドの国内生産の産業別割合を見てみると，農業2：製造業2：サービス業6であり，製造業の弱さが目立つ。2011年のGDPにおける製造業の割合は，およそ15.4％に過ぎない。

成長の牽引役はIT産業である。インドのIT産業はソフトウェアの開発や，先進国からの業務委託サービスから構成され，労働集約的な産業となっている[8]。このため，中国やインドネシアなどのように，製造業をコアとする経済成長とは異なり，製造業が規模の経済を享受する段階まで，第2次産業が発展していないといえる。

川本（2012）の分析によれば，インドには製造業の発展が不可欠である[9]。製造業は関連産業の生産や雇用への波及効果が大きく，農村地で多くを占める農

図表8-4 各州のDI，舗装道路，純固定資本形成

STATE	DELHI	HARYANA	TAMIL-NADU	MAHA-RASHTRA	WEST BENGAL	JAMMU & KASHMIR
DI (2010-11, 10億ルピー)	1809.74	1496.51	3493.35	7028.32	2873.37	437.16
舗装道路 (2002, km)	23,274	26,311	125,887	209,559	49,517	9,943
純固定資本形成 (2007-2008)	647	7,337	21,108	27,324	6,325	807

STATE	HIMACHAL PRADESH	ASSAM	CHHATTIS-GARH	MEGHALA-YA	TRIPURA	MIZORAM
DI (2010-11, 10億ルピー)	443.48	929.70	1029.18	131.56	161.83	55.04
舗装道路 (2002, km)	16,754	12,882	24,476	6,560	4,393	2,877
純固定資本形成 (2007-2008)	3,676	787	4,616	140	41	N.A.

出所：DI及び純固定資本形成については Ministry of Statics and Programme Implementation
　　（http://mospi.nic.in/Mospi_New/site/home.aspx）より，
　　単位は1000万ルピー。舗装道路については，PMGSY（http://pmgsy.nic.in/）より。

業就労者に新しい雇用を創出することが考えられるためである。

　Krugman（1991b）によれば，製造業の集積が進展しないのは，州内の輸送コストの問題である。第3節のモデルで説明するように，輸送コストが高いケースでは，州内の産業集積が妨げられ，産業の再領域化が進まない。

　インドの物流費用のGDPにおける割合は13％（1,800億ドル）で，ヨーロッパ10％，米国9％と比較すると割高である[10]。これは，物流インフラが未整備なため，渋滞によるリードタイムの長時間化や，悪路による製品へのダメージが，輸送コストに跳ね返るためである[11]。

　2009年度におけるインド内陸物流のうち，輸送サービスの68％が道路輸送である。また，国内道路の80％以上が未舗装の地方道・村道である[12]。図表8-4では各州のDIと州内の舗装道路，純固定資本形成を示した。州内の舗装道路の総距離が短い州は，DI及び純固定資本形成が低くなる傾向がある。相関をとれば，舗装道路の距離とDIの相関係数は約0.97，舗装道路の距離と純固定資本形成の相関係数は約0.97である。このことからも，州内物流インフラ整備

と各州の経済状況には，高い関係性が見受けられる。

　もちろん，「経済の発展が物流インフラ整備を促す」とも考えられるが，次のような分析がインド経済の現状を適切に描写している。澤(2010)によれば「インフラが不十分な貧困州では，製造業を誘引するために必要なインフラ整備においても…（中略）…既存のインフラが不十分なために，それが困難であるという悪循環に陥り，地域間格差が拡大再生産されている」とし，さらに「インドの経済成長において，工業化の進展が重要な牽引力であり，インフラ整備の状況の良い地域に工業の新規立地が集積する傾向がある。その結果，リージョナルスケールでの再領域化が進むと同時に，地域間格差が拡大再生産されている」[13]と述べている。

3　地理的集中モデル

　インド経済の問題は，「黄金の四角形」・「南北回廊」・「東西回廊」上や，その周辺に位置する州と，物流インフラの整備が整わない州との間で経済格差が生じ，多層型経済を構成している点である。本節では，州間経済格差の要因を，Krugman（1991b）（北村他訳（1994））の地理的集中モデルを用いて探る。

3-1　各都市の人口分布

　Krugman（1991b）では，産業の地理的集中について，輸送費，収穫逓増，需要の３つがパラメーターとなる。

　モデルでは，農業部門と製造業部門の２つの産業が存在する。また，２つの都市が存在し，製造業部門の企業は，都市A及び都市Bの両方，或いは片方に工場を建設し，生産することができる。工場の建設には，工場建設費がかかる。１つの都市のみに工場を建設するケースでは，もう一方の都市に製品を輸送して販売する。このとき輸送費がかかる。また，各都市の生産高は労働人口に比例するものと仮定する。

　州全体の労働人口の大きさは１で，製造業人口のシェアをπと仮定する。農

図表8-5　都市Bにおける人口集中と離散の関係

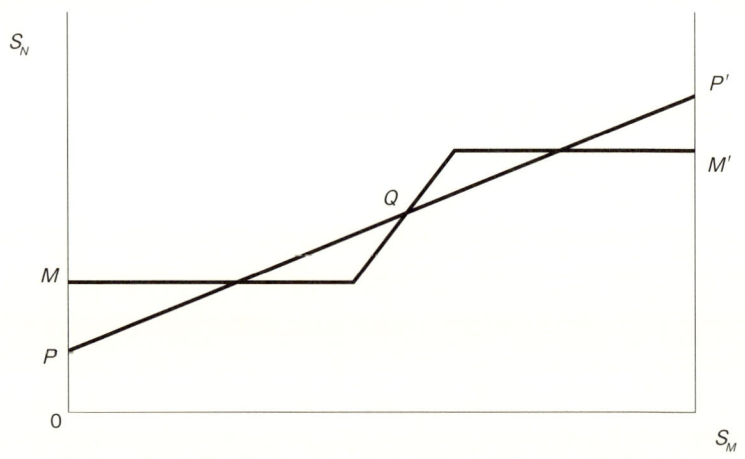

出所：Krugman, Paul (1991b), *Geography and Trade*, MIT Press, Figure 1-2.

業部門は生産に土地が必要であることを仮定すれば，農業人口は外生的要件で決定される。単純化のため，農業人口は都市A，Bで等しいと仮定すると，農業人口は

$$\frac{(1-\pi)}{2} \tag{1}$$

である。都市A，Bのどちらかにすべての製造業人口が集まる場合，もう一方の都市の人口は(1)式の人口と等しくなり，最小となる。

各都市の人口は，製造業人口が大きくなるほど増加することになり，線形の次式が与えられる。

$$S_N = \frac{(1-\pi)}{2} + \pi S_M \tag{2}$$

ここで，S_Nは総人口における都市Bの人口シェアを，S_Mは都市Bの製造業人口シェアを表している。(2)式における線形の関係を示したのが図表8-5である。図表8-5のPP'線は，製造業人口が増加すれば，都市Bにおける人口が比例的に大きくなることを示している。製造業人口がゼロであれば，都市Bの人口は縦軸の切片と等しく，$\frac{(1-\pi)}{2}$となる。このとき，都市Aの人口は最大化される。

148

3-2　産業集積の条件

　都市A，Bの製造業人口に影響を与えるのが，各都市間に製品を供給するための輸送コストである。

　xをモデル内で仮定する代表的製造業者の売り上げ，Fを各都市に工場を建設するための固定費用，tを都市A，B間で製品1単位を輸送するコストとすれば，次のような関係が求められる。まず，

$$S_N xt < F \tag{3}$$

のときには，輸送費が工場設置の費用を下回るため，都市Aから都市Bへ製品を輸送することになる。次に，

$$(1 - S_N) xt < F \tag{4}$$

のときには，同じく輸送費が工場設置の費用を下回るため，都市Bから都市Aへ製品を輸送することになる。

　最後に，(3)式，(4)式に当てはまらないケースでは，都市A，Bそれぞれに工場を設置することが合理的な選択になる。この結果，Fがtxと比較して，それほど高いものでなければ，

$$S_M = 0 \quad if \quad S_N < \frac{F}{tx} \tag{5}$$

$$S_M = S_N \quad if \quad \frac{F}{tx} < S_N < 1 - \frac{F}{xt} \tag{6}$$

$$S_M = 1 \quad if \quad 1 - \frac{F}{tx} < S_N \tag{7}$$

の関係を導くことができる。

　この関係を図表8-5で示したのがMM'線である。MM'線は都市Bにおける生産高を示している。仮定により，生産高は労働人口に比例するので，その変化は製造業人口の大きさに依存していることがわかる。仮に，(5)式が成り立ち，製造業人口が都市Aに集中すれば，都市Bの人口は$\frac{(1-\pi)}{2}$と等しくなり，生産高は最低の水準となる。

製造業人口が都市Aに集中するための必要条件は，次の通りである．今，初期において，すべての製品が都市Aで生産されていると仮定すれば，都市Bの人口は$\frac{(1-\pi)}{2}$であり，都市Aから都市Bへの輸送コストは，

$$\frac{tx(1-\pi)}{2} \qquad (8)$$

となる．輸送コストが工場設置の費用よりも低ければ，都市Bにおける生産のインセンティブはなくなるため，

$$F > \frac{(1-\pi)}{2}tx \qquad (10)$$

である限りは，都市Aに製造業人口が集中することになる．

製造業が集中するかどうかは，工場設置のコストと輸送コストの相対的なバランスに依存するのである．モデルによれば，都市Aに産業が集積するための条件は(3)式の条件を満たす必要がある．このためには，(5)式が満たされなければならず，F, xを所与の外生変数と仮定すれば，製品1単位当たりの輸送コストtが十分に低下する必要がある．

このため，貧困州で製造業を集積させるには，州内の輸送コストを低下させ，工場の設置コストを下回らせる必要がある．

4 物流インフラ整備における課題と政策提言

インド経済における州間格差の要因は，州内における輸送コストの高さであることが主要因として挙げられる．高輸送コストの要因は，物流インフラが未整備であることが挙げられ，特にインド北部や東部の州はNational Highwayや州内道路が未整備なこともあり，DIが低くなっている．格差是正には，インド州内の物流インフラを整備し，州内の産業集積をはかり，固定資本と所得の増加をはかることが望ましい．

インドでは州間を結ぶNational Highwayの建設が進展しているが，同時にState Highway等の州内物流インフラを整備し，州内の産業集積をはからなければ，格差が拡大するリスクがある．これはいわゆる「ストロー効果」と呼ば

れ，物流インフラ整備が，より大きな経済格差をもたらす現象である。

ナショナル・スケールにおける都市集積の観点から考察すると，National Highwayの整備が先行して進展すれば，デリーや西ベンガルなど，すでに産業が集積している地域の発展が加速し，貧困州から労働人口や資本が，アクセスの良い既存の大都市へ流出してしまうのである。

一方で，州内の物流インフラを整備するには，多額の資金が必要となってくるため，どのようにして物流インフラ整備を進めるのかが課題となる。

4-1　物流インフラ整備の財源問題

貧困州で物流インフラ整備が進展しない要因は，資金不足であるとの指摘がある[14]。各州財政における歳入は，州独自の税収・税外収入に加え，中央政府からの財政移転と交付金である[15]。

第1節で挙げた低所得州は，中央政府からの財政移転と交付金が不可欠であるが，図表8-6で示す通り，インド政府の財政は，統計のある1988年以降，慢性的な財政赤字を抱えており，短期的に多額の追加支出は見込めない。

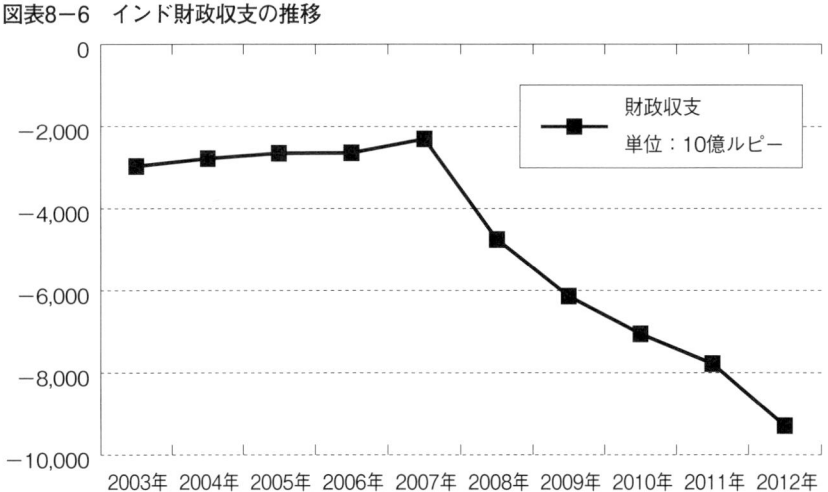

図表8-6　インド財政収支の推移

出所：IMF, *World Economic Outlook Databases*（2012年10月版）。

これに加え,中長期的にも,財政支出による物流インフラ整備は,次の3つの理由で期待できない。①景気拡大の税収拡大効果は限定的であること,②歳出削減が難しいこと,③国債増発は長期金利とインフレ率を上昇させてしまう懸念があること,である。[16)]このため,物流インフラ整備の進展には,他の財源を充てる必要がある。

4-2 どのような資金を活用するべきか

物流インフラ整備の財源として有望なのは,①外貨準備の活用,②貴金属需要の転換,である。それぞれについて,以下で検討していく。

(1) 外貨準備の活用

東アジア通貨危機で明らかになったように,通貨暴落のリスクは,途上国共通の問題である。通貨危機に対する予防措置としては,①変動相場制に移行すること,②十分な外貨準備を保有すること,③短期対外債務を圧縮することである。

現在のインドは,1991年の通貨危機以降,変動相場制に移行していること,また,外貨準備高は約2,825億ドル(2011年)にものぼり,短期債務残高を含む対外債務残高の総額約3,058億ドルの92%程度の外貨準備を保有していることを踏まえれば,短期的に通貨危機に陥るリスクは少ない。

Bird and Rajan(2003)では,適正水準以上の外貨準備は経済成長に対する機会費用としての側面を持つと指摘しており,[17)]余剰な外貨準備を物流インフラ整備の資金として活用することが考えられる。

一方で,インドでは高インフレ率や為替レートの水準が問題となっており,外貨準備を活用する際のマネーサプライの増加が,短期的に国内経済への弊害をもたらす可能性がある。

これについて葉山(2012)は,資本移動の制限が大きいケースでは,外貨準備活用によるマネーサプライの増加が,国内均衡を縮小させる可能性を示している。この点,インドは資本移動の制限が比較的少ない。[18)]インドへの直接投資は「ネガティブ・リスト」[19)]に該当しない限り,基本的に外資出資比率100%まで自動認可されるシステムになっている。このため,外資によるインド国内投

資に関しては，比較的資本移動の制限が少ないと考えられる。

　一方，高インフレ率もインド経済では問題であるから，外貨準備の活用によりマネーサプライが増加する際には，注意が必要である。中央銀行は2011年10月，インフレ抑制を期待して，政策金利（レポレート）を8.5％に引き上げ，2012年10月現在まで政策金利を据え置く等の措置をしている。外貨準備を取り崩す場合には，金融政策とセットで政策を発動し，インフレ抑制をはかる必要がある。

（2）貴金属需要の転換

　インドには旺盛な金需要が存在する。2011年現在では，金需要主要国のうち，インドの金需要は，金額ベースでおよそ30.3％である[20]。これには歴史的・文化的な背景があり，「ダウリ（dowry）」と呼ばれる習慣が存在しているためである。川本（2012）の計算によれば，インド経済の金への支出は，インド全体の可処分所得のうち，およそ2％程度を占めていることが示されている[21]。

　Keynes（1913）で述べられている通り，金需要による資産の退蔵は，早くからその弊害が指摘されている。インド政府も問題を認識しており，「The 1961 Dowry Prohibition Act」を制定し，ダウリを禁止する他，2012年3月には，純金の関税率を現行の2％から4％へ，純金以外の関税率を5％から10％へ引き上げるなどの措置をした。

　2011年におけるインドの金需要はおよそ463億7,100万ドルであり，これを2011年の直接投資受入額365億400万ドルと比較すれば，インドにおける金需要を，物流インフラ投資へ転換することの意義は明らかである。

5　おわりに

　本稿では，インド経済では地域間経済格差が問題であることを示した。州間の経済格差を是正するには，製造業の集積が不可欠である。そのためには，州内の物流インフラ整備をし，輸送コストを低下させることが効果的である。

　財政赤字を抱えるインドでは，物流インフラ整備の財源は，①余剰外貨準備，及び②過剰な金需要の資本投資への転換を用いるべきである。

[参考文献]

Aschauer, D. A.（1989）"Is Public Expenditure Productive?", *Journal of Monetary Economics* Vol. 23, North-Holland Publishing. pp. 177-200.

Bird, Graham and Ramkishen Rajan（2003）, "Too much of a good Thing? The Adequacy of International Reserves in the Aftermath of Cricis", *The World Economy*, 26, Elsevier Scientific Pub., pp. 873-891.

Disclaimer for the Skill Gap Report（2011）*Requirements in the Transportation, Logistics, Warehousing and Packaging Sector*, National Skill Development Corporation（http://www.nsdcindia.org/pdf/transportation-logistics.pdfsearch='CII+study+on+skill+gaps+in+the+indian+logistics+sector'）

Frenkle, Jacob A. and Boyan Jovanovic（1981）"Optimal International Reserves: A Stochastic Framework", *The Economic Journal* 91, Macmillan, pp. 507-514.

Keynes, John M.（1913）*Indian Currency and Finance*, Ulan Press.

Krugman, Paul（1991a）"Increasing Returns and Economic Geography", *The Journal of Political Economy* Vol. 99 No. 3, University of Chicago Press, pp. 483-499.

Krugman, Paul（1991b）*Geography and Trade*, MIT Press.（北村行伸他訳（1994）『脱「国境」の経済学』東洋経済新報社）。

内川秀二編著（2006）『躍動するインド経済 光と陰』アジア経済研究所。

小田尚也（2011）「拡大する州間格差とインフラ整備」『アジ研ワールド・トレンド』No.187, アジア経済研究所, pp. 4-7。

川本敦（2012）「資金の流れで見るインド経済―概観と展望」『ファイナンス』大蔵省広報, pp. 46-55。

小林公司（2009）「拡大するインドの財政赤字～長期的な経済成長に必要なインフラ整備に悪影響」『みずほアジア・オセアニアインサイト』みずほ総合研究所, p. 12, http://www.mizuho-ri.co.jp/publication/research/pdf/asia-insight/asia-insight091027.pdf。

澤宗則（2010）「グローバル経済下のインドにおける空間の再編成」『人文地理』62巻第2号, 人文地理学会, pp. 132-153。

JETRO 海外調査部（2011）『インド・ASEAN 流通ネットワーク調査』JETRO（http://www.jetro.go.jp/jfile/report/07000634/report_complate_ver.pdf）。

葉山幸嗣（2012）「東アジアの外貨準備と社会資本投資」『アジア市場経済学会年報』第15号, アジア市場経済学会, pp. 85-94。

藤井英彦（2011）「インド経済の現状と展望」『Business and Economic Review』, 2011年5月号, 日本総合研究所, pp. 2-14。

World Gold Council『ゴールド・デマンド・トレンド 2011年年間』2012年2月号, www.gole.org.

[注記]

1）内川（2006）第1章。
2）川本（2012）p. 46。

3）藤井（2011）。
4）同上，pp. 11-12。
5）外貨準備高と1年未満の短期債務の比率は1に等しくなることが望ましいとされる。
6）藤井（2011）p. 3。
7）小田（2011）p. 4。
8）澤（2010）p. 140。
9）川本（2012）p. 51。
10）Disclaimer for the Skill Gap Report（2011）p. 7。
11）JETRO海外調査部（2011）『インド・ASEAN流通ネットワーク調査』JETRO, p. 77（http://www.jetro.go.jp/jfile/report/07000634/report_complate_ver.pdf）。
12）同上，p. 77。
13）澤（2010）pp. 143-144。
14）藤井（2011）p. 13。
15）小田（2011）p. 6。
16）小林（2009），p. 12。
17）適正な外貨準備の水準については，Frenkle and Jovanovic（1981）におけるバッファー・ストックモデルで示されている。すなわち，$R = 2^{\frac{1}{4}} C^{\frac{1}{2}} \sigma^{\frac{1}{2}} r^{\frac{1}{4}}$で示される。ここで，Rは外貨準備保有高を，Cは経済調整コストを，σは外貨準備保有高の標準偏差を，rは外貨準備保有の機会費用であり，最適外貨準備保有高は，Cとσの上昇によって増加し，rの増大によって減少する。
18）商工省産業政策促進局（DIPP）。
19）2012年現在の「ネガティブ・リスト」については，http://dipp.nic.in/English/Policies/FDI_Circular_01_2012.pdfを参照のこと。
20）World Gold Council『ゴールド・デマンド・トレンド2011年年間』より。
21）川本（2012）p. 48。

第9章 インドの産業動向

1 インドの概要

(1) 大国の登場

インドは地球上で最後に台頭してきた大国である。世界の約200か国の中で人口は中国に次いで第2位の12億人であり、第3位以下の米国、インドネシア、ブラジルを大きく引き離している（図表9－1参照）。中国が1人っ子政策の影響で人口の増加が頭打ちになり高齢化が進んでいるのに対して、人口構成は釣鐘型を保っており、2025年から2030年にかけて、生産人口でも総人口でも中国を抜き去り、世界第1の人口規模になることが見込まれている。ちなみに日本も人口規模では世界10位の位置にあり、これまでの経済成長を支えた内需が大き

図表9－1　世界の人口順位（2011年）

世界順位	国　　名	人口（100万人）
1	中国	1,348
2	インド	1,207
3	アメリカ	312
4	インドネシア	241
5	ブラジル	195
6	パキスタン	175
7	バングラデシュ	167
8	ナイジェリア	160
9	ロシア	142
10	日本	128

出所：IMF, *World Economic Outlook Databases*（2012年4月版）より作成。

図表9-2　世界の国土面積順位

世界順位	国　　名	国土面積（万km²）
1	ロシア	1,707
2	カナダ	997
3	中国	960
4	アメリカ	937
5	ブラジル	851
6	オーストラリア	759
7	インド	329
8	アルゼンチン	278
9	カザフスタン	272
10	スーダン	250

出所：外務省「各国・地域情勢」より作成。

かったことがわかる。

　また国土面積も世界第7位の329万km²，日本の約9倍となっている（図表9-2参照）。インドの国土は東西に約3,000km，南北に約3,000kmの範囲に及んでおり，気候帯も砂漠や熱帯雨林から北部の寒冷な山岳地帯まで多岐にわたっている。

（2）インド経済の状況

　インドの経済はまだ成長の緒に就いたところである。もともとインドはイギリス東インド会社が統治し，1877年からはイギリス領インド帝国として，イギリスの影響を強く受けてきた。産業革命以前は農作物の他に綿織物等の軽工業製品の輸出も行っていたが，産業革命を契機として製品輸入国へと立場が逆転し経済は衰退した。1947年にイギリスからの独立を果たしたが，その後当時のソ連寄りの経済政策を採った。企業の国有化や保護貿易政策によって企業の投資活動を規制する政策運営を行い，この結果，企業活動の低下と財政赤字の拡大等からインド経済は40年余りにわたって停滞を続けた。

　今日のインドの成長は1991年から始まったといえる。この年，原油価格の急騰により外貨準備高が数日分という破綻寸前の状態に陥り，1991年6月に誕生したナラシマ・ラオ政権のもとで，当時のマンモハン・シン財務大臣（現在の首相）らが中心になり，IMF・世界銀行からの構造調整借款も得て，財政赤

字の削減,産業・貿易規制の緩和等を中心とする経済の自由化を行った。

インドの経済成長率の推移を図表9-3に示す。インドは1991年以降,安定して高い成長を続けており,特に2000年代に入ってからは,アジア諸国の中で,中国に次ぐ高い成長をとげている。2011年時点での名目GDPの総額は,米国,日本,中国,欧州の先進国等に続き第10位に位置している（図表9-4参

図表9-3　インド及びアジア各国の実質GDP成長率の推移

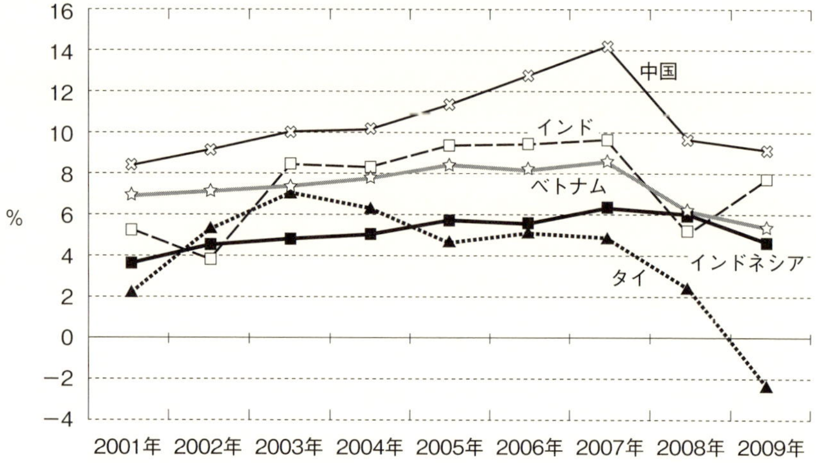

出所：総務省「世界の統計2011」より作成。

図表9-4　名目GDPの上位10か国（2011年）

世界順位	国名	GDP（10億US$）
1	アメリカ	15,076
2	中国	7,298
3	日本	5,867
4	ドイツ	3,607
5	フランス	2,778
6	ブラジル	2,493
7	イギリス	2,431
8	イタリア	2,199
9	ロシア	1,850
10	インド	1,827

出所：IMF, *World Economic Outlook Databases*（2012年10月版）より作成。

照)。しかし1人当たりGDPで見ると,BRICsとして取り上げられている各国やASEANの国と比べるとまだ低く,137位と大きく後退する。後進ASEANといわれるベトナム,ラオスにはわずかに上回っているものの,タイ,インドネシア,フィリピンとはまだ大きく差が開いている(図表9-5参照)。

これはインドの産業構造が,農業の比率が高く,製造業の比率が低いことも理由の1つである(図表9-6参照)。人口の約2/3に当たる8億人以上が農村部に住み,多くの地域で,灌漑設備等のインフラや農業知識が不十分なままに,生産性の低い農業が行われている。1日1.25US$以下で生活する貧困層比率は41.6%(2005年の数値,世界銀行による)に上り,そのうち約3/4が農村部に暮らしている。農村部では電化率,飲料水へのアクセス率,識字率等も低い状態にとどまっている。

しかしその一方で近年は,安定した経済成長等を背景に,これらの指標も徐々に改善してきている。年間世帯所得が20万ルピーから100万ルピー(1ルピーは2013年1月時点で1.7円程度)のいわゆる中間層が増大してきており,家電製品等の消費財の市場が拡大している。発電設備や道路,工業団地等の社会インフラ,産業インフラの整備も進み始めている。

産業開発だけではない。インドの農業は,現在でも米,サトウキビ,綿花等の農作物生産量が世界有数の規模にある。農業インフラの整備等により生産性が拡

図表9-5　1人当たり名目GDPの各国比較(2011年)

世界順位	国名	1人当たGDP(US$)
53	ロシア	12,993
54	ブラジル	12,789
72	南アフリカ	8,078
90	中国	5,417
91	タイ	5,395
110	インドネシア	3,512
124	フィリピン	2,345
137	インド	1,514
141	ベトナム	1,374
143	ラオス	1,320

注:世界順位は,対象183か国中の順位。
出所:IMF, *World Economic Outlook Databases* (2012年10月版) より作成。

図表9-6　インド及びアジア各国の産業構造比較

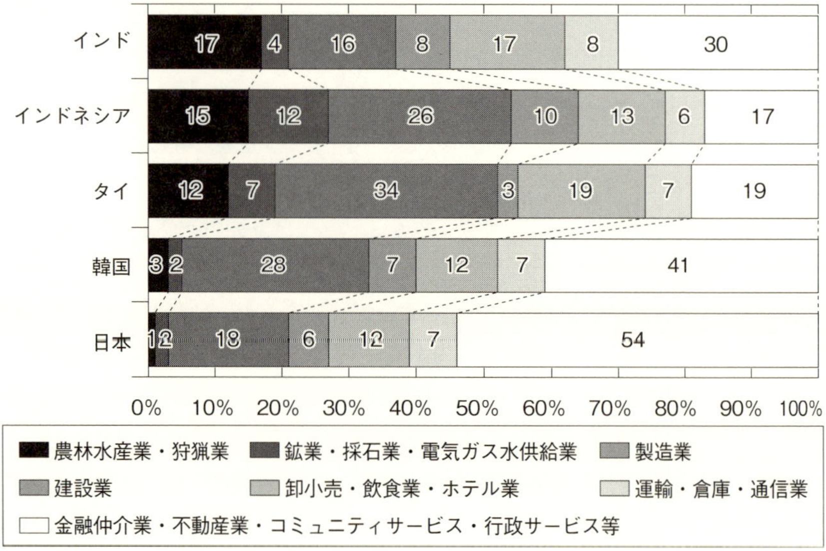

国	農林水産業・狩猟業	鉱業・採石業・電気ガス水供給業	製造業	建設業	卸売・飲食業・ホテル業	運輸・倉庫・通信業	金融仲介業・不動産業・コミュニティサービス・行政サービス等
インド	17	4	16	8	17	8	30
インドネシア	15	12	26	10	13	6	17
タイ	12	7	34	3	19	7	19
韓国	3	2	28	7	12	7	41
日本	1	2	19	6	12	7	54

出所：総務省「世界の統計2011」より作成。

大する余地は大きく，今後世界の食料供給を支える一員になる可能性がある。今後，インドの1人当たりGDPが現在のフィリピン，インドネシアと同レベルになれば，GDP総額では世界の4～5位となり，日本を脅かす位置にまで浮上する。これからのインドは，非常に高い市場の可能性と事業機会を有しているといえる。

2 事業対象国としてのインドを見る視点

第1節ではインドのマクロな状況について示した。しかしインドで事業等の活動をする際には，もう一歩踏み込んで，インドの位置づけやインド国内の多様性等を把握する必要がある。ここではこのような観点からインドを見る視点を示す。

（1）地政学的位置

　世界地図を見ると，インドは特徴のある場所にあることがわかる。東隣にはインドシナ半島があり，ASEAN諸国と地理的に近い。一方インドの西側にはアラビア半島などの中東諸国が広がり，さらにその先にはEU及びアフリカにつながっている。

　日本の産業はこれまで低コストの生産基地や，新興市場を求めて中国やASEAN諸国に進出してきた。ASEANのもう1つ先にあり，大きな人口を擁するインドにその目が向かいリーチを伸ばすのは自然な成り行きともいえる。しかしインドの魅力はそれだけではない。

　1つにはインドの東側にあるASEANとの連携がある。インド-タイFTAが2003年10月に署名され，インド・シンガポール包括的経済協力協定（CECA）が2005年8月に発効するなど，ASEAN各国との2か国間協定が締結されている。またASEANとの多国間協定も2003年10月に包括的経済協力枠組み協定が締結され，インド・ASEAN FTAが2010年1月に発効した。これによりインドとASEAN各国との間では，部品や製品はもちろんサービスや投資の自由化が進んでいる。これにより生産分業や製品販売等が柔軟に行えるようになった。

　2つ目はインドの西側への展開である。もともとインドは地理的な近接性や英連邦としてのつながりなどから，中東やアフリカ諸国とのつながりが強い。インドから中東に出稼ぎに行くインド人も多く，またインド企業はこれら地域での事業活動を積極的に行っている。NRI（Non-Resident Indian）と呼ばれる，海外に居住するインド国籍を持つインド人は，中東に約500万人，アフリカに約400万人いる。日本企業はこれらの近接性やネットワークを活用することにより，インドを起点とした西方地域への展開が容易になる。

　インドを代表する日系企業であるマルチ・スズキはデリー周辺のグルガオン，マネサールの2工場に続く3番目の工場を，インド北西部のグジャラート州に建設し，2015～16年に稼働する計画を今年発表した。インド北西部の一大港湾であるムンドラ港から300kmの位置にあり，これまでの内需中心の事業に対して，新工場を生産・輸出拠点とすることを明確にしている。日産や韓国の現代自動車が自動車の組み立て工場を，インド内部最大の港湾を擁するチェンナイに設置したのも，ASEANや西方市場へのアクセスを考慮したものと考えられる。またインド進出を積極的に行っているパナソニックも，インドの内需獲

得に加えて，インドを起点とした西方市場への展開も視野に入れているとのことである．

（2）インドの多様性

「インドはEUのようなもの」といわれる．実際にその面積はイギリスと北欧を除いた旧西ヨーロッパにほぼ匹敵する．そしてその中で連邦政府の定めた法律，制度や方針に基づき，またルピーという共通の通貨を使いながらも，各州はそれぞれが自律性のある自治を行っている面がある．これが上のようにいわれるゆえんである．

インドは28の州とデリーを含む7つの連邦直轄地域から構成される．インドの各州はもともと言語の違いによって分けられたともいわれており，州によって言語だけでなく文化や習慣も異なっている．そして連邦の公用語はヒンディ語であるものの，その他に21の州レベルの言語が憲法で公認されている．

南部の主要な州の1つであるタミルナード州の人口は約7,200万人，その隣のバンガロールのあるカルナタカ州は約3,200万人，西側のムンバイのあるマハラシュトラ州は約1億1,200万人（いずれも2011年）といった具合であり，1つ1つの州がベトナムやタイなどのASEANの1国に匹敵する規模を持っている．

州によって話されている言語が異なることを物語る，筆者が体験したエピソードを紹介する．

インド北部出身でデリー在住の大学生と一緒に南部のバンガロールを訪問したときのことである．同じインド国内なので現地語がわかるのではないかと期待していた．しかし実際にバンガロールに行ってみるとデリーの学生はまったく言葉が通じないとのことであった．もちろんインド全土の特徴として英語を話す人は多く，ホテルや企業では英語で問題ない．しかし街中では，オートリキシャーの運転手や町行く人に道を尋ねたり，レストランの場所を聞いたりするといった簡単なことでも通じない．「（外国人である）あなたと同じです」と言っていたデリーの大学生におかしさと不思議さを感じた．

もう1つは，国家プロジェクトとしてインドの言語の自動翻訳システムを開発している研究者と面談したときのことである．彼によれば，「韓国から日本に文書が送られて来たらそのままでは韓国語はまったく読めず翻訳するだろ

う。インドの州政府の間でもその事情は同じである。だから自動翻訳システムがあると便利だ」とのことであった。

　州による多様性に即して主に言語について述べたが，インドの多様性はそれだけではない。人種，宗教，食事，文化，習慣，社会階層等多岐にわたる。インド北部は麦の文化圏であり，住民は背が高く彫りの深いアーリア系の顔立ちをしている。これに対して南部はコメを好み，住民は色黒で小柄，丸顔で，東南アジアの人々に近い印象がある。ボリウッドという言葉もあるようにインド全土で映画は人気だが，映画俳優はアーリア系の顔立ちの北部の人で占められており，南部でもそれが人気だというのが面白い。

　宗教ではヒンドゥ教徒が約80.5％を占めるが，同じヒンドゥ教でも寺院の様式など北部と南部では異なっている。ヒンドゥ教徒の他，イスラム教徒は約13.4％，キリスト教徒，シーク教徒がそれぞれ約2％となっている。これとは別にカーストや，ジャーティと呼ばれる世襲職業階層がある。所得や学歴の格差も著しい。近年の経済成長を反映して，中間層が拡大しているが，その一方で農村部を中心に膨大な貧困層が存在している。

　このようにインドの社会は非常に複雑な多層構造を持っている。このため州によって広告宣伝の言語や内容を変えるとか，ターゲットとする市場の階層によって販売方法や商品設計を変えるといったきめ細かな対応が必要になる。

（3）インドの主要都市

　インドの多くの都市の中で，特に人口規模の大きい都市を「Tier 1 都市」ということがある。Tier 1 都市としては，デリー，ムンバイ，チェンナイ，バンガロール，コルカタ，ハイデラバード，アーメダバードの7都市がある。日本からの展開を考える場合には，この中でも特に最初の4都市に注目する必要がある。日本企業の進出やプロジェクトもこれらの4都市に特に多い（図表9−8参照）。注目すべき州及び都市を中心にインドの主要な地域の位置を図表9−7に示した。これらの都市はインド全土に概ね四角形の形で分散している。もちろんこれらの州都だけが重要というわけではなく，それぞれの地域に固有の魅力ある特徴や産業，文化遺産等があることはもちろんである。以下では各主要都市の概況を簡単に説明する。

　デリーはインドの行政の中心であるとともに，デリーを取り巻く周辺のハリ

図表9-7 インドの主要州および主要都市

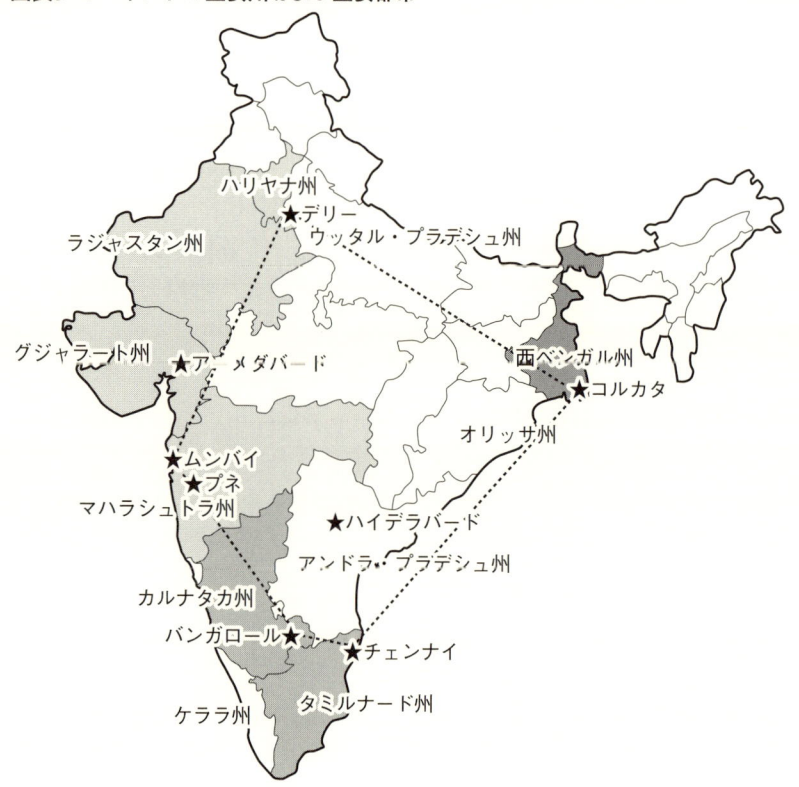

注：州名を黒字で、都市名を★付きで示す。破線は都市が四角形で分布していることを示すための補助線である。

ヤナ州のグルガオンや、ウッタル・プラデシュ州（UP州）のノイダと一体となり、工業、商業の中心地である。この地域にはスズキとホンダの工場がある他、自動車部品企業、ダイキンなどが進出している。

　ムンバイはインドの西海岸に面するインド最大の都市であり、商業と金融を中心に発展してきた。一方ムンバイから150kmほどのところにある都市、プネはTier 1都市に次ぐ規模の都市であり、タタ、フォード、ダイムラー・クライスラー等の自動車産業や関連部品産業、機械産業が集積している都市の1つとなっている。両都市は車で3時間程度の距離にあり、マハラシュトラ州の産業の両輪となっている。

　このデリーとムンバイを結ぶ約1,500kmの間に高速貨物専用鉄道を敷設する

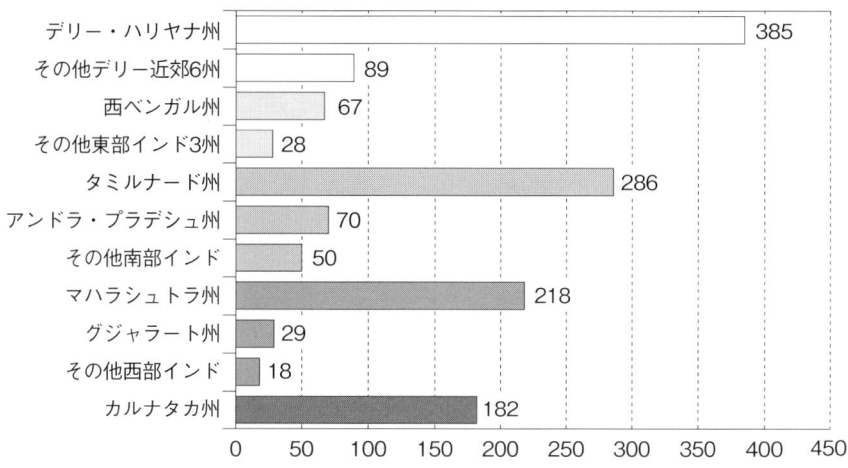

図表9-8　地域別の進出日系企業数

地域	企業数
デリー・ハリヤナ州	385
その他デリー近郊6州	89
西ベンガル州	67
その他東部インド3州	28
タミルナード州	286
アンドラ・プラデシュ州	70
その他南部インド	50
マハラシュトラ州	218
グジャラート州	29
その他西部インド	18
カルナタカ州	182

出所：在インド日本国大使館資料より作成。日本企業の支店，駐在員事務所，日本企業による資本参加企業等を含む。2011年10月時点。

とともに，その両側各150kmのベルト地帯に，工業団地，物流基地，港湾，発電所等のインフラを建設し，産業地帯を形成しようという，「デリー・ムンバイ間産業大動脈構想（DMIC）」の推進が日印両国の首脳間で合意され，現在両政府の協力のもとに様々なプロジェクトが進められている。この沿線に当たるラジャスタン州やグジャラート州でも，工業団地の開発やインフラの整備が始まっており，これら地域が脚光を浴びつつある。例えばラジャスタン州では日系企業専用の工業団地の開発が行われている。またグジャラート州では，タタ・モーターズが発売した最低価格10万ルピー（発表当時の為替レートで約30万円）の小型車「ナノ」の生産工場が2010年より稼働している他，上述のスズキやフォードが新たに工場を建設することを計画している。

インドの東側にはムンバイとともに古い歴史を有するコルカタがある。この地域には三菱化学，クボタ，日立建機等が進出している。

一方インド南部にはバンガロール（正式名称はベンガルールに改名された）とチェンナイという2大都市がある。バンガロールはインドのシリコンバレーともいわれ，IT産業が集積していることとトヨタが自動車を生産していることで知られている。一方チェンナイは南インド最大の国際港湾を有し，現代自動車，日産自動車，ノキア，東芝等が立地している。

バンガロール〜チェンナイ間は350kmの距離があり，両都市を結ぶベルト地帯も今後，道路，港湾，発電所等のインフラ整備が進むとともに，産業集積地として発展していくとみられる。またバンガロールの南西約150kmの地点にインド有数の古都であり，古くからの産業都市であるマイソールがある。チェンナイからバンガロールを経てマイソールに至る500kmに高速鉄道を建設することも，人口や産業集積から可能性があるとみられる。

（4）インドの投資環境

　以上に述べたことを含め，インドの強み，弱み，機会，脅威を図表9－9に示す。これは，ASEAN等の他国と比較してインドを見た場合の，インドの投資環境の特徴を整理したものである。

　インドは膨大な人口を有するとともに安定した経済成長をとげており，また東西の経済圏の中間に位置していることから，生産拠点としても，国内市場向けの販売拠点としても，輸出拠点としても，いずれも大きな強みを有している。さらにもともと英国による支配の歴史があることから英語が通じやすく，高等

図表9－9　インドの投資環境

強み	弱み
●膨大な人口と今後の増加 ●安定した経済成長 ●西方市場への展開可能性 ●ASEAN諸国との連携可能性 ●豊富な労働力 ●高度人材の確保 ●産業基盤の歴史的形成 ●IT産業の発展 ●英語の普及	●インフラの未整備（電力，物流，水等） ●工業団地の不足 ●日系企業の進出途上 ●複雑な税制 ●州ごとの独立性 ●言語，文化等の多様性，複雑性 ●カースト等の身分制度の存在 ●石油・ガス資源の不足 ●気候条件（地域による）
●中間層の台頭 ●農村部の都市化 ●自動車，二輪車，家電等の普及開始 ●今後の製造業の振興政策 ●インフラ整備の進展 ●大量のBOP層の存在 ●日系以外の大企業，欧米企業の存在	●欧米競合企業の存在 ●韓国企業の存在感（家電等） ●コスト意識の高い消費者 ●イスラムとの軋轢
機会	脅威

教育機関も整備されている。これに加えて，独立後40年以上にわたり閉鎖的な経済運営を行っていたこともあって，国内での基礎素材や加工組立製品等の独自の生産基盤も有している。これは現地に，部材の調達先の確保や委託生産先，部材の納入先等の可能性があるということであり，この点でインドは，日本の進出が始まった当初のASEAN諸国とは大きく状況が異なっている。

これに加えて近年インドでは，中間層の台頭や耐久消費財の普及の進展が始まっており，市場が大きく拡大する時期にある。またこれに併せてインフラ整備が進み始めているなどの，投資環境も改善が進んでおり，市場と産業が開花するタイミングにあるとみられる。

その一方で，広大なインドでのインフラ整備はまだ始まったばかりである。工業団地，電力供給，用水供給，港湾，国内物流などの産業インフラはまだ不足だらけというのが実態である。上述したインドの多様性や複雑な税制などもあり，投資環境としての課題，つまり弱みも多く残っている。またインドには，古くから進出している欧米企業や，積極的に事業展開を行っている韓国企業などが先行している。ASEAN諸国のような日本信仰は希薄である。このような中で，コスト意識が高いインド市場で勝ち残ることは容易ではない。

しかしデリーでは数か月たつと街が見違えるように変わっていることを目にする。広大なインドの各地が変わっていくにはまだ年月を要するであろう。しかし日本の協力によって2002年に開業したデリーの地下鉄がもととなって，今では，ムンバイ，バンガロールなどの各地で，地下鉄の建設が進んでいる。2012年9月20日にインド政府は，スーパー，コンビニ等の複数ブランドを扱う小売業に対して，51％を上限として外資参入を許可するなどの外資参入規制の緩和を実施した。これまで外資参入はまったく認められていなかった分野であり，これまでインド国内でも様々な議論が行われながら，なかなか進展しなかった分野での規制緩和である。インドは確実に変化し始めており，ハード，ソフト両面での投資環境は，今後中期的には徐々に改善されていくものとみられる。

3 インドの産業動向

これまでの節では、インドの全体像を俯瞰した。本節及び次節ではインドのいくつかの産業に焦点を当て、その産業の特性やプレイヤーである政府や企業の活動状況について具体的に示す。

(1) エネルギー産業

エネルギーは、食糧、水等とともに、国民生活になくてはならない基盤である。特に石油、石炭、天然ガス、電力等のエネルギーは、工場の動力や燃料、輸送燃料などとして産業活動に不可欠であるとともに、将来の経済発展に不可欠な資源である。

インドの1次エネルギー供給の状況及びその将来予想を図表9-10に示した。現在のインドのエネルギー供給の特徴として次のことがいえる。

● 国内に多くの石炭資源を有しており、総エネルギー供給の42.2%を石炭が占

図表9-10 インドのエネルギー供給状況

	2009年					2025年		2035年	
	国内供給量	(%)	うち国内生産	うち輸入	うち輸出	国内供給量	(%)	国内供給量	(%)
石炭	285	42.2	239	47	1	428	41.2	547	38.9
石油(原油, 石油製品)	159	23.5	39	177	53	245	23.6	362	25.8
天然ガス	49	7.2	38	10	0	98	9.4	149	10.6
原子力	5	0.7	5	0	0	30	2.9	50	3.6
水力	9	1.3	9	0	0	28	2.7	35	2.5
バイオマス, 廃棄物	165	24.4	165	0	0	199	19.2	229	16.3
その他	3	0.4	2	0	0	13	1.3	33	2.3
合計	676	100.0	497	234	54	1039	100.0	1405	100.0

注:単位は MTOE (Million Tonne Oil Equivalent);石油換算 100万トン。2009年の石炭国内生産239MTOE はストック分5MTOE を除外した数値。四捨五入の関係で合計が一致しない個所がある。
出所:2009年はIEA統計, 2025年, 2035年は *World Energy Outlook 2010* よりNew Policy Senarioに基づき作成。

める石炭依存型の供給構造である。
● バイオマス，農産廃棄物等の伝統的なエネルギー利用もまだ多く残っている。
● 石油は供給量159MTOEのうち国内生産が25％の39MTOEであり，自給率は25％程度である。その一方で53MTOEの輸出があるが，これは石油製品であり，原油を輸入して石油製品を輸出する産業活動が活発である。
● 天然ガスの供給は多くないが，輸入も少ない。

　今後インドは経済成長に伴ってエネルギー需要が急速に拡大することが見込まれている。2025年，2035年の１次エネルギー供給はそれぞれ，2009年の1.5倍，2.1倍に拡大することが予想されている。しかしこの時点でも石炭の構成比は42.2％から，41.2％，38.9％となっており，今後の膨大なエネルギー需要の拡大に対して，石炭の供給で応えていくものとみられる。また天然ガスの供給は2009年よりも，2025年，2035年にはそれぞれ２倍，３倍に増大する見込みである。このためインドでは近海で活発な石油・ガス資源開発が行われている。しかし現時点ではまだ大きな成果はなく，今後石油，ガスを中心にエネルギーの輸入依存度が高まることが予想される。

　インド政府のエネルギー関連の政府機関は図表９－11に示すように，エネルギーにより分かれており全部で６省庁がある。計画委員会は各省庁全体を統括している機関であり，エネルギーについても担当している。各省には下部機関として，多数の実行機関や国営企業が位置づけられている。このようにエネルギー関連の省が分かれていることは，広大なインドの中できめ細かく有効な政策の策定・実行が可能になる反面，デメリットもある。最適なエネルギーミックスを考慮した需給計画や政策の策定や，エネルギー間競合による合理的なエネルギー価格の形成等が不十分になる恐れがあることである。また例えば電力省が石炭火力発電所を建設する場合に，燃料となる石炭の調達確保のためには石炭省との調整が必要になるなどの調整コストが生じることも挙げられる。インドの包括的かつ長期的なエネルギービジョンは，2006年に計画委員会から出され，2031年までをターゲットとしたIntegrated Energy Policy以降まだ出されていない。今後各省庁が連携し，包括的なエネルギー政策を講じることも期待されている。

　インドには多数のエネルギー関連機関及び企業があるが，エネルギー供給の課題への対応という視点から，いくつかの機関及び企業を紹介する。

図表9-11 インドのエネルギー関連政府機関

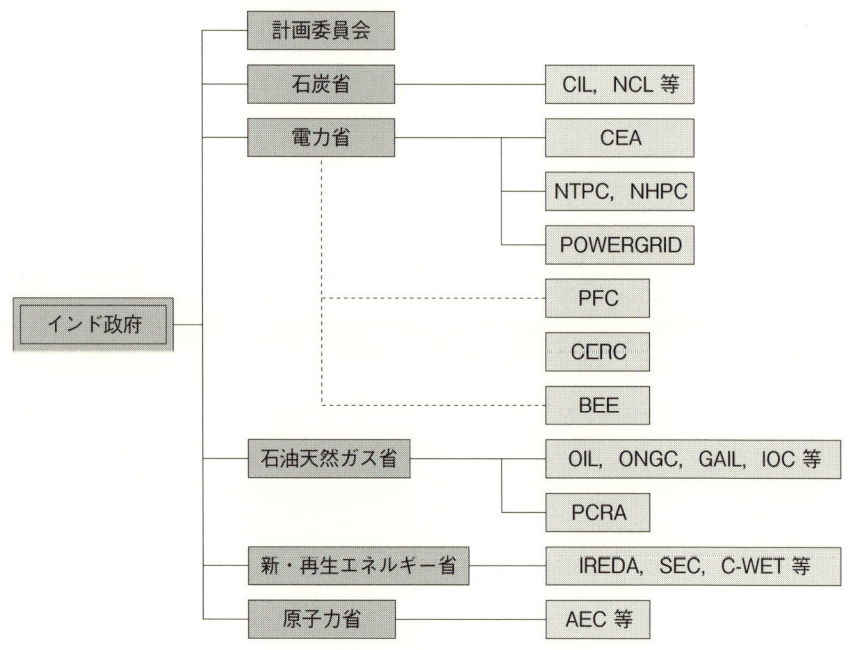

```
                    ┌─ 計画委員会
                    ├─ 石炭省 ────── CIL, NCL 等
                    ├─ 電力省 ┬───── CEA
                    │        ├───── NTPC, NHPC
                    │        ├───── POWERGRID
インド政府 ─────────┤        ├┄┄┄┄ PFC
                    │        ├───── CERC
                    │        └───── BEE
                    ├─ 石油天然ガス省 ┬── OIL, ONGC, GAIL, IOC 等
                    │                 └── PCRA
                    ├─ 新・再生エネルギー省 ── IREDA, SEC, C-WET 等
                    └─ 原子力省 ────── AEC 等
```

注：図中のアルファベットは，各省に所属する国営企業，機関等の略称を示す。
出所：各種資料より筆者作成。

インドの主要なエネルギー源を担う石炭産業の中核にあるのがCoal India Ltd（CIL）である。CILは400以上の鉱山を保有するとともに，インド国内に7つの石炭採掘の子会社を保有，統括しており，インドの石炭生産の中核を担っている。

既述のようにインドでは今後，石油及びガスの需要が拡大することが予想されており，これらの開発，生産と，国内供給は重要な課題である。Oil and Natural Gas Corporation Ltd（ONGC）はインド政府が株式の約7割を保有し，インド近海を中心に石油とガスの開発・生産を行っている最大の企業である。また子会社を通じて海外14か国で石油，ガスの開発と生産を行っている。Indian Oil Corporation Ltd（IOCL）は，石油の精製及販売を行うインド最大の企業である。インド政府が株式の約8割を保有しており，グループ全体でインド国内の20か所の製油所のうち10か所を保有している。実際にインドではIndian Oilのガソリンスタンドをよく目にする。一方ガスの輸送・販売は

Gas Authority India Ltd（GAIL）が担当している。インド政府が57％の株式を保有している。ガスの輸送・販売の70％のシェアを持っている他，石油化学，発電，都市ガスなどに多角化をはかっている。

　石油・ガスの分野では民間企業も多く参入している。代表的な企業はRilience Industries Ltd（RIL）である。RILはインド最大の民間企業であり，石油精製・販売，石油化学，ガス開発・生産等を行っている。2か所の世界最大級の製油所を保有している。生産した石油製品を輸出したり，海外でガス開発を行うなど，エネルギービジネスの分野を中心に積極的に事業展開を行っている。

　最後に電力分野についてであるが，電力供給に関するインドの現状を説明した後に，電力関連の主要な機関及び企業を紹介する。もともとインドでは州ごとに設置された州電力局（SEB：State Electricity Board）が州内の発電・送電・配電を一括して独占的に実施してきた。しかしSEBの経営の非効率性が目立ってきたことや，慢性的な電力不足の解消と拡大する電力需要への対応が大きな課題となってきたこと等から，2003年に新しい電力法が制定された。新電力法では，SEBの分離，民営化，発電事業の免許制の廃止と外国資本の参入の自由化，送電網利用の自由化，自家発電事業の自由化などが定められた画期的なものである。これと並行して，2001年に省エネルギー法が制定され需要サイドでの効率的な電力の利用が進められるとともに，2005年にはウルトラ・メガ・パワー・プロジェクト（UMPP）が発表されるなど，インドの電力分野はここ数年で大きな変貌をとげた。UMPPは1か所400万kWの環境に配慮した石炭火力発電所を，民間活力の導入により10年間で合計1億kW建設しようというものである。すでに12か所で準備が始まっており，このうち4か所では発電事業を行う民間企業が決まっている。

　このようにインドでは，電力供給体制の大きな改革を行うとともに，需要サイドの省エネと，供給サイドの発電所建設に積極的に取り組んでいる。しかし急速な電力需要の拡大には追いついていない。インド政府の発表による2010年度時点での電力需要に対する供給不足率は8.5％とのことであり，停電は今でも大きな問題になっている。これはインドに進出する企業においては自家発電施設の設置が必要であることを，また電力関連設備企業にとっては大きなビジネスチャンスがあることを意味している。

インドには国営の発電企業として，National Thermal Power Corporation Ltd（NTPC），National Hydroelectric Power Corporation Ltd（NHPC）があり，それぞれインド全土を対象とした火力発電及び水量発電を行っている。この他に各州に，州内での電力供給を目的とした多数の発電企業がある。民間の発電企業では，Tata Power Company LtdとReliance Power Ltd等がある。いずれもインドを代表する財閥の発電事業会社であり，前述のUMPPにも参画している。送電部門では州間の送電を担うPower Grid Corporation of India Ltdがある。送電は公益的な性格が強く収益性が低いことから，インド政府が約7割の株式を保有している。

PTC India Ltdは電力取引を仲介する企業である。発電事業者と需要者をつなぎ，長期の供給契約を仲介したり，州間の短期の需給ギャップを調整するといった機能を担っている。NTPC，NHPC等の国営企業が株式の約16％を保有しているが，その他は公開されている民間企業である。Bureau of Energy Efficiency（BEE）は上述の省エネルギー法に基づき，インドで省エネ政策の立案・推進を行うために2002年に設立された機関である。電力省の一部局となっているが，電力だけでなく省エネ全般を担当している。エネルギー管理士・エネルギー診断士制度の創設と運営，エネルギー指定工場のエネルギー管理制度の導入，省エネ・ラベリング制度の導入など日本と同様の省エネ政策を実施している。再生可能エネルギーの分野では多数の民間企業が参入している。風力発電の分野ではSuzlon Energy Ltd，Enercon（India）Ltd，Vestas-RRB India Ltdが，また太陽光発電の分野ではTata BP Solarが知られている。

（2）製造業

「インドでは技能工や技術者が採用できるのですか？」，「モノづくりができる人はいるのですか？」といった質問をされることがある。確かにインドは農業国であり，農村部では製造業の現場で働くにはまだ訓練が必要といった人が多い。またインドは米国のIT産業のアウトソーシング先として，コールセンターやBPO（ビジネス・プロセス・アウトソーシング），ソフトウェア開発等のITサービス分野で急成長したことが知られている。

その一方でインドは英国の影響を受けてきた長い歴史を有し，欧米の製造業も早期からインドに進出している。また1991年の経済自由化以前は，国内で

必要とされる様々な製品を自給してきた。例えばビルラ財閥の中核企業であり，1942年に設立されたヒンドゥスタン・モーターは，1948年に乗用車「アンバサダー」の生産を開始し，今でも生産を続けている。

インドには，自動車産業や家電産業，機械産業がすでに存在し，急速に発展しつつある。そして機械部品製造などを行う裾野産業も，これらの産業を支えるのに必要な一定程度は存在しているといえる。

以下では，インドの自動車産業及びその他の機械産業について概要を示す。

インドは世界の中でも自動車生産大国である。2011年度の乗用車生産台数312万台は，ブラジル，メキシコ等も凌駕し，約1,400万台の中国，約700万台の日本，約590万台のドイツ，約420万台の韓国に次ぐ世界第5位の位置を占めている（国際自動車工業会（OICA：Organisation Internationale des Constructeurs d'Automobiles），日本自動車工業会データより）。インドの自動車及び自動車部品の生産は毎年20％前後の高い成長を示しており，今後も10％以上の安定した成長が見込まれている。図表9-12にインドの自動車及び自動車部品の生産推移を示す。インドには欧米及び日本の主要な自動車企業，自動車部品企業が進出している他，地元企業も参入している。インド自

図表9-12　インドの自動車及び自動車部品の生産推移

年度	単位	台数または金額						年平均伸び率	
		2008	2009	2010	2011	(2015)	(2020)	2011/2008	2020/2011
乗用車生産台数	(1,000台)	1,838	2,357	2,987	3,124	5,100	9,700	19.3	13.4
商用車生産台数	(1,000台)	417	568	753	912	1,420	23,60	29.8	11.1
自動車部品生産額	(10億US$)	23	30.1	39.9	43.5	66.3	113	23.7	11.2
うち輸出	(10億US$)	4	3.4	5.2	6.8	12.3	29	19.3	17.5
うち輸入	(10億US$)	6.8	6.5	8.5	10.6	17.5	35	15.9	14.2

注：商用車は，Small Commercial Vehicles（SCV；< 1 ton）及び Light Commercial Vehicles（LCV；> 1 ton, but < 7.5 tons）の合計。2015年，2020年の数値は予測値。
出所：インド自動車部品工業会HPより作成。

動車工業会（SIAM：Society of Indian Automobile Manufacturers）はトヨタ，日産，ホンダを含め46社の自動車企業及び自動車エンジン企業が会員となっている。またインド自動車部品工業会（ACMA：Automotive Component Manufacturers Association of India）は会員企業約650社，うち約7割が中小企業とのことである。インドの乗用車の輸出比率は，内需が拡大していることもあり16％前後，商用車は10％前後で横ばいで推移している。今後インドが小型車生産の世界のハブとなり，ASEANや欧州，中東，アフリカへの輸出が拡大していく可能性は大きい。

インドのいくつかの機械産業の市場規模を図表9－13に示す。図表に示したそれぞれの産業で500億ルピーから1,000億ルピーの規模がある。またこれらの産業における輸出額及び輸入額を図表9－14に示した。

この2つのグラフからいろいろなことがわかる。まず2009年と2010年で市場規模が大きく伸びている産業が多い。インドはまだインフラ整備や産業発展が途上にあり，発電設備や産業設備であるボイラー，タービン，マシンツールなどを中心に市場が急速に拡大している。またインドでは機械の輸出もあるも

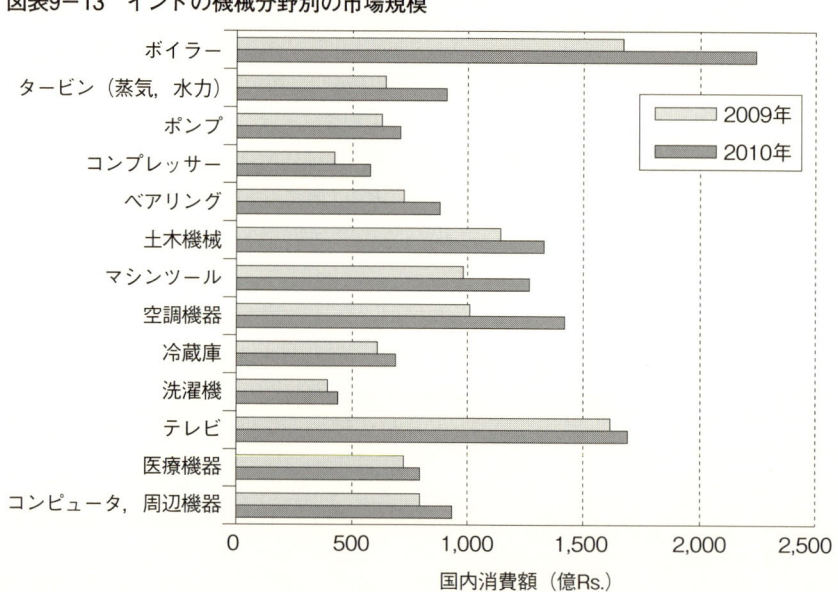

図表9－13　インドの機械分野別の市場規模

出所：Center for Monitoring Indian Economy, "Industry: Market Size & Shares"（2012.6）より作成。

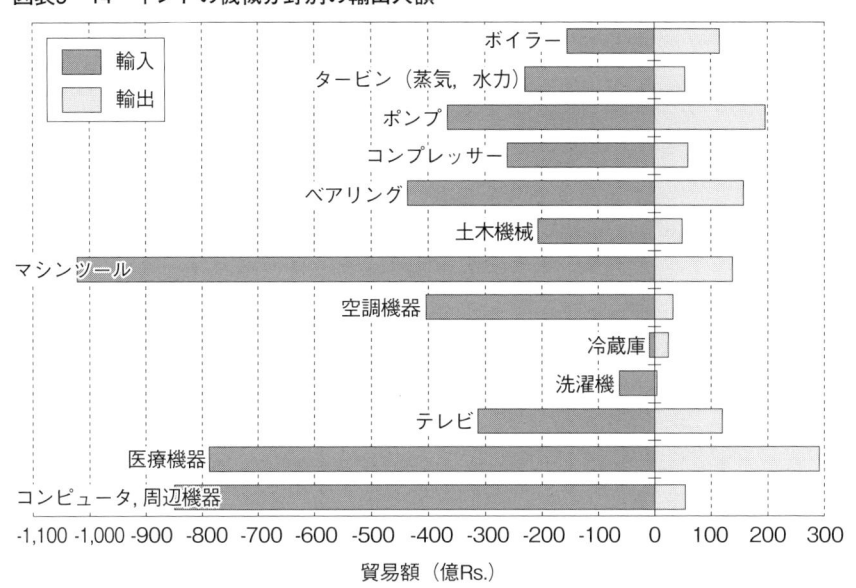

図表9−14　インドの機械分野別の輸出入額

出所：Center for Monitoring Indian Economy,"Industry: Market Size & Shares"(2012.6) より作成。

のの，国内市場の伸びに対して産業発展が遅れており，輸入額が輸出額を大きく上回っている。特にマシンツール，医療機器，コンピュータ・周辺機器では輸入額が国内の市場規模に近く，多くを輸入に頼っていることがわかる。一方冷蔵庫，洗濯機等はほぼ国内で自給できている他，ボイラ，土木機械等は輸入比率が小さく，国内での自給率が高い。

これらの各産業では，インドに拠点を持つ外資系企業によるものも多いものの，各分野で国内企業も存在感を持っている。例えばボイラー，タービンの分野では現地企業としてBharat Heavy Industry（BHEL）がトップシェアを有し，ボイラでCethar社やThermax社がある。一方，Alstom，Siemensといった欧米企業や三菱重工業（L&T社との合弁）も上位のシェアを有している。

次にインドの家電分野におけるメーカー別シェアを，テレビ，冷蔵庫，エアコンについて図表9−15〜9−17に示す。韓国のLG，Sumsungが各製品で安定したシェアを有している一方，Whirlpool，Carrierといった欧米企業も得意分野で一定のシェアを有している。インド企業も，Videocon社やGodrej & Boyce Mfg社，エアコンに強みを持つVoltas社などが健闘している。また日本

図表9-15　インドのテレビのメーカー別市場シェア（2009年度）

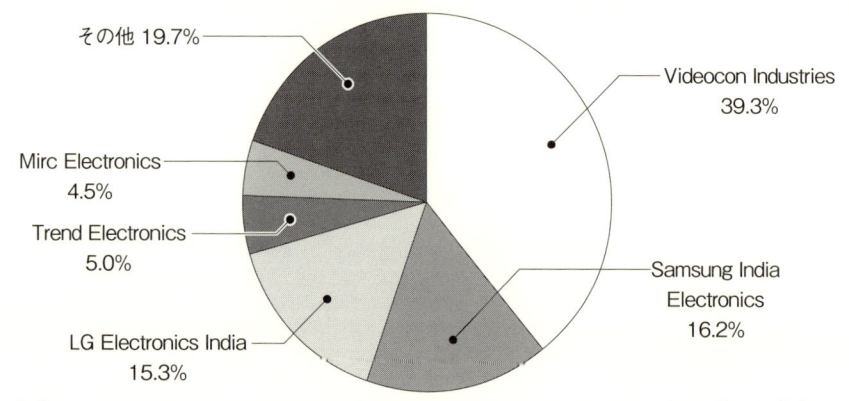

- その他 19.7%
- Mirc Electronics 4.5%
- Trend Electronics 5.0%
- LG Electronics India 15.3%
- Samsung India Electronics 16.2%
- Videocon Industries 39.3%

出所：Center for Monitoring Indian Economy,"Industry: Market Size & Shares"(2012.6) より作成。

図表9-16　インドの冷蔵庫のメーカー別市場シェア（2009年度）

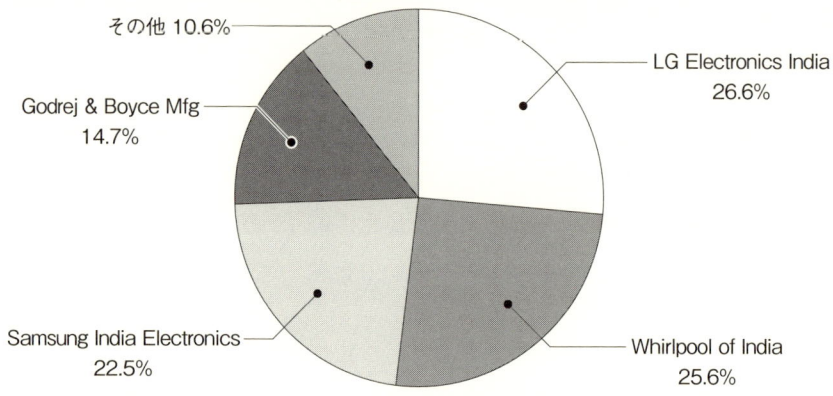

- その他 10.6%
- Godrej & Boyce Mfg 14.7%
- Samsung India Electronics 22.5%
- Whirlpool of India 25.6%
- LG Electronics India 26.6%

出所：Center for Monitoring Indian Economy,"Industry: Market Size & Shares"(2012.6) より作成。

企業もまだ多くは低いシェアにとどまっているものの着実にシェアを伸ばしている。エアコンの分野では日立が上位に入っている他，最近ヒット商品の販売が好調なパナソニックやダイキンやもシェアを拡大しているとみられる。

　インドでは優秀な学生は，製造業や生産現場ではなくITサービス産業や経営学を志向する傾向がある。インドのある大学教授は，理系出身の優秀な学生の多くがITサービス企業を志向し，コールセンター業務のような定型的な業務に従事することについて，「インドの将来を考えるといいことではない」と

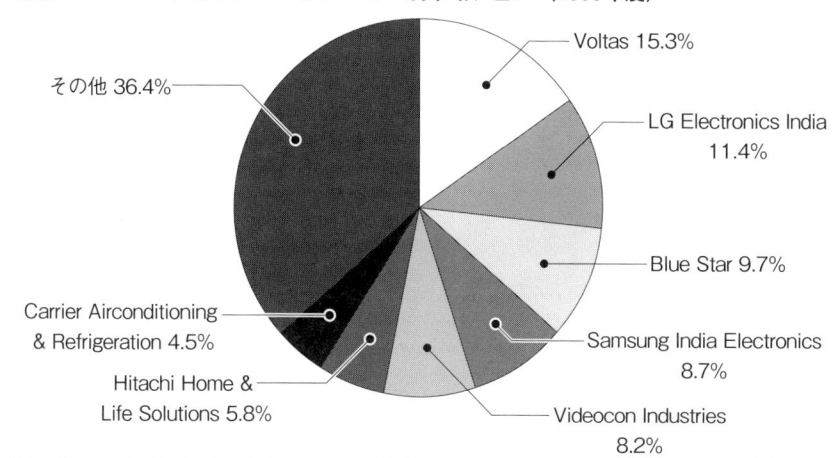

図表9-17　インドのエアコンのメーカー別市場シェア（2009年度）

- その他 36.4%
- Voltas 15.3%
- LG Electronics India 11.4%
- Blue Star 9.7%
- Samsung India Electronics 8.7%
- Videocon Industries 8.2%
- Hitachi Home & Life Solutions 5.8%
- Carrier Airconditioning & Refrigeration 4.5%

出所：Center for Monitoring Indian Economy,"Industry: Market Size & Shares"(2012.6)　より作成。

苦々しげに語っていた。また裾野産業の企業においても，あくまでもビジネスとして行っているのであり，日本のように取引先と連携しながら技術を獲得，蓄積し，長期に安定した取り引きを続けるとの意識は，一部の大手企業を除きまだ乏しいという面もある。ある日系の部品企業は，現地企業から資材を調達する際に，不良率が高いこと，納期や価格について柔軟な対応が期待できないことを指摘していた。

　しかし悲観ばかりでもない。インド自動車部品工業会（ACMA）では，会員の部品企業に対して技術研修等を行い，インドの部品企業が技術力を向上させ，サプライチェーンの中でより上位の位置を占めることを目指している。また大手自動車部品メーカーであるTVSのグループ企業であるSundaram-Clayton社で伺った話では，日本から定期的にコンサルタントを招いて，日本の製造業が行っているTQM手法を導入している他，全工場にトレーニングセンターを持ち，従業員のレベルに応じた研修を行っているとのことであった。また次の（3）教育産業の項でも示すように，ITI，ITC（詳細はp. 178（3）参照）といった基礎的な職業訓練を行う機関や，エンジニアリング・カレッジやIITのような高度な技術者を育成する機関も存在しており，特に職業訓練については質的量的充実が積極的にはかられている。

　2011年11月にインド政府は国家製造業政策（National Manufacturing

Policy) を発表した。これはインドの今後の経済成長にとって製造業の発展が不可欠であるとの認識のもとに，今後製造業で12～14％の成長を実現し，現在16％のGDPにおける製造業シェアを2022年に最低でも25％にすることを目標として，それを実現するための政策を示したものである。このために，2022年までに製造業で1億人の新規雇用の創出，外資の積極的な導入，技術開発の促進，国家投資・工業地区（NIMZ：National Investment and Manufacturing Zones）の設置等が示されている。

　今後インドが，その膨大な市場と人口を背景にして，世界の企業を引き付け，技術力を高めて世界の製造業の中心の1つとなり，世界の経済を牽引していく可能性は十分にあるとみられる。

（3）教育産業

　インドの教育体系を図表9－18に示す。インドでは，義務教育が初等学校5年，中等学校（上級初等学校ともいう）3年の計8年が義務教育である。その後，学校教育のコースを歩む場合は，高等学校前期2年，高等学校後期2年を経て大学に進学することになる。義務教育後はこれと並行して職業教育のコースがある。ITI（Industrial Training Institute）及びITC（Industrial Training Center）は共に，義務教育または高等学校前期を終了した学生を対象とした職業訓練機関である。電気，機械，自動車整備等の専門に分かれており，修了者

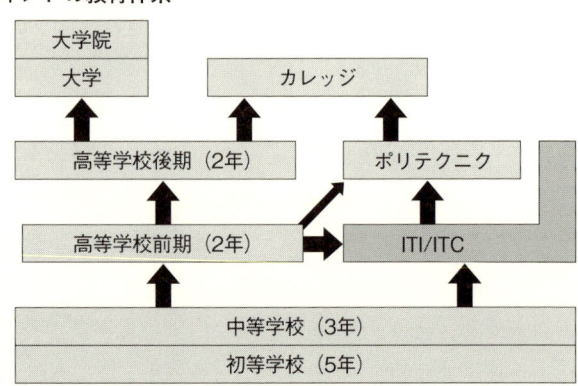

図表9－18　インドの教育体系

出所：各種資料より筆者作成。

は認定証を与えられ，それぞれの分野の職業技術を身に付けたものとして就職の機会が与えられる。前者は州政府が，後者は民間が運営しており，政府がカリキュラムや教材を管理している。特にITIは授業料が低く抑えられているなど，貧困層等の社会的弱者にも配慮されている。職業訓練/技術教育の分野では，この他にポリテクニクとエンジニアリング・カレッジがある。

インドは学歴が就職後の地位や収入に影響することから進学競争は熾烈である。例えばITI, ITC修了者は工場での作業に従事する一方，ポリテクニク卒業生はスーパーバイザーに，エンジニアリング・カレッジや大学の卒業生はエンジニアやマネージャに登用されるケースが多い。このため1度ポリテクニクに入学し修了したのちにエンジニアリング・カレッジに編入するといったことも行われている。またこの他に，実務に近いCAD等のITや英語等を学ぶための民間の職業訓練校も多く存在する。

これらの学校数を図表9 − 19に示す。人材開発省のStatistics of Higher & Technical Education 2009-10によれば，初等学校（5年）の在籍者数は1億3,600万人と膨大な数であるが，Ph. D. /M. Phil.コースの在籍者数は約9万人，修士課程コースの在籍者数も約183万人に上っている。

これらの学校の頂点に立つのは，インド科学大学院大学（IISc：Indian Institute of Science），インド工科大学（IIT：Indian Institute of Technology），インド経営大学（IIM：Indian Institute of Management）や，国立大学（central university）であるデリー大学，ムンバイ大学などである。中でもIIScとIITは古い歴史を有し，インドの科学技術分野を担う最高学府である。IIScはバンガロールに1校，IITはインド各地に7校があったが，2008年以降に8校が新たに開校し現在は15校となっている。筆者が数年前にIISc及びIITを訪問して伺ったところでは，IIScの場合，毎年3万人が受験して，マスターコースとドクターコース合わせて800人が合格する。マスターコース卒業生の進路は学科によって異なるが，例えば材料科学の場合，50％がドクターコースに進学し，50％が米国で進学するとのことである。またドクターコースの卒業生はポスドクワークのため全員が海外に渡ったのちに，インドに戻る場合にはかつては全員が国立研究所か大学に就職していた。最近はインドに戻る比率や，就職先として多国籍企業の研究所やインド企業に就職するケースも増えてきたとのことであった。IITの場合は学部学生が多く，彼らは卒業後50％が米国等の海外の

図表9−19　インドの学校数

大学	国立大学 (central university)	40
	州立大学 (state univercity)	227
	私立大学	18
	その他	151
	計	436
カレッジ	Arts, Fine Arts, Social Work, Science & Commerce	14,321
	Engineering, Technology, Architecture	2,894
	Education, Teacher Training	3,357
	その他	5,366
	計	25,938
ポリテクニク		1,914
ITI/ITC		7,886
高等学校（後期）		66,917
高等学校（前期）		123,726
中等学校		367,745
初等学校		823,162

注：数字は原則として2009年度の各州の集計値であるが，一部に1〜2年古い数値もある。
出所：以下より作成。
　・人材開発省　Statistics of Higher & Technical Education 2009-10
　　（http://mhrd.gov.in/sites/upload_files/mhrd/files/Abstract2009-10_0.pdf）
　・人材開発省　Statistics of School 2009-10
　　（http://mhrd.gov.in/sites/upload_files/mhrd/files/Abstract2009-10_0.pdf）
　・労働雇用省　Annual Report 2010-2011

大学院に，30％がIIMに進学し，残りの20％が企業に就職するとのことであった。
　一方，これら卒業生の受け入れ側である，バンガロールにあるIT分野の世界的多国籍企業の研究所で伺ったところによれば，IIScとIITの卒業生の獲得に極めて熱心であった。入社後に彼らのインセンティブを保持するために，すべて会社の費用により，世界中の好きな研究所に行って自分のやりたい研究をすることを支援しているとのことであった。
　我が国の企業も今後，インドの高度人材を積極的に確保し，研究開発や経営に活用していくことが必要であると思われる。
　インドでは産業界からのニーズを満たし，産業の国際競争力を確保するためには，職業訓練機関の質と量が不足しているとの認識のもとに，第11次

5か年計画において国家技能開発ミッション（National Skill Development Mission）を打ち出した。これに基づき2009年に国家技能開発政策（National Policy on Skill Development）が策定された。これは2022年までに5億人に対して職業訓練を実施するというものである。これを実現するために，各省庁が連携し，かつ民間活力を活用しながら，ITI，ポリテクニクの新設，アップグレード，5万校の技能開発センター（Skill Development Center）の新設，産業別の取り組み等の様々な動きが始まっている。

これらの取り組みは現在ドラフトが公表されている第12次5か年計画の中でも引き継がれている。また第12次5か年計画では，初等学校へのアクセスの改善と質の向上や，義務教育から高等学校への進学率（現在約60％）の大幅な上昇，高等教育の質の改善等も指摘されている。そしてこれに対応してインドでは，幼稚園，初等教育から高等教育までの私立学校の運営，職業訓練校の運営，教材の提供などで多くの企業が活発に活動している。このようなインド企業として例えばEducomp Solutions Inc.などがある。日本企業も，2005年にKumon India Education Pvt. Ltd.が設立された。また2011年にはコクヨがインドで文具専業最大手のカムリン社の過半数の株式を取得して，インドの文具市場でのブランド，流通網，生産力，商品開発力と成長が見込まれる巨大市場を手に入れた。トヨタはバンガロール工場近くにトヨタ工業技術学校を設立した他，インドの既存の職業訓練校に対する協力も行っている。今後インドの教育・職業訓練市場で日本企業が活躍する余地は大きい。

4 インドで成功するための事業戦略

（1）韓国企業の成功事例

LGEIL（LG Electronics India Ltd.）はインド市場に1997年に進出した。同時期に進出した日系の家電企業のほとんどが市場開拓に失敗し一時撤退を余儀なくされたのとは対照的に，インドの家電製品等の分野でブランドを確立し，大きな成功を収めている。

1990年代後半の進出当時のLGEILと日系家電メーカーの戦略を比較したの

図表9-20　1990年代の日韓の家電メーカーの戦略比較

	LG Electronics	Japanese electronics makers
進出年度	1997	1990年代後半
現地工場	Noida, Pune	主にDelhi周辺
出資方式	Wholly-own Subsidiary	主にJoint Venture
生産製品	多様な商品を生産・供給	企業ごとに少数品目を扱う
導入モデル	最新モデル＋製品の現地化	世界共通の標準モデル
販売方式	Branch Office（40）＋Remote Area Office（60） 主婦販売員制度，多様なマーケティング活動 1,000箇所以上の Service Center	現地Dealerとの パートナーシップによる販売 ＋少ないService Channel
開発戦略	現地R＆Dセンター ⇒インド人の好み，環境に合わせた商品開発	FTAを利用した輸入販売 インド内での組み立て
価格戦略	「高所得者層・アッパーミドルクラス」と 「低所得者層・ロウワーミドルクラス」に ターゲットを区分 幅広い製品ラインと価格を設定	「特定の顧客層」向け 高品質商品のリーズナブルな価格設定

出所：各種資料より筆者作成。

が図表9-20である。この当時は日系メーカーは，いずれもインド企業との合弁事業で進出し，高所得者層をターゲットとして，ASEANで生産された標準的な商品を投入した。これとは対照的にLGEILは，100％独資で進出し，ターゲットを高所得者層と低所得者層に区分して，最新モデルの他，現地のニーズに合わせて開発した製品を幅広く投入した。また独自にインド国内に流通ネットワークを構築し，きめ細かいマーケティング活動を行った。

LGEILが行ったマーケティング活動と商品開発の例を図表9-21に示す。ほこりが多い，電圧変動が大きい，クリケット好き，音楽好きといったインド固有のニーズを商品開発に反映させるとともに，家電製品の販売店のない地方部に対するモバイル・バンでの販売や，電子レンジを使ったことのない人に対する調理提案など，きめ細かくマーケティング活動を実施した。LGEILの成功要因にはこの他にも，大量の広告宣伝によるブランドの確立や，現地社員への権限移譲や，明確な評価システムの導入，トップのインド市場への深い関与などがあるとみられる。

第三部／第9章　インドの産業動向

図表9-21　LGEILが行ったマーケティング活動

マーケティング活動事例	インド向けの商品開発事例
■ Cookery class ▷電子レンジの販売のため，90名程度の料理講師を採用し全国的に週3回のカレーやサブジ（野菜料理）などインド伝統料理を電子レンジで調理する無料教習会を年間14,000回開催。 ▷Housewife-Friendlyのイメージ構築に成功。 ■ Mobile van ▷2.5トンのトラック，Vanを改造し，冷蔵庫・エアコン・洗濯機を乗せてRemote Areaを巡回し，人々に製品を体験させる。 ▷中小地域を中心に，音楽・ダンスの好きなインド人を対象にして歌自慢大会，ミュージックビデオ・映画の上映などを行った。 ■ インド全域をまわるCEO ▷インド全地域にある拠点及び営業所を回る現地経営を重視。 ■ スポーツマーケティング ▷「クリケット」を利用したマーケティングを実施し，「India-Friendly」のイメージ構築。 ▷クリケットワールドカップの公式スポンサー。	■ 不安定な電圧等への対応 ▷最高電圧450V，湿度95％以上，気温45℃にも耐えるコンデンサーを開発。 ■ クリケット好きなインド人への対応 ▷TV内にクリケットゲーム機能を内蔵するTVを開発。 ■ 多種類の言語への対応 ▷TV画面で10個以上の言語からの選択機能を搭載。 ■ ベジタリアンへの対応 ▷冷蔵庫の冷凍室を縮小し，冷蔵室を広くする。 ■ 洗濯を頻繁にする習慣への対応 ▷繊維保護機能を持つ洗濯機の開発。 ■ 暑くてほこりが多いインド，家電製品の故障が多く発生 ▷24時間サービスセンターを運営し，直接家庭に訪問し，1時間以内の修理を目標にする。 ■ 音楽が好きなインド人への対応 ▷TVにウーファーを搭載。

出所：各種資料より筆者作成。

（2）インド市場を拠点とした展開可能性

　1990年代後半の日本，韓国の家電メーカーのインド進出から15年余りが経過した。一時は撤退を余儀なくされた多くの日本の家電メーカーも，21世紀に入ってから再度インド市場参入に注力しインドに確固たる地位を築いている。

　パナソニックは2007年にインドの電設資材の大手アンカー社に資本参加し，2009年には100％子会社化した。アンカー社は配線器具ではインドで最大手の企業である。2010年末に発売したエアコン「cube」は，インドのニーズを汲

み上げて現地で開発した商品であり，2012年には爆発的にヒットしている。パナソニックはインドを最重要市場の1つとして位置づけており，薄型テレビ，医療機器，美容機器，生産機器等を次々と投入している。広告にもインドで最も人気のある女優を起用するなど，積極的にインド市場の開拓を行っている。エアコンの分野ではダイキンや日立もシェアを伸ばしている。ソニーは薄型テレビの分野で，インド人の色の好みに合わせた商品開発や，販売網の整備，広告宣伝への注力によって，最近トップシェアをとった。

　家電企業ばかりではない。自動車メーカーも，インドで大きな成功を収めているスズキに続き，トヨタ，ホンダ，日産が，低価格の小型車の開発や販売網の整備により存在感を高めている。この他にも，自動車部品企業や，発電用設備の分野に現地大手企業とのJVにより進出した三菱重工業，東芝など多くの日本企業が，インドで確固たる地位を築いている。コクヨは昨年，インドの文具専業最大手のカムリン社を買収し，インドにおけるブランド力と販売網，開発・生産力を一気に手に入れた。

　いずれもインド市場のニーズに合わせた商品開発を行い，現地企業とも連携しながら，インド国内での営業活動，広告宣伝や販売網の整備を大胆に，きめ細かく行ったことの成果といえよう。インドの市場はこれからも大きく拡大することが見込まれる。インドで地歩を固めた先には，ASEAN拠点との連携や，欧米，中東，アフリカへの輸出といった展開も期待できる。将来はインドの優れた頭脳を活用し，インドを生産・販売拠点としてだけでなく，開発拠点として位置づけることも視野に入れるべきであろう。

　中堅・中小企業にとってもインドは大きな可能性を秘めている。現在は日本からASEAN諸国への展開が注目されているが，中堅・中小企業にとってASEANを足掛かりにインドに展開することは，裾野産業の国際化への大きなステップになると考えられる。インドには裾野産業の素地があるが，この中で日本の中堅・中小企業の持つ技術力や品質管理力は，インドで圧倒的な優位性を有している。日本の大手組立メーカーのインド進出に伴って，その必要性は高まる。またインド企業はオーナー経営が主流であり，同じくオーナー企業主体で経営判断の迅速な日本の中堅・中小企業とは親和性が高いと考えられる。

5 インド人との付き合い方

　インド人はどのような考え方をするのか，どのように付き合えばいいのかという問いを聞くことが多い。これに対して筆者の経験から答えると，インド人は礼儀正しく，論理的な思考ができ，率直で話がしやすいといえる。本稿の最後に，実際に経験したいくつかのエピソードを紹介する。既述のようにインドは多様性に富むことから，一概にはいえないことはもちろんであるが，このようなポイントを押さえれば，インド人はとっつきにくいどころか逆にとっつき易いというのが筆者の印象である。

・穏やかで礼儀正しい気質
　インド出張の合間の休日，デリーの大学院生に市内を案内してもらうことにした。ホテルに迎えに来てくれた青年は手にビニールで包装した簡素な花を持っていた。「初めてお会いするので持ってきた」とのことであった。筆者はこれまでの生涯で男性に花をもらったのはこのときだけである。ホテルから出るとき，他の建物に入るとき，その青年は必ず一歩下がって「おさきにどうぞ」というしぐさをする。彼の家は地方都市の一般的なインド企業のサラリーマン家庭とのことである。「帰省して母親の作った豆カレーを食べたい」というごく普通の学生だが，その穏やかで礼儀正しい立ち居振る舞いは印象的だった。

・まじめで勤勉
　インドの学生は勉強熱心である。これはインドの教育の状況からも推測できる。2009年にデリーの大学の学生寮を訪れたことがある。レンガ造りの大学の寮には冷房設備がなかったが，学生はパソコンに向かい，他の学生と議論しながらレポート作成を行っていた。
　手元に『日常外来語用法辞典』（丸善，平成3年）がある。日本語を学ぶ外国人のために書かれたもので，日本で使われる外来語を，漢字との組み合わせのもの（食パン，輪ゴム等）を含め4000語収載したものとのことである。これを作成した著者はインド人であり，日本語を学び，日本に留学していた間に，街に出て日本人の話す日本語を聞くなどして，日本の外来語を収集したと話し

てくれた。

・合理的，論理的，協力的

　インド人は話を始めるといくらでも途切れなく話を続けるということは実際よく経験した。しかしこれは相手に一通りの説明を求め，さらにこちらがそれを受け入れ聞いていたときのことである。その一方で，お互いに時間がないときなど必要な際には，極めて簡潔である。政府高官をインタビューのために訪問したときのことである。訪問の目的を説明したところ，「わかった，それで君は自分に何をしてほしいのか」と質問された。すかさず私は次のように答えた。「3点あります。1つ目は自分がインドで活動していることについて理解し，承認してほしい，2つ目は実際の情報提供や協力をお願いできる部下の方を紹介してほしい，3つ目は関連することについて話を聞かせていただける他部署の責任者の方を紹介してほしい，ということです」。すると一言，「わかった」といって，部下を呼び紹介していただいた。次に他部署の高官に電話してその場で状況を説明し，これから行くからと，アポを取ってくれた。この間わずか10分程度のことである。こういう経験がデリーでもチェンナイでも多くあった。

　インドでは訪問のアポを取っても行ってみたらキャンセルされたという話もよく聞く。しかし逆にアポがなくても，オフィスを訪問し順番を待って，10分間だけということで時間をもらうことも可能であったし，非常に効果的に対応していただけることも多かった。

　こと事業対象としてみる限り，インドは1991年に誕生したばかりの新しい国といえる。1990年代後半に日本企業が進出を始めたが当初は一部を除き，なかなか思うような事業展開は達成できなかった。政治，経済面で様々な交流が活発化し，企業のインドへの進出が本格化したのはここ5〜6年のことである。折しも最近になって，裾野産業や中堅・中小企業も含め日本企業が海外展開を進め，グローバルに事業を始める動きが本格化してきた。中堅・中小企業のインド進出はまだこれからの段階であるが，このような流れの中で，今後中堅・中小企業も含め，日本企業がインドを戦略的な中核拠点の1つとし，インドの経済発展に貢献するとともに，その巨大な市場を獲得し，グローバルなネットワークの中で発展していくことを期待したい。

第四部

アジア企業の経営戦略

第10章 中国企業の経営戦略
－中国国有企業アンドレジュースの競争力分析－

1 はじめに

　中国は2000年以降，8％以上のGDP成長率を示しながら高い経済成長を続けている。このような高度経済成長は，単に低コストの労働力を用いた低価格戦略と位置づけられるものではなく，そこには競争優位を獲得するための基本に忠実な総合的な戦略を発見することができる。本章では，規模を背景とした中国企業にみられる事例から戦略性を分析する。事例として取り上げるのは，リンゴ濃縮果汁事業を世界規模で展開する中国山東省煙台市のアンドレジュースである。アンドレジュースの主要製品は濃縮リンゴ果汁であるが，原料のリンゴ果実は労働集約的な産業に依存しており，濃縮果汁は比較的単純な加工品である。濃縮果汁は，主に欧米，日本の飲料メーカーと取り引きされている。

2 アンドレジュースの戦略分析

　かつて中国政府は企業を所有するとともに，直接企業経営に関与してきた。このような企業形態は「国営企業」と呼ばれていたが，1992年以降，中国政府の企業所有は続きながらも経営の分離が進められ，「国有企業」と呼ばれる企業が増加した（王・髙橋，2007）。アンドレジュース（Andre Juice）は，国有企業が増加し始めた1996年，本格的な濃縮果汁産業の担い手として山東省煙台市に創業した。山東省は中国東部の省で，北は渤海，東は黄海に臨み，黄河

図表10−1 山東省の位置

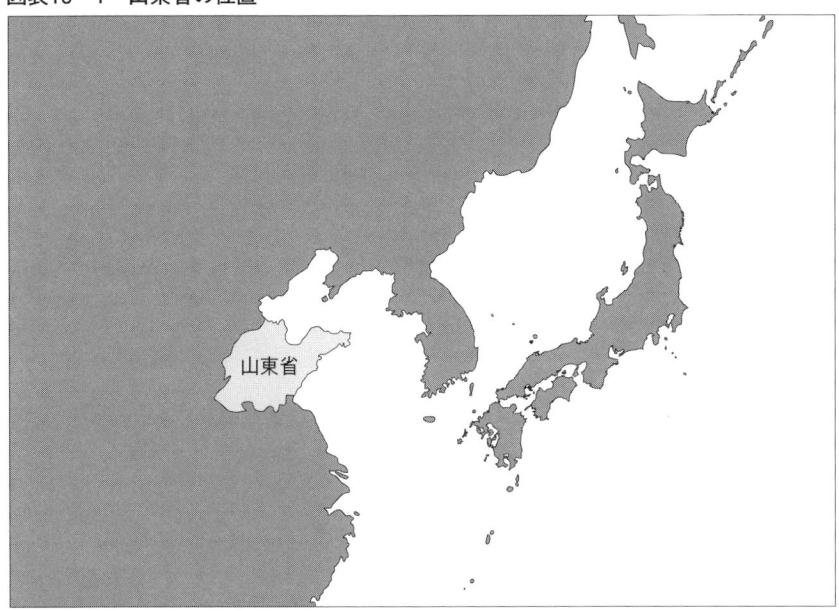

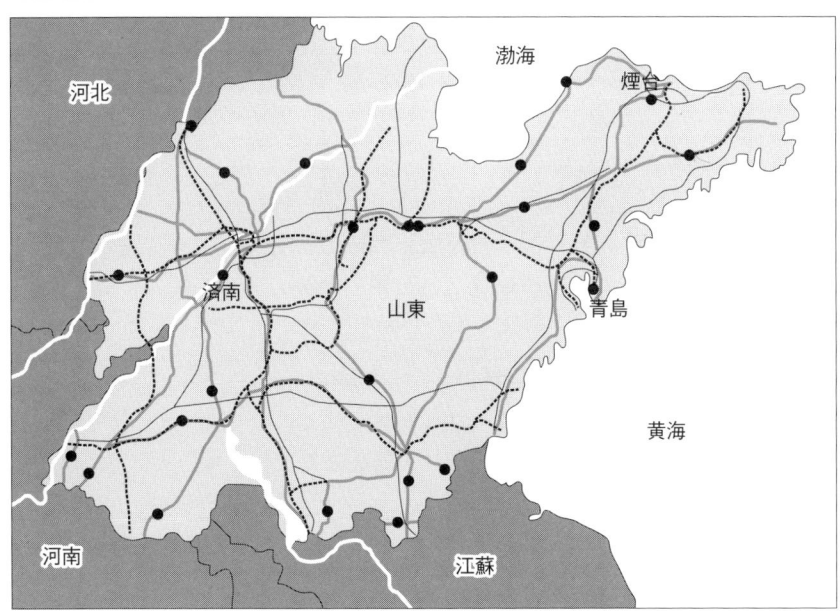

出所：山東省旅遊局 http://www.sdta.jp/summary/index.html に，一部の都市名を加筆。

下流に位置している。省都の済南市と青島市が山東省の主要都市と位置づけられ，約9,000万人の人口を抱える。山東省の東部は丘陵地の多い山東半島となって，渤海と黄海に突き出している。気候は中国としては穏やかである（図表10－1）。山東省は，日本に大量の野菜を輸出していることでも知られる。野菜のみならず果物の生産も多い。日本と比べはるかに広大な土地であることもあり極めて大規模な農地の確保が可能である。日本の東北地方北部と似通った気温，降水量であり，この地域では日本でもなじみ深いリンゴやサクランボという果実の産出量が多い（中国山東省政府 2009）。中国には山東省をはじめとして，リンゴ栽培に適した地域が広大な国土に広く存在する。

2-1　経営組織

　アンドレジュースのトップマネジメントは，代表取締役会長とCEOで行われている。代表取締役会長は企業全体にかかわる経営管理を担当し，CEOは現場の執行を担当する体制がとられている。代表取締役・取締役会会長は中国政府の経済部組織の要職を兼務する鄭躍文（Zheng Yue Wan）氏がつとめ，代表取締役・取締役会副会長兼最高経営責任者は創業メンバーとしてアンドレジュース設立に参画した（CEO）王安（Wang An）氏がつとめている。

　鄭氏は，中国人民政治協商会議（Chinese People's Political Consultative Conference）のメンバーであり，中国民間商会副会長も務める。1999年10月，アジア国際公開大学（Asia International Open University（Macao））で経営学修士（MBA）を取得，1999年11月には東北財経大学（Dongbei University of Finance and Economics）から，経済学博士（PhD in Economics）を取得している。1999年12月，江西財経大学（Jiangxi University of Economics）MBA養成課程の客員教授（visiting professor of the Department of Business Administration）に就任し，1999年7月から2007年1月まで，河南平高電器股份有限公司（Henan Pinggao Electric Company Limited）の取締役を務めた。鄭氏は，2000年11月にアンドレジュース社に参加し，以来果汁産業にかかわりながら，科瑞集団有限公司（Creat Group Co., Ltd.）取締役会会長，領鋭資産管理股份有限公司（Lead REITs Asset Management Corp.）取締役会会長を兼務する。アンドレジュースでは，代表取締役会長としてグループ全体の方針

の策定,経営戦略の策定,事業開発とグループ全体の運営に対して責任を持つ。

王安(Wang An)氏は,国家労働者モデル(Labor Model of the Nation)の受賞や,山東省の最優秀若手起業家のトップ10に選ばれた経歴を持ち,全国人民代表大会(National People's Congress)の山東省代表をつとめるなど,中国で有名な起業家として知られている。王氏は,1994年6月,中国共産党中央学校函授学院(College of Chinese Communist Party)を卒業,アンドレジュース入社前は,4年間養馬島渡暇村(Yangma Resort)のゼネラルマネージャーを務めた。王氏は,1996年3月にアンドレジュース社に入社し,以来濃縮ジュース生産にかかわっている。アンドレジュースでは,CEOとしてグループの全体的な運営を行う実質的な責任者の役割を担っている。

管理部門(スタッフ部門)として,管理部,人事部,企画部,物流部,研究開発センター,QCD(品質・コスト・物流)管理部,インフラ部を有し,主として会長から直接指示を受ける経営体制になっている。また,CFOは財務部と監査部を直轄しているが,CFOを統括するのは会長という体制がとられている。

生産管理部門(生産管理のスタッフ部門)は,生産部,生産設備部,動力機

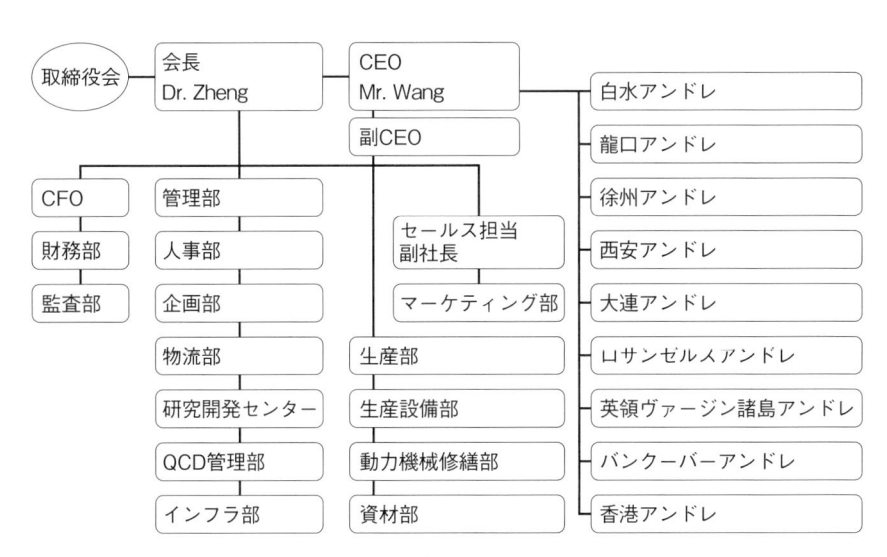

図表10-2 アンドレジュースの組織体制

械修繕部，資材部を有し，CEOから指示を受ける。管理部門（及び生産管理部門）には，CEOを補佐する上級管理職として副CEOが置かれ，副CEOからも指示を受ける体制となっている。またライン部門として，工場及び販売組織が国内外におかれ，これらはCEOの統括を受けている。

この他の企業幹部としてセールス担当副社長がおかれている。CEO及び副CEOの統括のもと，マーケティング部を管轄する体制がとられている（図表10-2）。

2-2 事業内容

アンドレジュースは，1996年に山東省煙台市に煙台アンドレ（グループ本社）を設立してスタート，その後，急激に生産拠点及びラインを拡大した。2001年には白水アンドレ，2002年龍口アンドレ及び徐州アンドレ，2003年アンドレペクチン（煙台），2005年西安アンドレ及び大連アンドレ，2007年永済アンドレ及び濱州アンドレを設立している。2007年には，山東省に4工場，陝西省に2工場，遼寧省，山西省，江蘇省にそれぞれ1工場を有し，合計では国内で生産拠点9か所，生産ライン12本を保有する（図表10-3）。また2008年には山西省栄済に建設した工場の生産を開始した。さらに近年，企業買収による方法で，濱州安利果汁有限公司の株式51％の買収や青島南南飲料有限公司の株式70％の買収により生産ラインの拡大を行った。その他に，ラインの改良にも力を入れている。2007年には圧搾シーズン前に現有生産ラインの改良が完了し，生産能力が向上している。

2.2.1 主要事業

アンドレジュースの主力製品である濃縮リンゴ果汁のマーケットは増大しており，その中でアンドレジュースのプレゼンスは拡大している。

世界の濃縮リンゴ果汁生産量は，1999年度の約70万トンから2004年度の約130万トンへと，また輸出量は1999年度の約50万トンから2004年度の110万トンへと，ともに近年急激な増加傾向にある。世界の濃縮リンゴ果汁の生産量シェアで中国は約44％（2004年度）を占め，第2位のポーランド（約17％），第3位のドイツ（約8％）を大きく引き離し，世界第1位の位置にある（Yantai

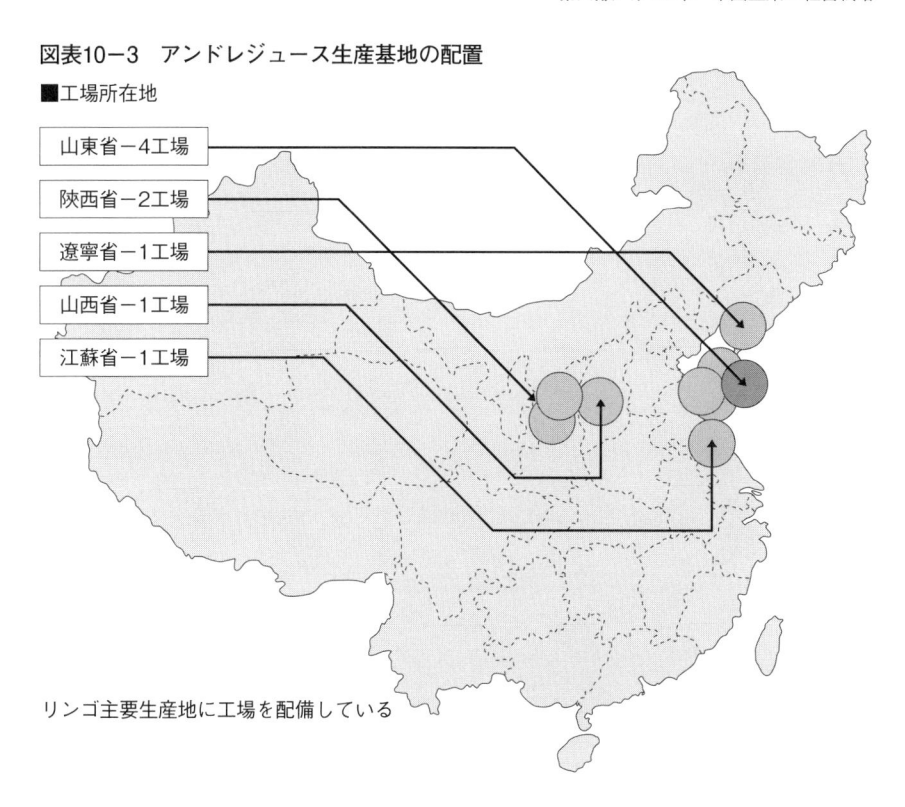

図表10-3　アンドレジュース生産基地の配置
■工場所在地

- 山東省－4工場
- 陝西省－2工場
- 遼寧省－1工場
- 山西省－1工場
- 江蘇省－1工場

リンゴ主要生産地に工場を配備している

North Andre Juice, 2008a)。世界の濃縮果汁の生産量が拡大をたどる中で，中国はより速いペースで成長している。中国は2007年，104万トンの濃縮リンゴ果汁を海外に輸出した。2006年の67万トンに比べて約37万トンの増加であった。現在中国は，濃縮果汁の主要輸出国になっている。

アンドレジュースは中国の生産量拡大のペースを上回る伸びを示し，2005年8万トン，2006年16万トン，2007年20万トン，2008年28万トンと生産量が増加している（図表10－4）。2007年には，アンドレジュースは中国の輸出用濃縮リンゴ果汁シェアの16％を占めるまでになった。こうした製品の90％以上は米国，日本，韓国，フランス，欧州に輸出されている（Yantai North Andre Juice 2008b)。

このような状況において，アンドレジュースは次の圧搾シーズンを前に既存工場の生産ラインを2本増設し，生産ラインを合計13本にした。また，M&Aにより業界内の中・小企業の取得などにも力を入れている。積極的経営により，

図表10-4　アンドレジュースの生産量の推移

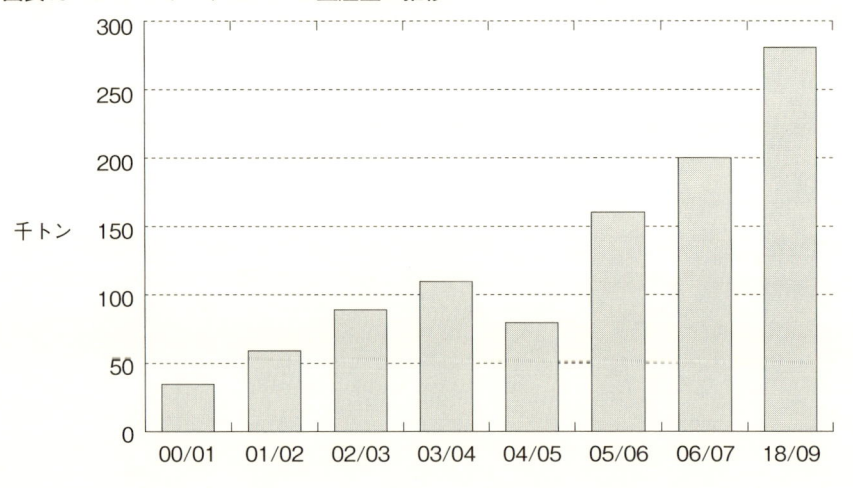

年度	千トン
00/01	35
01/02	60
02/03	90
03/04	110
04/05	80
05/06	160
06/07	200
18/09	280

　2008年の出荷見込み量25万トンに対し，2009年の出荷量は28万トンを計画，2010年には生産能力を現在の年間31万から35万トンに引き上げた。

　王CEOは，販売量の拡大はアンドレジュースにとって最重要課題であり，これに優先的に取り組んでいかなければならないと述べる。すでに濃縮リンゴ果汁の世界シェアの約半分を有する中国において，国内シェア50％（すなわち世界市場の約1/4の獲得）を目指しているという。濃縮リンゴ果汁の生産における規模の拡大を追い求めるアンドレジュースの目標は巨大であり，濃縮リンゴ果汁市場での圧倒的供給量による寡占化を目指していることは明らかである。市場浸透の方向性には新製品の開発などと比べて一見したところ目新しさや画期性に乏しいように思えるが，巨大な規模が確保できたあかつきには極めて強力な競争優位性を確保できるものと考えられる。

　市場浸透を目指す上で高い安全性の確保と向上も並行して行っている。アンドレジュースは，近年生産履歴管理システムを導入し，商品ごとにシリアル・ナンバーでの管理を行うようになった。これによりリンゴの生育地の他，生産者及び生育過程を管理し，これらの追跡調査が行えるようになっている。このシステムは，供給過程の管理，品質管理にも有益な情報を与えている。また，外部認証の取得にも取り組んでいる。2007年，アンドレジュースは煙台市内の5か所の試行村（農場）について，食品が適切な衛生状態のもとで生産されて

いることの認証を認証機関EUREPGAPから取得した。[1)]

2.2.2. 多角化と研究開発

　アンドレジュースは，利用用途の広い透明リンゴ果汁の生産を主要事業として規模の拡大を続けてきたが，複数の新製品に着手し始めている。企業が多角化を行う理由としては，一般に高付加価値製品を手掛けることにより単一事業構造が被りやすい需要変動の業績への悪影響を回避することや，余剰資源の活用などがあるが，アンドレジュースでもこのような方向性を意図して多角化を実施している。

　第1に，ペクチン事業が挙げられる。アンドレジュースは，アジア最大の生産能力を持つペクチン工場をアンドレペクチンという子会社で運営する。世界のペクチン製造は，これまでスペイン，フランスなどにある欧州5社の生産量が多かった。アンドレペクチンは，新規参入ながら欧州5社の一角に食い込み，現在世界第5位の生産量を示す。従来の年間生産量は2,000トンだったが，2008年末に煙台工場に2本目の生産ラインが完成し，年間生産能力は2倍の4,000トンへと一気に拡大した。またアンドレペクチンは，2007年6月，International Pectin Producer Associationすなわち欧州5社のペクチン製造企業を中心とするペクチン製造業界団体にも新しく加入を許された。ペクチン事業はアンドレジュースの中でも歴史が浅い。しかしすでに世界市場をターゲットに事業を展開しており，日本でも大手ジャム製造会社，大手食品会社（特に牛乳と混ぜて作る果肉入りのデザートベース用途）などと大規模な取り引きに発展している。

　第2に，サプリメント（健康補助食品）事業が挙げられる。リンゴ由来のペクチンには，悪玉菌抑制効果，腸内の有害物質を減らす効果，含まれる糖が活性酸素を抑制する効果，赤血球の凝集が改善され血液の粘度を下げる効果，大腸がんの発生抑制効果や肝臓へのがんの転移を抑制する効果などがあるとの報告がある（田澤他 2000）。アンドレジュースは，アンドレペクチンで生産をはじめたペクチンを主原料とし，サプリメント市場への参入をはじめた。

　第3に，家畜飼料事業がある。ペクチン製造には大量のリンゴを使用するが，製造時の副製品として，リンゴの搾りかすが出る。これをペレット状にして家畜飼料とする試みも進められている。

第4に，高付加価値果汁事業がある。これまでに販売していたのは濃縮透明リンゴ果汁のみであったが，濃縮不透明リンゴ果汁の生産を始めた。不透明リンゴ果汁は透明果汁とは異なるセグメントを対象にしており，高付加価値商品として取り引きされる。また，濃縮果汁生産設備を生かし，グァバ，ナツメヤシ，ザクロなどリンゴ以外の濃縮果汁の出荷を開始した。さらに野菜の一大産地であり輸出も多い山東省の特性を生かし，現地作物のニンジン，サツマイモなどの野菜汁の生産も始めている。

　第5に，高級リンゴ果実事業が挙げられる。中国で果汁用に栽培されているリンゴは，日本で果実として食用にしている品種と比べると小ぶりで，外観の統一性や色乗りも良くない。そのまま果実として販売するには見栄えが劣るのである。アンドレジュースは，高級品種を自社栽培し，高級種リンゴ果実のアンドレブランドでの販売を計画している。

　第6に，果糖[2]（リンゴ果糖，梨果糖）事業がある。果糖は広く炭酸飲料水の原料に利用されている他，血中インシュリンを上昇させる作用が小さい性質から糖尿病患者用などの甘味料としても使われている。アンドレジュースでは，果実の一大生産地と隣接して大量の果実を入手しやすい立地を生かして，リンゴや梨などの果実を原料とする果糖の生産にも取り組み始めた。

　第7に，ドライフルーツ（保存果物）の生産などにも取り組み始めている。ドーナツ型ドライフルーツやダイス型ドライフルーツの生産のために牟平工場に年間生産能力1万トンの生産ラインを新設した。

　これらの新製品開発を上流から支えるのが研究開発戦略である。アンドレグループ本社敷地内には，アンドレジュース研究開発センター，アンドレペクチン研究開発センター，さらに産学連携研究施設としてアンドレジュースと中国農業大学食品科学栄養技術研究所の産学連携研究所（Yantai North Andre Juice Co. Ltd. and Institute of Food Science and Nutrition Technology of China Agricultural University Associated Research and Development Center）がおかれている。アンドレジュースは，第11期5か年計画の中国政府の国家科学技術支援プログラムで支援対象となり，濃縮リンゴ果汁の製造方法の改良やペクチン製品の多様化を目標とする研究開発を進めている。前者については，品質の向上，生産効率の向上，生産コストの低下などを目指して，未成熟リンゴや高酸品種リンゴからの生産技術の向上，濾過による不純物分離の技術を高

めるための研究などが行われている。後者については，メトキシル基という化学組成の少ないペクチン（low methoxyl pectin），アミド化低メトキシル基含有ペクチン（amidated low methoxyl pectin），柑橘類由来のペクチン（citrus pectin）など10品目以上の新製品の開発が目標となっている。

2-3　業績

　2007年，アンドレジュースは売上高16億6,300万人民元（前年比2.1倍），当期利益2億1,387万人民元（前年比3.1倍），1株当たり利益0.052人民元（前年比3.9倍）と過去最高を記録，業績を伸ばした。2008年についても同様の傾向で，第1四半期は売上高5億3,300万人民元（前年同期比164％），純利益1億1,100万人民元（前年同期比4.0倍），1株当たり利益0.026人民元（前年同期比3.7倍）と増加している。この増加の原因は，濃縮果汁の供給不足による販売価格の上昇が背景にある。

　2003年から2007年の業績指標は，売上高では3億6,386万人民元から16億6,298万人民元と約4.6倍に，当期利益では7,417万人民元から2億3,515万人民元と約3.2倍に増加している（図表10−5）。

図表10−5　主要業績指標（2003〜2007年）
（単位：人民元）

	2003	2004	2005	2006	2007
売上高	3億6,386万	5億6,373万	6億6,042万	7億8,644万	16億6,298万
営業利益	8,900万	1億1,848万	1億1,399万	5,866万	2億9,257万
税引前利益	7,676万	9,703万	8,281万	7,882万	2億6,660万
当期利益	7,417万	9,167万	7,668万	7,023万	2億3,515万
1株当たり利益	0.024	0.026	0.020	0.018	0.052

出所：Yantai North Andre Juice（2008a）をもとに作成。

2-4　財務戦略

　アンドレジュースは，2003年4月に香港証券取引市場への上場を果たした。アンドレジュースの発行株式総数は42億6,500万株であり，このうち17億

6,000万株がH株、残りの25億500万株が中国国内で所蔵される非流通株という内訳になっている。H株の大部分は機関投資家が保有しているが、日本からも2004年に三井物産が資本参加している。三井物産との提携について王CEOは、提携は三井物産の持つ極めて強い流通能力を期待してのことであるという。それは単に日本市場を対象としたものではなく、特に米国を拠点にして世界市場に展開できるからだという。

アンドレジュースの主な株主には、Atlantis Investment 4億4,000万株（25％）、三井物産2億1,300万株（12.12％）、景順投資1億5,900万株（9.02％）、JPモルガン・チェース 1億2,900万株（7.35％）、IFC 1億1,000万株（6.25％）、AIM Advisors 1億900万株（6.22％）、Everest Capital 1億600万株（6.03％）、HSBC 9,000万株（5.12％）など、世界で名の通った機関投資家が名を連ねる。

3 競争戦略分析

アンドレジュースは、市場浸透を戦略の最優先の方向性とし、製品開発、多角化という方向でも企業成長を計画している。しかしながら、新市場開拓には積極的な姿勢をみせていない。

アンドレジュースの主力製品は濃縮リンゴ果汁であるが、この製品は米国に拠点を置き世界に市場展開するソフトドリンク企業向け原料である。すなわち世界的にブランドを確立した飲料メーカーとの企業間取引（原料供給）である。アンドレジュースの新市場開拓を想定した場合、有力な方法としては最終製品である濃縮果汁入りソフトドリンクをアンドレジュースブランドで自社販売することであるが、これを行うことは、現時点では2つのリスクを伴うことが想定される。第1にブランド力が弱く消費者に選択されにくいため低価格販売を強いられる、第2に自社ブランドのソフトドリンクは現在濃縮リンゴ果汁を販売している企業との競合関係を誘発するというものである。原料を生産する企業が消費者に向けて直接販売するという戦略は有力ではあるが、アンドレジュースのブランド力は、世界を席巻するコカ・コーラ社やペプシ社などの大規模ソフトドリンク企業のそれとの間に非常に大きな差があり、すでに原料供給企

図表10-6 成長の方向性

ニーズ＼製品 (顧客の種類)	現	新
現	市場浸透 シェアの追求	製品開発 不透明濃縮リンゴ果汁 非リンゴ濃縮果汁 濃縮野菜汁
新	新市場開拓	多角化 ペクチン サプリメント（健康補助食品） 家畜飼料 高級種リンゴ果実 果糖（リンゴ果糖，梨果糖） ドライフルーツ

業として高い世界市場シェアを持ち価格決定力を持ち始めていることを考慮した戦略の優先順位に基づく決定であると考えられる。

3-1 バリューチェーン分析

価値連鎖（バリューチェーン）の視点（Porter 1985）から，アンドレジュースの事業戦略を問い直すと，アンドレジュースの事業は，ソフトドリンク産業の川上部分（材料，素材生産，素材加工）を広く押さえていることがわかる。アンドレジュースは，当初濃縮リンゴ果汁というソフトドリンクの原料（素材生産）を行ってきた。事業の拡大とともにそのカスタマイズ（素材加工）を統合した。また生産農家との契約，原料の直接生産やリンゴ品種の改良などを通じて材料調達の部分の統合をはかった。バリューチェーンの上流部分の競争優位の源泉は，低コスト，標準化，同質化，工程革新などである。アンドレジュースは，複数の大規模ソフトドリンクメーカーとの企業間取引の中で，標準化，同質化されたソフトドリンク原料を極めて大量に供給する。規模の経済を確保することのみならず，生産工程にも改良を加え，低コスト化を追求している。

また，重複する経営資源を利用することも試みている。多角化戦略として実行し始めているペクチン，サプリメント，家畜飼料の生産は，原料が主力製品

の濃縮リンゴジュースと同じ「リンゴ」であり原料の共通化が可能になる。製品開発戦略として実行し始めている不透明濃縮リンゴ果汁は原料及び製造設備が同一である。非リンゴ濃縮果汁，濃縮野菜汁については製造設備が同一である。

　垂直統合とは，業務の範囲を広げることによって経営の効率化を目指すものである。アンドレジュースは，垂直統合により主力の濃縮リンゴ果汁事業を中心にバリューチェーンの川上部分での自社のコントロールの範囲を広げることで，経営効率を上げることを可能にしている。また，国有企業の目的として，中国が抱える急速な経済発展による歪みの解消をはかるねらいを有している。中国で近年経済的に発展した地域は，第3次産業や第2次産業がGDPの多くを占める一方，農業が衰退しているともいわれている。また，中国では農村部の住民や内陸部の住民に自由な移住権がなく，出稼ぎのための一定期間の暫住権があるのみであり，このような急激な発展は格差を先鋭化させ，一部の富裕層と貧困層のあまりの格差は社会問題になり，この点は大きな政治問題でもあると指摘されている（小林 2008）。このような背景から，アンドレジュースの事業は，従来の農作物生産を食品工業へと発展させることによる高付加価値化，買取保証による農家の生活水準向上を通じて，中国の産業政策に寄与するものであると考えられる（図表10-7）。

図表10-7　価値連鎖の位置づけ

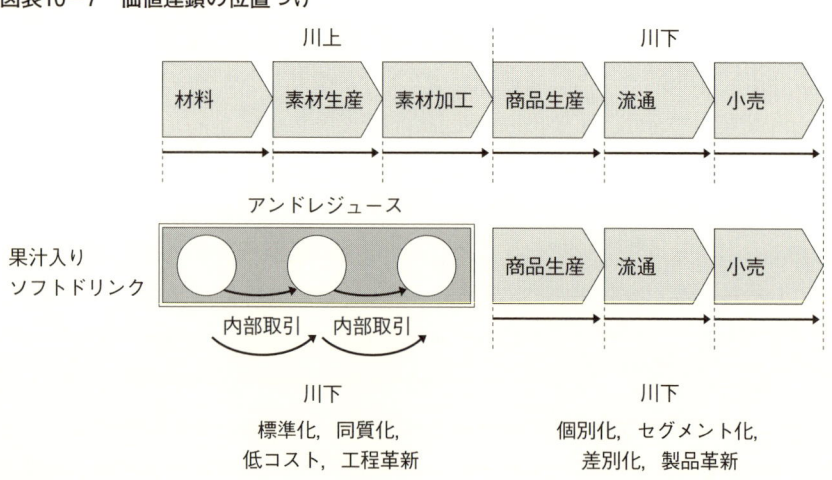

	川上			川下		
	材料	素材生産	素材加工	商品生産	流通	小売

アンドレジュース：素材生産→素材加工→素材加工（内部取引，内部取引）

果汁入りソフトドリンク：商品生産→流通→小売

川下：標準化，同質化，低コスト，工程革新
川下：個別化，セグメント化，差別化，製品革新

一方，先に述べた内容にみられるように，規模の経済性を目的とする水平統合（事業の大規模化）が絶えず行われており，市場における自社の影響力の拡大をはかっている。

あらためて戦略をまとめると，第1に，濃縮リンゴ果汁の生産規模の拡大という方向性では世界市場の約1/4の獲得を目指していることがわかる。製品化の上流工程で原料や半製品を供給する企業にとって，原料の供給量をコントロールすることの利点は大きく，価格のコントロールが買い手側から売り手側に移ることを意味する。このことはダイヤモンドや石油の例から学ぶことができ，同様の効果をねらって，近年，鉄鉱石，プラチナ鉱石，ニッケル鉱石，亜鉛鉱石，銅鉱石などの各領域でも戦略的な寡占化が進んでいる。中国は，世界各国に比べて労働賃金の相対的な安さから製造コストを圧縮できるとして，世界の工場の機能を担ってきた。しかし経済発展は同時に労働賃金の上昇も引き起こし，安価な労働力の供給元としての中国の魅力は失われつつある。また，リンゴそのものの価格も近年上昇傾向にある。この点の解決が今後のアンドレジュースの課題であるが，そのコスト上昇を上回る濃縮リンゴ果汁の価格引き上げと規模の経済性の享受によって利益率向上のシナリオが描かれている。

第2に，多角化の推進という方向では高付加価値製品の生産と余剰資源の活用を目指していることがわかる。濃縮リンゴ果汁に比べ，同じリンゴ加工品であるサプリメントやペクチン，果糖などは経済的付加価値が高い製品である。また，余剰資源として設備の転用，例えばリンゴの搾りかすなど製造時の副産物の高付加価値化によって別の方向からの利益率の向上を描いている。

3-2　5つの競争要因分析

ポーターは，5つの競争要因が業界における競争構造と業界の収益性を決定すると述べている。ここでの競争要因とは，(1) 新規参入の脅威，(2) 売り手（供給業者）の交渉力，(3) 顧客（買い手）の交渉力，(4) 代替品の脅威，(5) 競争業者間の敵対関係，という5つの要因を指す (Porter 1980)[4]。

新規参入の脅威は，弱い場合に既存企業には有利となる。具体的な要素として，規模の経済性が強く作用する，経験効果が強く作用する，大規模な運転資金が必要になる，流通チャネルへのアクセスが困難である，既存企業の経営資

源が豊富である、産業の成長率が低い、などの場合がその条件に当てはまる。これら諸要素が新規参入の脅威の低減につながるのは、新規参入を目論んでいる企業に対し高い参入障壁があるという印象や、もし参入した場合には反撃が強いという印象を与えることが、参入の意思決定に対する抑止力となるためである。濃縮リンゴ果汁産業では、事業の寡占化が進んでおり、その中でもアンドレジュースのように、大規模な原料調達から製品化を行える環境を有する条件を獲得するのは極めて困難である。

　売り手（供給業者）の交渉力は、低い場合に買い手企業が有利となる。具体的な要素として、売り手グループの業界集中度が低い、売り手にとって当該企業が重要な買い手である、売り手の製品が差別化されていない、売り手の製品が買い手に対してスイッチング・コストを発生させない、売り手の製品が買い手製品の品質に大きな差を与えない、買い手が最終ユーザーの意思決定を左右できる、などの場合がその条件に当てはまる。アンドレジュースの場合、国家主導により計画生産されたリンゴ果実を大量に調達することは、生産者である農家に望まれており、個別の農家は零細な売り手であるため、買い手であるアンドレジュースに非常に有利な状況となっている。

　顧客（買い手）の交渉力は、低い場合に売り手企業は有利となる。具体的な要素として、買い手グループの集中度が低い、買い手の購入量が売り手の売上高に占める割合が小さい、売り手の製品が差別化されている、買い手にスイッチング・コストを発生させる、買い手が最終ユーザーの意思決定に影響を及ぼさない、売り手の製品の価格が買い手の製品のコストに占める割合が小さい、買い手の利益水準が低い、などの場合がその条件に当てはまる。これら諸要素が買い手のパワーを弱め、買い手の価格センシティビティーを低めるためである。この要件については、取引先である世界の巨大飲料企業、巨大食品企業の交渉力は極めて強いものの、世界市場で寡占化が進んでいくとともに、売り手優位な状況が生まれており、アンドレジュースのねらいもその点にある。[5]

　代替品の脅威は、弱い場合に既存企業には有利となる。具体的な要素として、代替品と考えられるものが少ない、代替品の価格対性能比が大きく向上していない、などの場合がその条件に当てはまる。リンゴという商品そのものに対して天然果汁を求めるのであれば代替品は存在しない。

　競争業者間の敵対関係は、弱い場合にその業界内にいる企業には有利となる。

具体的な要素として，競争業者の数が少ない，競争業者の規模と力に差がある，製品が差別化できる，スイッチング・コストがかかる，などの場合がその条件に当てはまる。濃縮リンゴ果汁の産業では競争は激しいと予想されるが，近年の寡占化によりその位置につくことができた企業には有利な地盤が築かれつつある。近年の価格上昇も寡占化が進んだことによるものと考えられる。

3-3　3つの基本戦略分析

　ホール（Hall）は，当時すでに成熟産業となっていた米国における8産業で，経営環境が逆境下にありながらも確実に成功をおさめている企業の存在と，それらの企業に存在する共通性の確認を行った。それによれば，当該企業における最低原価達成，または差別的地位の構築の2点において，どちらかが高い水準にあり，かつ他方が低い水準にないことという条件を満たせば，業界におけるリーディング・カンパニーとして繁栄と成長が期待できるとしている（Hall 1980）。この考え方に続くものとしてポーター（Porter）は，3つの基本戦略に関する基本概念を述べている。[6]

　3つの基本戦略の考え方は，企業がとりうる競争優位のタイプは基本的に低コスト（コスト・リーダーシップ戦略）か差別化（差別化戦略）のどちらかであり，これにターゲット市場セグメントを狭く取る（集中化戦略）という軸を加えた3つに分類されるとするものである（Porter 1980）。

　コスト・リーダーシップ戦略は，市場全体を対象に，主に価格で競争優位性を発揮しようとする戦略である。この戦略を実行するためには，コスト優位の確立が必要となるため，その源泉として低コスト・オペレーションが必要になる。

　低コスト・オペレーションの源泉は大きく2つあり，第1に生産コストの低減のために人件費の低減を可能にする最適生産地の選択，第2に規模の効果や経験効果と呼ばれる累積生産量の増加に関連する効果，が必要になる。

　差別化戦略は，市場や業界全体を対象に，主として価格以外の要素で差別化をはかることで特異なポジションを獲得して高価格を実現する戦略である。価格は購買を決定づける重要な要因ながらも，単にそれだけではない。製品やサービスが代替的な競合関係にある複数商品間で差別化され顧客もその違いを

認めている場合，単純に価格の差が購買動機にはつながらないからである。

　集中化戦略は，特定の顧客層や特定の地域市場，特定の流通チャネルなどに経営資源の配分を特化させる戦略である。特定の市場を対象としてコスト・リーダーシップまたは差別化戦略を実施し，優位性を発揮しようとする。顧客の対象を狭く取り，ここに経営資源を集中させることによって，限られた範囲の中で優位に立ちやすくすることをねらいとする。

　3つの基本戦略のバリエーションを事業規模の関係から考察すると，一般的に差別化戦略や集中化戦略は事業規模にかかわらず，事業者が技術やサービスの質を獲得することにより実行可能である。これに対して，低価格での販売を行うことによって市場で競争優位を保とうとするコスト・リーダーシップ戦略は，事業者が低コスト構造を獲得することが前提であることから，規模の経済や経験効果を享受することができる大規模事業を展開できる企業にとって有利であり，低コスト構造を獲得できない企業にとっては選択が難しいといえよう。

　ポーターやホールの見解に基づく競争戦略は，企業は事業のポジショニングが有利であるか否かを見極めて産業に参入するという立場をとっており，戦略とは競争の発生する基本的な場所である業界において，有利な競争的地位を探すことにより，有利なポジションを選択することである。アンドレジュースの現状をとらえたときに，中国東部という果樹の一大生産地の強みを生かし，原材料のリンゴ果実から商品の濃縮リンゴ果汁の生産を，圧倒的な規模の経済性を生かして実現し，低価格で提供しようとしている。米国の巨大飲料企業や日本の巨大食品企業と取り引きを行っているが，現時点ではコスト競争力を背景に，従来の主要生産地であった欧州の製品を上回る事業拡大を続けている。この点を第1に優先すると企業幹部が述べているように，規模型のメリットを享受しようというのが根幹となる戦略である。

　一方，自社ブランドの製品にも事業を展開しようとする流れはあるものの，活発ではない。この点について，米国に本拠を置く2大飲料メーカーなどと比較すると，圧倒的にブランド力が弱く，最終製品マーケットへのアクセス力が弱い。したがって，飲料の最終製品を販売する企業群と直接的な競争を避け，これら企業のサプライヤーとしての役割に徹することの方が，短期的には成長が望まれるとの判断によるものである。

4 まとめ

　中国で近年みられる収益性の高い企業の特徴をアンドレジュースの事例研究から得ることができた。アンドレジュースは香港株式市場に上場しており，外国人も含め一般投資家の出資を受け付けている。このことにより今後の資本調達を世界から行うことができるという特徴を持つ。ただし株式の過半数は市場に流通しておらず経営支配権が中国国外に流出することはないという特徴もあわせ持つ。また，経営者には自由度の高い経営スタイルでの企業運営が認められており，環境の変化に対応できる経営意思決定を可能にしている。

　アンドレジュースは本来中国が有する強みである農業資源の活用を基盤としており，この事業を選択することにより他国の追従を容易に許さない事業構造を可能にしている。競争優位の観点からすれば，世界市場の約1/4を目指す事業計画を立てており，この状況であればダイヤモンド，石油，鉄鉱石などにみられるように，原料供給者優位の売り手市場を形成できる望みはある。また，中国国有企業の目的の1つである第2次産業（工業化）による経済発展を実現するだけではなく，大規模な農業の推進を伴うため地域農家に経済的な豊かさと契約購買による安定をもたらすという目的も果たしている
。このことは，第1次産業と第2次産業の垂直統合による範囲の経済を享受することを実現させ，より大きな経済発展の実現を可能にすることを意味する。また，近代化・工業化により拡大する都市部と農村部，第2次・3次産業への就労者と第1次産業への就労者の格差を是正し，安定した国家運営に貢献するものである。

　本章執筆にあたり，アンドレジュースの方々にお世話になった。特に代表取締役CEO王安氏には快くインタビューに応じていただいた。また企業訪問に際し，新鴻基金融集団（香港）堀川光子氏，日中ビジネスネットワーク代表森谷一郎氏には多大な労力を割いていただいた。ここに記して謝意を表したい。

[参考文献]

Ansoff, H.I.（1957）"Strategies for Diversification", *Harvard Business Review*, Sept.-Oct.
Hall, W.K.（1980）"Survival Strategies in a Hostile Environment", *Harvard Business Review*, 58 (5), pp. 75-85.
Porter, Michael E.（1980）*Competitive Strategy: Techniques for Analyzing Industries and Competitors*.（土岐坤・服部照夫・中辻万治訳（1982）『競争の戦略』ダイヤモンド社）
Porter, Michael E.（1985）*Competitive Advantage*, The Free Press.（土岐坤ほか訳（1985）『競争優位の戦略』ダイヤモンド社）
Yantai North Andre Juice（2008a）*Yantai North Andre Juice Co., Ltd. Annual Report 2007*.
Yantai North Andre Juice（2008b）*Yantai North Andre Juice Co., Ltd. 2008 first quarter financial statements*.
青木英孝（2003）「第3章 資源展開戦略」，経営能力開発センター編『経営学検定試験公式テキスト経営学の基本』中央経済社，pp. 166-189。
稲津康弘ほか（2007）「台湾における『食の安全・安心』確保のための行政システム」『食総研報（Rep. Nat'l. Food Res. Inst.）』p. 71，pp. 77-84。
王シン陽・高橋義仁（2007）「中国ITベンチャーの推進要因の考察」『日本ベンチャー学会第10回全国大会要旨集』pp. 86-89。
小林守（2008）「第3章 中国におけるFTA政策の背景及び現状と今後の通商政策」，日本機械輸出組合編『わが国の東アジアFTA/EPA形成の在り方』昌文社，pp. 87-129。
杉田俊明（1999）「国際ビジネスの形態進化[Ⅰ]：『複合国際ビジネス』理論展開への序章」『甲南経営研究』Vol. 39 No.3, 4，pp. 47-70。
杉田俊明（2002）『国際ビジネス形態と中国の経済発展』中央経済社。
田澤賢次ほか（2000）「リンゴ繊維アップルペクチンの効果・効能」『バイオインダストリー』Vol. 17 No. 8，pp. 36-43。
中国山東省政府（2009年2月1日）http://www.sd.gov.cn/

[注記]

1）EUREPGAPとは欧州小売業組合（EUREP: Euro-REtailer Produce working group）により1997年に提案された適正農業規範（GAP）で，欧州主要小売業グループに通用する水準といわれている（稲津ほか，2007）。日本の流通販売社としては，2006年3月にAEONグループが最初にEUREPGAPに加入している。
2）果糖とは，元来自然界に単独では存在せず，ブドウ糖など他の物質と共存し，果実やハチミツなどに含まれる糖類である。ハチミツでは主成分の約半分を占めている。甘みは砂糖の1.5倍程度あるとされる。
3）香港H株とは，資本の出所と登記が中国本土で，かつ香港に上場している中国企業株のことである。中国本土以外の投資家も香港H株には投資可能であり，国外資本の重要な調達手段となっている。
4）ポーターによる業界の構造分析は，産業組織論での研究成果を基礎にしており，社会的に最適な資源配分を実現するためにいかに「生産者余剰」を小さくするかという視点から研究

が行われた。最も望ましい状態と考えられる「完全競争状態」では，生産者である企業の合理的行動は，ある製品を追加1単位製造するための「限界費用」が価格と等しい点で操業することとされている。現実企業が目指しているのは，完全競争状態とはまったく逆の状態である「独占的利潤の獲得」であり，企業に独占的利潤を発生させないためにはどうすればよいかという点から，業界の構造分析の研究が進められたという経緯がある。

5) ダイヤモンド産業での原石供給の寡占状態が，原石販売者の言い値販売，販売先の指名を可能にさせていた事例が知られる。

6) 鉄鋼，ゴム，重量トラック，建設機械，自動車，大型家電，ビール，たばこの8産業。

【執筆者一覧】（執筆順）

小林守（こばやし　まもる）················· 編者，執筆担当：まえがき，第1章，
　専修大学商学部准教授　　　　　　　　　　第3章，第4章，第5章，第7章

大西勝明（おおにし　かつあき）············· 執筆担当：第2章，第6章
　専修大学商学部教授

葉山幸嗣（はやま　こうじ）··················· 執筆担当：第8章
　東京福祉大学通信教育部専任講師

中野正也（なかの　まさや）··················· 執筆担当：第9章
　株式会社グローバル事業開発研究所代表取締役
　元株式会社三菱総合研究所主席研究員

高橋義仁（たかはし　よしひと）··············· 執筆担当：第10章
　専修大学商学部教授

■ アジアの投資環境・企業・産業 －現状と展望－

■ 発行日──2013年3月31日　初版発行　　　　　　　　〈検印省略〉

■ 編著者──小林　守
■ 発行者──大矢栄一郎
■ 発行所──株式会社　白桃書房

　　　〒101-0021　東京都千代田区外神田5-1-15
　　　☎ 03-3836-4781　📠 03-3836-9370　振替00100-4-20192
　　　http://www.hakutou.co.jp/

■ 印刷・製本──藤原印刷

　　© Mamoru Kobayashi 2013 Printed in Japan　ISBN 978-4-561-26606-8 C3334

本書のコピー，スキャン，デジタル化等の無断複製は著作権法上での例外を除き禁じられています。本書を代行業者等の第三者に依頼してスキャンやデジタル化することは，たとえ個人や家庭内の利用であっても著作権法上認められておりません。

JCOPY 〈(社)出版者著作権管理機構 委託出版物〉
本書の無断複写は著作権法上の例外を除き禁じられています。複写される場合は，そのつど事前に，(社)出版者著作権管理機構（電話 03-3513-6969, FAX 03-3513-6979, e-mail : info@jcopy.or.jp）の許諾を得てください。

落丁本・乱丁本はおとりかえいたします。